습관을 보면 사람이 보인다

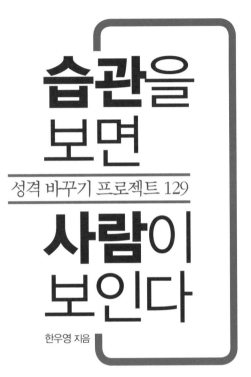

습관을 보면

성격 바꾸기 프로젝트 129

사람이 보인다

한우영 지음

책미래

습관을 보면 사람이 보인다

1판 1쇄 발행 | 2021년 5월 15일

지은이 | 한우영
주 간 | 정재승
교 정 | 홍영숙
디자인 | 디노디자인
펴낸이 | 배규호
펴낸곳 | 책미래

출판등록 | 제2010-000289호
주 소 | 서울시 마포구 공덕동 463 현대하이엘 1728호
전 화 | 02-3471-8080
팩 스 | 02-6008-1965
이메일 | liveblue@hanmail.net

ISBN 979-11-85134-62-8 03130

• 이 책에 실린 글과 그림의 무단 전재와 무단 복제를 금합니다.

들어가면서

　우리는 살면서 수많은 사람들과 인간관계를 가지게 됩니다. 부모, 자식, 부인, 남편을 비롯해서 친척, 친구, 직장 동료나 이웃 사람 등등 수많은 사람들과 관계를 맺고 살아갑니다. 그렇다보니 그 속에서는 좋은 관계도 있지만, 갈등이 생기는 관계도 있기 마련입니다. 사람들이 흔히 얘기하는 것 중에 이런 말들을 자주 듣습니다. "일이 힘든 게 아니라 사람 때문에 힘듭니다." 이 말은 육체적 고통보다 정신적 고통이 얼마나 큰지를 단적으로 알려주는 것입니다. 아무리 가까운 사이라도 갈등은 충분히 생길 수 있는데, 중요한 것은 그런 갈등이 생겼을 때 어떻게 풀어나가야 할지 모르다 보니 결국 사이가 나빠져서 인연을 끊기도 합니다.

　요즘 부부간에도 이혼을 생각하거나 실제로 이혼을 하게 되는 경우가 흔하게 되었는데, 이혼 사유 중 큰 비중을 차지하는 것이 바로 성격 차이라고 합니다. 이것은 어떻게 보면 상대방의 성격을 이해하지 못한다는 것이고, 더 심각한 것은 어떻게 상대방을 이해해야 할지도 모르다보니 결국 이혼을 선택하게 되는 것입니다. 친구간에도 성격이 안 맞으면 허심탄회한 대화를 해서 문제를 풀려고 하기보다 극단적으로 절교를 하기도 하고, 좋은 회사에 들어갔음에도 직장 상사와의 갈등으로 결국 회사를 그만두는 경우도 굉장히 많습니다. 결국 이 세상에서 잘 살기 위해서는 원활한 인간관계라는 것이 너무나도 중요한 부분이 된 것입니다.

　그렇다면 원활한 인간관계를 잘 하기 위해서는 어떻게 해야 할까요? 좋지 않은 성격을 좋게 바꾸면 될 것입니다. 그러면 좋지 않은 성격을 어떻게 바꿔야 할까요? 여러 가지 얘기를 할 수 있겠지만, 한마디로 얘기한다면 상대방에게 맞추는 성격으로 바꾸는 것이 가장 필요합니다. 좋지 않은 성격을 바꾸기 시작한다면 인간관계는 원활해지고, 인간관계로 인한 스트레스는 현저히 사라지게 될 것입니다.

좀 더 구체적으로 얘기해서 우리가 고쳐야 할 좋지 않은 성격을 한번 나열해본다면 과욕, 자존심, 고집, 무시, 오해, 증오, 험담, 조급함, 집착, 시비, 질투, 이간질, 짜증, 오지랖 등등 끝도 없이 많다는 것을 알 수 있습니다. 이런 좋지 않은 성격으로 인해 상대방이 자신에 대해 나쁜 감정을 가지게 되고, 그로 인해 자신 역시 상대방을 싫어하게 되어 갈등이 시작되는 것입니다. 이런 갈등 상황에서 많은 사람들은 자신의 좋지 않은 성격을 바꾸려고 생각하기보다 상대방의 좋지 않은 성격만을 고치려 하다보니 언쟁이 시작되는 것입니다. 제가 오랜 세월 동안 많은 인간관계를 해본 결과 상대방의 좋지 않은 성격을 바꾼다는 것은 거의 불가능하다고 생각합니다. 하지만 신기하게도 자신의 좋지 않은 성격을 바꾸게 되면 상대방도 성격이 자연스럽게 좋은 방향으로 바뀐다는 사실을 알게 되었습니다. 결국 상대방의 나쁜 성격을 고치기 위해서는 나의 나쁜 성격부터 바꾸는 것이 급선무라는 결론이 나오게 되는 것입니다.

이 책에서는 이런 여러 가지 고쳐야 할 좋지 않은 성격들에 대해 자세하게 내면 깊이 파고들어서 그런 성격이 형성된 원인을 분석하고 어떻게 고쳐나가야 할지 구체적으로 설명해놓았습니다. 또한 이 성격이라는 것이 결국은 오랜 세월 동안 가져온 습관이라는 관점에서 바라보면서 언습을 고침으로써 좋지 않은 성격을 고칠 수 있다는 확신을 가질 수 있게끔 합니다.

성격은 습관입니다. 습관은 고칠 수 있습니다. 단 시간이 걸리고 인내심이 필요합니다. 실제로 좋지 않은 성격을 바꾸게 되면 자신의 인생은 점차적으로 좋은 방향으로 변화하기 시작합니다. 또한 성격이 좋아지면 첫째로 상대방으로부터 신뢰감을 얻게 됩니다. 둘째로 마음이 편안해지고 셋째로 인간관계를 좋아하게 됩니다. 지금의 세상은 사람이 소중한 세상입니다. 내 주변에서 나를 믿어주는 사람이 바로 나의 재산인 것입니다.

그런데 나의 좋지 않은 성격 때문에 그런 사람들이 떠나가게 된다면 그것만큼 안타까운 일은 없는 것입니다. 좋지 않은 성격만 바꾸면 세상을 훨씬 즐겁고 편하게 살 수 있습니다. 또한 마음이 밝아져서 긍정적인 성격으로 바뀌게 되면 몸도 건강해집니다. 실제로 병의 대부분이 어두운 마음에서 출발된다고 생각합니다. 우리가 걱정 하나만 생겨도 속이 쓰리고 머리도 아프고 밥맛도 없어지는 것을 보면 틀림없이 병은 마음에서 시작된다고 생각합니다. 결국 마음의 병이 생기는 원인도 좋지 않은 성격 때문이라고 생각합니다. 이런 모든 것을 종합해보더라도 좋지 않은 성격은 반드시 좋은 방향으로 고쳐야 한다고 생각합니다. 한번 제대로 이 책을 통해서 더 나은 성격의 자신을 만들어갈 수 있기를 희망합니다.

02_상대방을 무시하지 맙시다

03_감정적으로 대하지 말아주세요

04_착각하지 맙시다

01

욕심을 버립시다

01. 성격이 조급한 사람

성격이 조급한 사람이 있습니다. 성격이 조급한 사람은 차분하게 기다릴 줄을 모릅니다. 뭐든지 급하게 하는 경우가 많다보니 마음도 평화롭지가 않습니다. 예를 들면 평일에는 특별히 생각도 안 나던 일들이 꼭 금요일 저녁이 되면 갑자기 생각날 때가 있습니다. 특히 고객센터에 전화할일이 생기거나 관공서에 갈 일이 생기는 경우가 바로 그것입니다. 그렇지만 이미 업무는 종료되었기 때문에 고객센터에 전화를 해도 안 되고 관공서도 문을 닫았습니다. 그런데 성격이 조급하다보니 안절부절 못합니다. 받지 않는 고객센터에 계속 전화를 하고 관공서의 잠긴 문을 계속 두드리는 것입니다. 이 정도까지 가면 심각한 조급증이겠네요. 월요일 아침 9시까지 기다리는 것은 너무 고통스러운 일입니다. 빨리 일처리를 하고 싶은 것입니다. 이럴 때 어떻게 해야 할까요? 조급한 성격을 가진 사람은 다른 생각을 못하고 계속 '월요일 아침 9시에 고객센터에 전화해야지, 관공서에 가야지' 이 생각을 주말 내내 하는 것입니다. 어차피 생각을 하든 안하든 결국 월요일 아침 9시 이전에는 아무것도 할 수 없습니다. 그러면 마음을 비워야 합니다. 그런데 마음이 안 비워지는 것입니다. 이것 역시 마음을 비우는 훈련을 해야 합니다. '고객센터 생각 안 해야지 관공서 생각 안 해야지' 이렇게 생각하면서 결국 계속 생각을 하는 것이 됩니다. 그게 아니라 지금 자신이 할 수 있는 다른 일에 집중해야 합니다. 어차피 다른 일을 하다가도 월요일 아침에 일어나면 자동으로 생각이 납니다.

다른 예로 친구와 오해가 생겨서 허심탄회하게 대화를 해보려고 전화를 했는데, 상대방이 어떤 이유에서인지는 모르겠지만, 전화를 안 받을 때가 있습니다. 이런 상황에서 마음을 비우고 기다려야 하는데, 성격이 조급하다보니 뭔가 빨리 해결이 되었으면 하는 마음이 강하게 드러나는 것입니다. 보통 성격이 조급한 사람은 하나의 일이 완전히 해결되어야 다른 일을 할 수 있는 경우가 많습니다. 그런데 상대방이 전화를 받지 않으니까 답답하기도 하고 다른 일에 집중이 안 되니까 계속 전화와 문자를 해대는 것입니다. '좀 전화 좀 받아라. 뭐하는 거야? 일부러 안 받는 거야?' 하면서요. 결국 한 시간 동안 전화를 10번이나 하고 문자 20통을 보내버린 것입니다.

사실 상대방은 일하는 중이라 전화를 받지 못하는 상황이었는데, 상대방의 입장은 전혀 생각하지 않고, 계속 전화와 문자를 보내니까 상대방은 짜증이 엄청나게 되어서 결국 대화를 해서 오해를 풀기보다는 싸움만 하고 끝나버리는 경우가 있습니다. 이럴 경우 전화는 1번만 해도 충분합니다. 1번 전화를 했는데 안 받으면 문자로 "할 얘기가 있으니 전화 좀 부탁한다"라고 정중하게 보내면 충분합니다. 그러고는 생각을 끊고 지금 자신이 할 수 있는 다른 일에 집중을 하면 됩니다. 문자와 전화를 하고 싶은 충동이 계속 일어나도 끊어야 합니다. 물론 말처럼 쉽지는 않지만, 성격도 습관이기 때문에 점차적으로 훈련을 통해 바꿔나가면 됩니다. 매일 자신을 체크해나가야 합니다. 뭔가 마음이 조급하게 된다면 그것을 끊고 당장 할 수 있는 다른 일에 집중을 해야 합니다. 꾸준히 하다보면 자신의 조급한 성격을 고칠 수 있을 것입니다.

02. 허황된 욕심을 부리는 사람

허황된 욕심을 부리는 사람이 있습니다. 그런데 허황된 욕심을 부려서 잘 된 경우도 있지만, 아주 드물고 대부분은 망하는 경우가 많은 것 같습니다. 왜냐하면 허황된 욕심을 부리는 사람은 뭔가 큰 투자를 해야 하는데, 그것은 위험부담이 상당히 높기 때문에 마치 도박과 같아서 죽느냐 대박이 나느냐 둘 중에 하나이기 때문입니다. 물론 투자를 전문적으로 한 사람인 경우에는 위험 부담이 적을 수 있겠지만, 투자를 하는 사람들 중 대다수는 전문적인 지식이 없이 그냥 남들 하는 대로 따라가다보니 결국 운이 좋아 잘 되는 경우도 있지만, 운이 안 좋으면 망하게 되는 것입니다.

설령 몇 번 정도는 운이 좋아서 투자금의 몇 배를 벌었다 하더라도 결국 한 번 크게 실패를 해서 빚까지 떠안게 되는 경우도 있습니다. 결국 투자를 하는 사람은 언제 어떻게 망할지 모르기 때문에 항상 불안감을 가지고 살아야 할 수밖에 없는 것입니다. 10년 동안 고생고생해서 1억원을 모았는데, 어디에 투자했다가 하루 아침에 돈을 다 날린 사람도 적지 않은 것을 봤을 때 허황된 욕심은 결국 망하는 지름길이라고 볼 수밖에 없는 것같습니다. 1억 원이면 아껴쓰면서 조금씩 더 돈을 벌어나간다면 살아가는데는 큰 지장이 없다고 생각합니다. 그런데 무엇 때문에 엉뚱한 곳에 투자를 했을까요? 이 사람은 막상 1억 원을 벌고 나니까 1억 원은 돈처럼 보이지 않았던 것입니다. 10억원은 되어야 돈처럼 보였던 것입니다. 결국 1억원으로 10억 원을 만들어보려고 투자했다가 패가망신을 하게 된 것입니다. 하지만 설령 이 사람이 1억 원으로 10억원 을 만들었다 하더라도 아마 10억 원도 돈으로 보이지 않았을 겁니다. 또 다시 100억 원을 벌기 위해서 투자를 할 것이고, 그러다가 결국 한 방에 돈을 다 날려버리겠죠. 한 번 투자에 성공한 사람은 그 맛을 잊지 못해서 계속 투자를 하게 되고 결국 한번은 실패를 하게 되고 크게 망하게 되는 것입니다. 단 한 번의 실패도 없이 투자에 성공을 한다면 참 좋겠지만, 신이 아닌 이상 결국 한 번은 실패를 하게 됩니다. 인간의 욕심은 끝이 없지만, 인간의 정신력으로 통제할 수 있습니다. 사람은 적당선에서 만족할 수 있어야 합니다. 그리고 현재 내가 가지고 있는 것에 감사함을 느껴야 합니다. 나보다 부자인 사람을 생각하면 원망의 마음이 생기지만, 나보다 가난한 사람을 생각하면 감사한 마음이 생기는 것입니다.

일확천금을 노리는 마음을 버려야 합니다. 이런 생각은 근면 성실한 마음을 앗아가고 노력하지 않고 쉽게 이득을 얻으려는 사악한 마음입니다. 아무리 많은 돈을 얻을 수 있다 하더라도 언제 망할지 모르는 불안한 삶 속에서 산다면 그것이야말로 지옥이 따로 없습니다. 돈보다 훨씬 소중한 것이 바로 안정된 마음입니다. 특히 가정이 있는 사람이라면 자신의 허황된 욕심으로 인해 가족까지 비참하게 될 수도 있기 때문에 돈은 근면 성실하게 고생해서 번다는 마음으로 사는 것이 좋다고 생각합니다.

03. 사랑을 주기보다는 받고만 싶어하는 사람

사랑을 주기보다는 받고만 싶어하는 사람이 있습니다. 그 이유는 대부분 어린 시절에 부모로부터 충분한 사랑을 받지 못한 것이 원인이 되는 경우가 많은 것 같습니다. 우리 인간은 0세부터 최소 25세까지는 부모로부터 충분한 사랑을 받아야 한다고 생각합니다. 그런데 어린 시절 부모가 이혼을 했다거나 사별을 한 경우 아이에게는 치명적인 상처가 되어버립니다. 그 아이에게 부모는 거의 하느님만큼 중요한 존재입니다. 그런 부모가 사라져버리거나 이혼을 하게 되면 그 충격이 너무 커서 마음에 큰 상처를 남기게 됩니다. 결국 애정 결핍 상태가 되어버립니다. 이런 경우 조금이라도 자기에게 잘 해주는 사람에 대해 집착을 하게 되는데, 그 사람에게 충분한 사랑을 받지 못하게 되면 애증의 마음이 생겨 폭력성과 복수심으로 나타나게 됩니다.

폭력성이 강한 것은 결국 충분한 사랑을 받지 못했기 때문에 세상에 대한 증오심이 폭발한 결과입니다. 또한 자신 이외에 세상의 모든 사람은 행복한 것 같지만, 자신만 불행하다는 착각을 하게 됩니다. 충분한 사랑을 받지 못한 사람은 사랑을 줄 수도 없습니다. 받은 사랑이 없다보니 줄 사랑이 없는 것입니다. 그런데 훈계를 한다고 하면서 사랑을 받고 싶어하는 사람에게 사랑을 받기보다 먼저 사랑을 주라고 한다면 그 사람을 두번 죽이게 되는 것입니다. 만약 주변에 사랑을 받고 싶어하는 사람이 있다면 사랑을 듬뿍 주십시오. 그 사람은 현재 긴급 상황입니다. 사랑의 배터리가 방전되기 직전인 것입니다. 사랑의 배터리가 완전히 방전되면 그 사람은 자살을 선택할지도 모릅니다. 그렇게 되기 전에 당신의 따뜻한 사랑으로 그 사람의 사랑의 배터리에 충전을 해주십시오. 이것 역시 생명을 살리는 길입니다. 매일 자살하는 사람이 엄청 많다고 합니다. 이들은 모든 사랑의 배터리가 방전된 사람들입니다. 당신 주변에 이런 슬픈 분들이 계신다면 꼭 도와주십시오. 가서 말도 걸어보고 고민도 들어보고 용기도 주고 힘이 되는 말도 해주십시오. 내가 사랑을 주면 나도 사랑을 받게 됩니다. 세상은 결코 일방적이지 않습니다. 사랑을 베풀면 반드시 돌아오는 게 세상의 이치입니다.

04. 불평불만을 하는 사람

이 세상에는 너무 감사한 것들이 많은데도 불구하고 감사하기는커녕 당연한 듯이 받아들이면서 오히려 불평불만을 하는 사람이 있습니다. 우리가 가장 감사해야 하는 것들에는 무엇이 있을까요? 한번 열거해보면 태양, 달, 지구, 국가, 물, 불, 공기, 내 몸, 집, 부모님의 은혜, 모든 생필품, 옷, 핸드폰, 인터넷, 가전제품 등등 감사한 것은 끝이 없이 많습니다. 이것 중에 정작 내가 직접 만든 건 하나도 없고, 다 자연이 주신 것 아니면 누군가가 만들어준 것입니다. 결국 내가 할 수 있는 것은 아무것도 없으면서 감사함보다는 이 모든 것의 존재가 당연한 듯 느끼면서 오히려 불평불만을 늘어놓는다면 이건 알고보면 너무 염치없는 일인 것입니다.

보통 나보다 힘든 환경의 사람들을 생각하면 감사한 마음이 들지만, 나보다 나은 환경에 있는 사람들을 생각하면 원망이나 불평불만이 생기는 것 같습니다. 또한 100년 전의 우리의 삶과 지금의 우리의 삶을 비교해보면 너무나도 지금의 우리의 삶에 감사함이 들지만, 현재 나보다 잘 사는 사람들을 생각해 보면 다시 불평 불만이 생기는 경우가 있습니다. 결국 누군가와 비교를 함으로써 감사와 불평불만의 감정이 교차하는 것 같습니다. 그래서 저는 개인적으로 나보다 잘 사는 사람보다는 못 사는 사람을 많이 생각합니다. 그렇게 하면 불평불만보다는 감사함이 많이 생깁니다. 지금의 이 세상이 있기까지는 수많은 사람들의 희생이 있었기 때문입니다. 결코 당연한 것이 아니라 너무나도 감사한 것입니다. 그 분들의 노력이 아니었으면 지금의 이 세상은 있을 수 없는 것입니다. 물론 이 세상을 더욱 혼란하게 한 사람도 있었지만, 이 세상을 더욱 좋은 세상으로 만들기 위해 희생하신 수많은 위인들이 계십니다.

국가가 존재하는 것도 너무나도 감사한 일입니다. 국가가 존재하기 때문에 우리가 자유롭게 삶을 영위할 수 있는 것입니다. 국가가 존재하는 것은 당연하고 오히려 국가에 대해 불평불만을 한다면 그것은 키워준 자신의 부모를 욕하는 것과 다르지 않다고 생각합니다. 현재 자신이 가지고 있고 누리고 있는 것에 감사하고 과욕을 부리지 않는다면 인생은 훨씬 행복해질 것입니다.

05. 항상 남에게 맞추기 보다 자신에게 맞춰달라는 사람

항상 남에게 맞추기보다 자신에게 맞춰달라는 사람이 있습니다. 이런 사람은 어린아이와 비슷하다고도 볼 수 있습니다. 어린아이가 남에게 맞춘다는 것은 기대하기 힘듭니다. 오직 자기 위주로 해달라고 떼를 쓰고,

지금의 상황이 어떤 상황인지도 관심이 없습니다. 어른이라도 항상 자신 상황에 맞춰달라고 하는 사람은 아이와 비슷하다고 생각합니다. 일단 자기 상황이 가장 중요한 것입니다. 남의 입장이나 남에 대한 배려는 중요하지 않습니다. 내가 왜 남에게 맞춰줘야 하나? 이런 주의이기 때문에 대화가 안 됩니다. 결국 이런 인생관으로 살게 되면 자연스럽게 주변 사람들이 하나둘 떠나가게 될 것입니다. 결국 주변에는 아무도 남아 있지 않겠죠. 이런 상태가 되어도 자신의 문제점을 인식하지 못하는 사람이 있습니다. 하지만 조금이라도 자신의 문제점을 인식했다면 한번 성격을 바꿔보는 건 어떨까요? 이제부터 나한테 무조건 맞춰달라고 하기보다 가끔은 남에게 맞춰보는 건 어떨까요?

결코 쉬운 일은 아닙니다. 자신의 주장도 어느 정도 버려야 합니다. 나는 액션 영화를 보고 싶지만, 로맨스 영화를 봐야 하고, 나는 산에 가고 싶지만, 바다에 가야 하고, 나는 집에서 쉬고 싶지만, 운동을 하러 가야 합니다. 계속 자신을 바꾸고자 하는 마음으로 남에게 조금씩 맞추다보면 소통도 되고 대화도 되고, 이전에 자신에게만 무조건 맞췄던 사람들의 괴로운 심정도 느낄 수 있게 될 것입니다. 또한 고집도 많이 사라지고 배려심도 생기게 될 것입니다. 세상 모든 사람이 다 자기에게 맞춰달라고만 하면 세상은 어떻게 되겠습니까? 누구는 자기에게만 맞춰달라고 하고 누구는 상대방에게 맞춰주기만 한다면 그것만큼 불공평한 세상은 없을 것입니다. 한 번은 상대방에게 맞춰주고 한 번은 나한테 맞춰주고 이렇게 번갈아서 맞춰주면 얼마나 좋습니까? 인간관계에서 중요한 것은 양보와 배려 그리고 기다릴 줄 아는 미덕이라고 생각합니다. 진정한 어른이라면 이런 덕목을 반드시 갖추어야 한다고 생각합니다.

06. 바라는 마음이 많은 사람

　바라는 마음이 많은 사람이 있습니다. 이런 사람들이 자주 쓰는 표현이 "좀 이렇게 해주면 안 되나?" 하는 말입니다. 그런데 바라는 마음을 가지려면 사실 그만큼 뭔가를 해야 합니다. 그 대가로 바라는 마음을 가지는 것입니다. 그런데 아무것도 하지 않으면서 바라는 마음을 가지는 것은 있을 수 없습니다. 자신은 상대에게 전혀 따뜻한 말 한마디 하지 않으면서 상대가 자기에게 차가운 말 한마디를 하면 "왜 꼭 저렇게 얘기를 하나?"는 식으로 원망을 합니다. 신기한 것은 자신은 자신의 말과 행동을 보지 못한다는 것입니다. 무슨 말이냐 하면 자신 역시 상대를 위해 따뜻한 말 한마디 안 하면서 상대에게는 따뜻한 말을 바란다는 것입니다. 실제로 바라는 마음이 많은 사람이 오히려 상대가 바라는 것에 대해서는 전혀 관심이 없는 경우가 많습니다. 아니면 뭔가를 상대에게 베풀 때 꼭 바라는 마음을 가지고 베푸는 경우가 있습니다.

　그런데 상대가 그만큼 보답을 하지 않으면 원망의 마음을 가지는 경우가 있습니다. 원래 인생을 살면서 가지지 말아야 할 마음 중에 하나가 바로 바라는 마음입니다. 누군가에게 바라는 마음을 가지지만, 상대방이 바라는 만큼 해주면 그나마 다행이지만, 그렇게 해주지 않을 경우에는 반드시 원망이 생깁니다. 원망이라는 감정을 계속 가지고 산다면 얼마나 마음이 괴로울까요? 그리고 상대방에게 덕을 베풀어서 상대가 자신에게 보답을 했지만, 자신이 생각하는 만큼의 보답이 아니라면 또 다시 원망을 하는 사람이 있습니다. 이렇게 바라는 마음을 가지고 베풀고, 또 자신이 베푼만큼 돌아오지 않으면 상대방에게 원망을 할 거면 차라리 아무것도 베풀지 않는 것이 낫습니다. 덕을 베풀거면 베풀고 나서 바로 잊어버려야 합니다. 덕을 베풀었다는 것조차 잊어버려야 하고 바라는 마음이 생길 것 같으면 애초에 아무것도 베풀지 않는 것이 낫습니다. 바라는 마음을 버리면 원망도 생기지 않습니다. 그냥 아무것도 바라지 않고 상대가 잘 되었으면 좋겠다는 마음으로 베풉시다.

07. 최고가 되려고 하는 사람

최고가 되려고 하는 사람이 있습니다. 예를 들어 전교에서 언제나 반드시 1등을 해야 하는 사람이 있습니다. 이 사람에게 2등은 용납이 안 됩니다. 그런데 이렇게 사는 사람은 항상 스트레스가 쌓이지 않을까요? 모든 친구들이 경쟁자로 느껴지고, 마치 적처럼 느껴질 수도 있습니다. 특히 전교 2등부터 전교 10등까지 친구들을 항상 예의주시하고 있을 것입니다. 저들이 언제 나를 치고 올라올지 모른다는 생각에 항상 신경이 곤두서 있을 겁니다. 그런데 이런 삶을 계속 산다면 얼마나 불안하고 초조할까요? 사는 게 사는 게 아닐 것 같습니다. 1등을 했을 때의 쾌감은 있겠지만, 그것은 잠시일 뿐 또 다시 1등을 지키기 위해서 얼마나 긴장을 해야 할까요? 물론 1등을 하기 위해 얼마나 열심히 했을까요? 그것만큼은 진심으로 존경합니다. 하지만 마음이 편하지 않는다면 그건 행복한 삶은 아닐 것입니다. 전교 1등을 반드시 고수해야 한다고 생각하는 사람이 전교 2등을 했을 때 겸허히 웃으면서 받아들일 수 있고, '또 하면 되지. 살다보면 어떻게 1등만 계속 할 수 있겠나?' 하면서 웃으면서 넘길 수 있는 사람이라면 정말 괜찮은 사람이라고 생각합니다. 그런데 전교 2등을 했다고 짜증을 내고 화를 내면서 온몸을 부들부들 떨면서 반드시 내가 다시 전교 1등을 되찾겠다고 다짐하는 사람은 정말 불행한 사람이라고 생각합니다.

사람이 마음이 편안한 것이 가장 중요합니다. 그런데 항상 최고가 되려고 하면 불안해서 살 수가 없고, 정작 시험을 칠 때도, 시험을 치기 전에도 너무 긴장해서 오히려 실수를 할 수도 있게 됩니다. 올림픽 경기에서도 너무 최고가 되려고 하는 선수들이 오히려 실수를 해버리는 경우를 많이 봅니다. 최고가 되려는 마음과 최선을 다 하는 마음이 있습니다. 이 두 개의 마음은 비슷한 것 같지만, 극과 극의 마음입니다. 최고가 되려는 마음을 가진 사람은 항상 불안할 수밖에 없습니다. 경쟁자들이 적과 같이 반드시 이겨야 하는 존재로 느껴질 수 있기 때문입니다.

또한 마음속에 자신은 최고가 되어야 한다는 강박증마저 생길 수 있습니다. 하지만 최선을 다하는 마음은 오히려 마음이 편안해집니다. 집착이 사라지기 때문입니다. 말 그대로 최고가 아니라 최선을 다하는 마음이기 때문에 할 수 있는 만큼 하면 되는 것입니다. 실수를 했을 때는 실수도 실력이라고 겸허히 받아들이게 되는 것입니다. 또한 경쟁자들을 반드시 이겨야 하는 적으로 생각하지 않기 때문에 경쟁자를 웃으면서 대하고 친해질 수도 있습니다. 그래서 오히려 최선을 다하자고 마음 먹은 사람이 최고가 되는 경우가 많습니다. 어떤 일을 하든지 마음이 편안한 상태에서 해야 되지 마음이 불안한 상태에서는 잘 되던 일도 안 되게 됩니다. 마음이 불안하면 몸도 굳어져서 제 실력을 발휘하기 힘듭니다. 마음이 편안해야 사리 분별력도 생기는 것입니다.

08. 사람들을 이간질하는 사람

사람들을 이간질하는 사람이 있습니다. 이 사람한테 가서는 저 사람의 험담을 하고 저 사람한테 가서는 이 사람의 험담을 하는 것입니다. 이간질 하는 이유는 여러 가지가 있겠지만, 이 사람과 저 사람의 관계를 끊어 버리고 싶어서인 것 같습니다. 두 사람이 서로에 대해 안 좋은 감정을 가져서 둘 사이가 멀어지면 두 사람 모두 자신에게 집중시킬 수 있다는 욕망이 깔려 있는 것 같습니다. 보통 둘 사이를 이간질하려는 사람은 둘 사이가 너무 가깝기 때문에 질투심이 생겨 둘 사이를 갈라놓고 두 사람이 자신과 더 가까워지기를 바라는 마음에서 이간질을 하는 경우가 많은 것 같습니다. 그러나 계획이 잘못되어서 이간질했다는 것이 밝혀지면 완전히 매장당하거나 두 사람뿐만 아니라 주변 지인과의 인연까지도 다 끊어질 수도 있습니다. 그래서 이건 모든 사람을 다 잃을 수도 있는 아주 위험한 짓입니다. 결국 욕심이 과하면 본전도 못 찾고 모든 것을 다 잃게 됩니다. 이것은 동서고금을 막론하고 올바르지 못한 편법으로 욕망을 채우려고 했던 모든 사람들의 말로는 비참하기 그지없습니다.

이간질을 해서 모든 사람의 사랑을 독차지하려 하지 말고, 덕을 베풀고 모든 사람이 진심으로 잘 되었으면 하는 마음으로 진실하게 상대방을 대하다보면 자연히 사람들은 모이게 되어 있습니다. 술수나 편법을 써서 일시적으로 사람들을 자신에게 집중시킬 수는 있으나 그리 오래가지 못합니다. 욕망은 반드시 화를 부릅니다. 누구를 대하든지 진실하게 모든 사람이 다 잘 되었으면 하는 마음으로 거짓이나 가식 없이 덕을 베풀면 오지 말라고 해도 많은 사람들이 자신에게 모이게 되어 있습니다.

09. 덕을 베풀면 반드시 다른 사람들에게 알리는 사람

　덕을 베풀면 반드시 다른 사람들에게 알리는 사람이 있습니다. 예를 들면 고장난 선풍기를 고치고 나서 반드시 자신이 고쳤다는 것을 주변 사람에게 알리려고 하는 사람이 있습니다. 사실 얼마나 얘기하고 싶겠습니까? 충분히 이해할 수 있습니다. 고장난 선풍기를 고친다는 것은 아무나 할 수 있는 일이 아닙니다. 그런 어려운 일을 해냈으니까 얼마나 자랑스럽겠습니까? 그런데 고쳤다는 사실을 알리지 않으면 입이 근질근질할 것입니다. 사람들이 누가 고쳤냐고 물어보면 즉시 자신이 고쳤다고 얘기할 것입니다. 이렇게 누가 자신에게 물어봤을 때 자신이 고쳤다고 얘기하는 것은 크게 문제되지는 않을 것입니다.

　그런데 굳이 묻지도 않는 다른 사람에게 자신이 선풍기를 고쳤다고 얘기하는 건 마치 칭찬해달라고 하는 아이처럼 보일 수도 있도 인정받고 싶어서 안달난 사람처럼 보일 수 있기 때문에 오히려 나잇값 못한다는 말을 들을 수도 있습니다. 실컷 고생해서 좋은 일 해놓고 안 좋은 얘기를 들으면 정말 짜증나고 서운할 것입니다. 하지만 사실 남이 모르게 덕을 쌓는 사람이 진짜 훌륭한 사람이라고 생각합니다. 남이 알아주든 알아주지 않든 자기 자리에서 소신껏 남을 위해 해야 할 일이라고 생각되면 하는 사람이 정말 그릇이 큰 사람인 것입니다. 만약 입장을 바꿔서 누군가가 우리를 위해서 남모르게 좋은 일을 많이 한다고 하면 정말 감사할 일인 것입니다. 냉장고 안에는 항상 아이스크림이 있고, 청소는 항상 잘 되어 있고, 쓰레기 통도 항상 비워져 있고, 설거지도 항상 깔끔하게 되어 있다면 얼마나 감사한 일이겠습니까?

그런데 누가 했는지는 모르는 것입니다. 그러면 시간이 지날수록 사람들은 누가 이렇게 좋은 일을 많이 했는지 궁금해질 것입니다. 그러면 결국 소문이 나게 되어 있습니다. 세상에 비밀은 없으니까요. 결국 시간이 지나다보면 누가 이렇게 좋은 일을 했는지 자연스럽게 알게 됩니다. 알고 봤더니 다름 아닌 A가 했던 일인 것입니다. 그러면 그때부터 A는 정말 많은 사람들의 칭송을 받게 될 것입니다. A는 성인군자라고도 불리워질 것입니다. A 앞에서는 존경심에 그냥 머리가 숙여질 것입니다. 전혀 남이 알아주지 않아도 꾸준히 남을 위해서 덕을 쌓는 A에 대한 존경심은 최고에 달 할 것입니다.

구차하게 나의 덕을 남이 알아주기로 바라지 말고 정말 진심으로 남이 잘 되었으면 하는 마음으로 베풀어봅시다. 그러면 나의 덕은 자연히 남들이 알게 됩니다. 내 덕을 다른 사람들에게 말하고 싶어서 입이 근질근질해도 참아보세요. 괜히 말했다가는 더 추하게 보일 수도 있습니다. 그냥 우직하게 남이 보든 남이 보지 않든 내 일이라고 생각하고 마음을 가라앉히고 아무것도 바라지 말고 덕을 베풀어보세요. 모든 사람이 남이 잘 되었으면 하는 마음으로 남 모르게 덕을 쌓는다면 이 세상이 바로 천국이 될 것입니다.

10. 다른 사람과 처음 만났을 때 너무 빨리 친해지려고 하는 사람

다른 사람과 처음 만났을 때 너무 빨리 친해지려고 하는 사람이 있습니다. 그러면 대부분 상대방은 부담스러워 합니다. 보통 사교성이 좋은 사람들이 적극적으로 누군가와 친해지려고 합니다. 그런데 모든 상대방이 내 마음 같지는 않습니다. 소극적인 사람도 있고, 대인기피증이 있는 사람도 있고, 혼자 있는 걸 좋아하는 사람도 있습니다. 이런 사람들은 갑자기 친해지려고 들이대는 사람에 대해 심한 거부감을 느낄 수 있습니다.

또한 요즘 세상에 범죄도 많이 일어나다보니 낯선 사람에 대해 경계심이 있을 수밖에 없기 때문에 더더욱 조심스럽게 상대방을 대해야 합니다. 또 영업하는 사람, 종교인도 워낙 많다보니 뭔가 어떤 이익을 위해서 자신에게 의도적으로 친해지려고 다가온다고 생각해서 오히려 반감을 더 가지게 되기도 합니다.

인간관계는 조심스럽게 신뢰를 쌓아가면서 해야 합니다. 상대방의 의사를 묻지 않는 일방적인 인간관계는 반드시 문제를 일으킵니다. 상대방이 아무말 안 하고 있으니까 그냥 좋은 줄 착각하고 더 친해지려고 들이대는 경우가 있는데, 큰 실수를 하는 것일 수도 있습니다. 모든 일은 급하게 또 억지로 하게 되면 역효과가 일어납니다. 천천히 시간이 지나다보면 자연스럽게 어떤 화제에 대해 대화할 기회가 생기게 되고 차츰 친하게 되는 것이 가장 이상적입니다.

어떻게 보면 빨리 친해지려고 하는 사람은 성격이 조급하기 때문일 수도 있고, 너무 외로워서일 수도 있습니다. 말할 친구가 너무 없다보면 아무나 잡고 이말 저말 하는 경우가 있습니다. 또한 가정사의 문제로 인해 애정 결핍이 있는 사람인 경우에도 누구라도 좋으니까 빨리 친해지고 싶어하는 마음이 있는 경우가 있습니다. 그렇다 하더라도 급하게 누군가와 친해지려고 하면 더욱더 문제가 생깁니다. 급하게 친해지려고 하면 정확히 상대방에 대해 잘 모르는 상태에서 많은 말을 하게 되기 때문에 말 실수를 할 가능성이 높아집니다. 또한 상대방도 자신과 빨리 친해지기를 바라지만, 그렇게 되지 않는다고 느껴지면 상대방에 대해 화를 내기도 해서 관계가 악화되기도 하는 경우가 있습니다.

급할수록 오히려 속도를 줄이고, 천천히 상대방이 부담을 느끼지 않도록 자연스럽게 다가가야 합니다. 급하게 친해지려고 하는 사람은 뭔가 의심스럽기 때문에 금방 신뢰를 잃어버릴 수 있습니다. 또한 상대방과 친해지려고 말을 걸 때에는 자신의 신상(이름, 나이, 사는 곳, 직업 등등)부터 얘기하고 상대방의 신상에 대해 물어보는 것이 예의이며, 거부감을 덜 주는 자연스러운 대화부터 하는 것이 좋습니다.

11. 친한 친구도 많지만, 적도 많은 사람

친한 친구도 많지만, 적도 많은 사람이 있습니다. 이런 사람은 자기 주관이 확고한 사람인 경우가 많습니다. 또한 자기 주관과 비슷한 주관을 가진 사람에게는 호감을 보이며 호의를 베풉니다. 이런 사람은 나름 매력이 있기 때문에 많은 사람들이 따르기도 합니다. 하지만 자기 주관과 맞지 않는 사람은 은근히 무시하고 배척하는 면이 있습니다. 그러면서 의도적으로 편가르기를 하는 경우가 있습니다. 편가르기를 하는 이유는 어떤 그룹과 편을 가름으로써 자기 편의 결속력을 더욱 강하게 하려는 의도가 있습니다. 그런데 그렇게 편가르기를 하게 되면 당연히 상대방 편도 자신들이 무시당하고 있다는 것을 느낄 수밖에 없게 될 것입니다. 그러면 상대방편도 똑같이 자기편을 무시하게 되어 있습니다. 그러면서 더더욱 서로를 헐뜯고 무시하게 될 것입니다. 어느 쪽도 지지 않으려고 할 것입니다. 그러다보면 우리편 누군가와 상대편 누군가에 의해 큰 싸움이 날 수도 있습니다. 결국 나 하나로 인해서 파벌이 형성되고 그로 인해 서로를 헐뜯는 사이가 된다면 이건 너무 한심한 짓을 해버린 것입니다.

이런 짓을 한다 한들 누가 알아줄 것이며, 누가 뒤에서 후원을 해주는 것도 아니고, 아무런 의미없는 짓을 하고 만 것입니다. 오히려 많은 사람의 원한을 살 수도 있고, 앞으로의 밝은 미래를 위해서도 아무런 도움도 안 되는 쓸데없는 일을 한 것일 뿐입니다. 굳이 적을 만들 이유는 전혀 없습니다. 앞으로의 세상은 점점 더 남을 헐뜯어서는 잘 될 수 없는 세상으로 가고 있습니다. 남을 위해야만 나도 잘 될 수 있는 세상으로 가고 있고 남의 가치관도 인정해주어야 합니다. 세상에는 수많은 사람들이 살고 있고, 그들의 가치관이나 주관도 다양합니다. 그런데도 내 주관만이 옳고 다른 사람의 주관이나 가치관을 무시한다면 그것은 상극을 조장하는 것이고, 분열을 일으켜 서로를 헐뜯게 되어 모두가 안 좋아지는 결과를 초래합니다. 설령 이긴다 하더라도 아무런 이익도 없으며, 허무함만 남을 것입니다. 상대방의 가치관을 인정하지 않는 이유는 왜 상대방이 그런 가치관을 가지게 되었는지 자세히 얘기를 들어보지 않았기 때문입니다. 즉, 대화 부족입니다. 우리가 상대방이 잘못 되었다고 얘기하려면 왜 상대방이 그렇게 생각하게 되었는지 자세히 들어봐야 합니다. 그런데 전혀 상대방의 얘기는 듣지 않고 자기 생각으로 상대를 판단해서 오해해버리는 경우가 많습니다.

하지만 상대방의 얘기를 자세히 들어보면 어느 정도는 이해가 됩니다. 세상 모든 사람들은 나름의 가치관을 가지고 있고, 그런 가치관을 가지게 된 것은 그만한 이유가 있기 때문입니다. 그래서 꼭 나의 주관만 고집하기보다는 상대방의 가치관도 마음의 문을 열고 자세히 들어본다면 서로서로 이해의 문이 열릴 것이고, 편견이나 고정관념도 많이 사라져서 폭넓은 식견을 가지게 될 것입니다. 많은 사람들과 폭넓은 대화를 하다보면 내 생각만이 옳지 않다는 것도 느낄 수 있게 됩니다.

12. 쓸데없는 것에 목숨걸고 싸우는 사람

쓸데없는 것에 목숨걸고 싸우는 사람이 있습니다. 예를 들면 재작년 체육 대회때 족구 우승팀이 어디였는지를 가지고 계속 싸우는 사람이 있습니다. 한 사람은 청팀이 우승팀이라고 하고 한 사람은 홍팀이 우승팀이라고 계속 싸웁니다. 이것이 목에 핏대를 세우고 싸울 만한 일인가요? 홍팀이 이겼든 청팀이 이겼든 그게 뭐가 중요할까요? 둘 중에 누가 이기든 아무런 상관이 없습니다. 홍팀이 우승팀이라고 주장하는 사람에게 그냥 정중히 "제가 착각한 것 같습니다. 홍팀이 이긴 게 맞는 것 같습니다."라고 하면 금방 끝날 대화입니다.

그런데 괜히 지면 자존심에 먹칠을 한다는 생각에 절대 지지 않으려고 어떻게든 각자의 주장을 내세웁니다. 이건 정말 의미없는 일입니다. 이런 싸움에서는 지는 사람이 마음이 넓은 사람입니다. 아이가 떼를 쓰면서 내 말이 맞다고 할 때 어른들이 아이와 어떻게든 싸워서 이기려 하지 않고 아이의 말이 맞다고 해주는 것처럼 마음이 넓은 사람은 상대를 포용하고 감싸줄 수 있는 사람인 것입니다. 이런 일은 굳이 내가 진다고 벌금을 내야 하는 것도 아니기 때문에 쓸데없는 자존심은 비우고 상대방의 말이 맞다는 식으로 상대방에게 맞춰주는 것이 현명한 선택이라고 생각합니다.

13. 절대 손해보기 싫어하는 사람

절대 손해보기 싫어하는 사람이 있습니다. 이런 사람은 어떤 상황에서도 손해를 안 보려고 애를 씁니다. 또한 치밀할 정도로 계산적입니다. 물건을 사도 어떻게든 깎아보려고 하고 결국은 깎아서 사게 되는 경우가 많습니다. 그걸 보는 주변 사람과 물건 판매자는 이런 사람을 독한 사람이라고 생각할 수도 있습니다. 근검 절약을 하는 장점도 있을 수 있지만, 상대방을 질리게 만들어서 결국 인색한 구두쇠라는 오명을 얻게 될 수도 있습니다. 이런 사람은 베푸는 부분에서도 손해를 보면서 베풀기는 싫어하는 경우가 많습니다. 손해를 보기 싫어하는 사람은 베푸는 것이 진심으로 베푸는 것이 아니라 거래이며, 반드시 이득이 되는 거래가 될 수 있다고 판단이 되어야 베풀 수 있는 것 같습니다. 순수하게 베푸는 일은 없다고 봐야 합니다. 치밀하게 계산해서 이득이 되는 뭔가를 얻기 위해 베푸는 척 하는 것일 수도 있습니다. 무감한 사람들은 특별한 생각없이 이런 사람을 그냥 좋은 분이라고 느낄 수 있지만, 눈치가 빠른 사람은 이런 사람으로부터 베품을 받아도 그다지 기분이 좋지 않고 뭔가 모르게 부담스럽다고 느껴질 수도 있습니다. 뭔가를 받았지만, 보답하지 않으면 안 될 것 같고, 보답을 한다고 하더라도 상대방이 원하는 만큼 보답하지 않으면 안 될 것 같은 생각도 들 수 있습니다. 이런 사람은 베풀면서도 꼭 바라는 마음으로 베푸는 경우가 많습니다.

예를 들어 자신이 상대에게 선물을 하면서 "이거 10만 원짜리야."라고 정확히 가격을 말하는 사람이 있습니다. 그리고 "이거 진짜 구하기 힘든 거야. 내가 너 생각해서 이거 찾으러 다닌다고 이틀을 하루 종일 돌아다녔어."라고 말하면서 이 선물을 준비하기 위해 얼마나 힘들었는지도 자세히 얘기를 합니다. 그러면 상대방은 왠지 모르게 자신도 그만큼 보답을 하지 않으면 안 될 것처럼 부담감을 느낄 수도 있습니다. 그렇지만 이런 사람은 상대방이 부담감을 느끼기를 바라기도 합니다. 그래야만 자신도 그만큼 보답을 받을 수 있다고 생각하기 때문입니다. 또한 손해를 보기 싫어하는 사람은 누군가에게 부탁을 받을 때 반드시 조건을 내세우는 경우가 많습니다. "내가 이번에 도와줄 테니까 너도 다음에 꼭 나한테 도와줘야돼."라고 하면서 조건을 걸죠. 그리고 다음에 다른 사람의 도움이 필요할 때 반드시 자신이 도움을 준 사람에게 요청을 합니다.

상부상조의 원리로 생각하면 지극히 당연한 일이지만, 상대방에게 어떻게 말하느냐가 중요합니다. 내가 전에 너를 도와줬으니까 너도 이번에 나를 도와달라고 얘기하는 경우가 있습니다. 만약 상대방이 도와줄 수 있다고 하면 다행이지만, 상대방도 사정이 있다보니 도와줄 수 없을 경우도 있는데, 이것을 용납하지 못하는 것입니다. "내가 전에 너를 도와줬는데, 너는 왜 나를 못 도와주냐?"라고 하면서 노발대발하는 사람이 있습니다. 내가 도와줬기 때문에 반드시 상대방도 내가 원할 때 도와줘야 한다는 논리는 맞지 않습니다.

한 번 도와주는 게 쿠폰도 아니고, 상대방이 도와주고 싶어도 그날은 선약이 있어서 안 될 수도 있는데, 무슨 수를 써서라도 도와줘야 한다고 억지를 부리면 상대방은 이런 사람에 대해 질려서 인연마저 끊고 싶어질 것입니다. 남을 도와주거나 덕을 베풀 때는 절대로 대가를 바라는 마음으로 베풀어서는 안 됩니다. 정말 순수하게 상대방이 잘 되었으면 하는 마음으로 해야 합니다. 도움을 줄 때도 순수하게 도움받을 생각을 다 비우고 그냥 상대방을 위해서 도와줘 보십시오.

덕을 베풀었을 때 덕을 입은 사람이 직접적으로 나에게 보답하지 않는다 하더라도 돌아돌아 생각지도 못한 사람이 도와주는 경우도 많습니다만 생각조차 하지 않는 게 마음이 편해집니다. 상대방은 내 마음같지 않습니다. 내가 상대방에게 덕을 베풀어도 보답하지 않는 경우도 많고 나는 100만큼 덕을 베풀었지만, 상대방은 내가 생각하기에 30 정도만 보답을 하는 경우도 있습니다. 하지만 상대방 입장에서는 30이 아니라 100 이상 보답했다고 생각하는 경우도 있기 때문에 내 주관대로 판단해서도 안 됩니다.

예를 들어 A는 재산이 1억 원인 사람인데 B에게 100만 원짜리 선물을 베풀었습니다. B는 재산이 100만 원인 사람인데, A에게 답례로 30만 원짜리 선물을 보답했습니다. 객관적인 금액으로 봐서는 A가 B에게 덕을 많이 베풀었다고 볼 수도 있지만, 이건 어떻게 보면 오히려 B가 훨씬 더 A에게 마음을 크게 쓴 것이라고 볼 수도 있습니다. A에게 100만 원은 작은 돈은 아니지만, 1억 원의 재산에 비하면 그렇게 큰 돈은 아닙니다. 하지만 B의 입장에서 30만 원은 전 재산의 30퍼센트에 해당되는 큰 금액이므로 오히려 B가 더 마음을 크게 썼다고도 볼 수 있다는 것입니다. 내가 상대방에게 덕을 베풀어도 상대방이 보답을 하지 않으면 어떻습니까? 그것이 손해는 아닙니다.

예로부터 부모가 덕을 많이 쌓으면 자식이 잘된다는 말도 있듯이 베푼 덕은 다 복으로 돌아옵니다. 또한 덕이라는 것은 대가를 바라고 하는 것이 아닙니다. 대가를 바란다면 차라리 상거래를 하는 것이 좋습니다. 덕을 베푸는 것과 거래를 하는 것은 엄연히 구분해야 할 것입니다. 그래서 덕을 베풀 때는 베풀자 마자 잊어버리는 게 좋다고 생각합니다.

14. 과정보다는 결과를 중시하는 사람

과정보다는 결과를 중시하는 사람이 있습니다. 이런 사람은 과정이 아무리 좋아도 결과가 좋지 않으면 의미가 없다고 생각할 것입니다. 예를 들어 도자기를 같이 만들었지만, 거의 완성 직전에 실수로 바닥에 떨어뜨려서 깨버린 경우 이런 사람은 엄청 화를 내면서 상대를 탓하게 될 수도 있습니다. 그러면서 너랑은 같이 일 못 하겠다고 하면서 짜증을 낼 수도 있습니다. 그런데 생각해보면 마지막에 실수로 도자기를 깨어버려서 결과는 아무것도 남지 않았지만, 도자기를 만드는 과정에서는 많은 것을 배웠을 것입니다. 마지막에 실수를 하긴 했지만, 그 실수를 통해서 겸손을 배웠을 것이고, 다시는 실수를 안 하겠다는 굳은 의지도 생길 수 있습니다. 그렇기 때문에 눈에 보이는 결과는 0이라고 하더라도 눈에 보이지 않는 엄청난 결과가 있다는 것을 알아야 합니다. 그렇기 때문에 결코 결과가 없는 것이 아닙니다. 수많은 과정을 거치면서 화려한 결과가 나타나는 것입니다.

다른 측면에서 보면 정당한 방법이 아니라 불법적인 방법이나 편법 등

수단과 방법을 가리지 않고 결과를 내려고 하는 경우가 있습니다. 예를 들면 대리 시험이라든가 논문 조작과 같은 일이 될 수 있습니다. 과정을 속이고 아무리 결과가 좋다한들 오래가지 못하며, 요즘과 같은 최첨단 시대에서는 결국 들통이 나서 사회적으로도 큰 비난을 피할 수 없게 됩니다. 비록 실수를 많이 하고 시간이 오래 걸린다 하더라도 거짓된 결과를 내려고 하기보다 꾸준히 노력하면 굳이 꾸미지 않아도 좋은 결과가 나올 수 있습니다. 결과만큼 과정이 중요한 이유는 수많은 과정이 쌓여서 훌륭한 결과가 나오기 때문입니다.

사람들은 유명 연예인이나 스포츠 스타에 대해 부러운 마음을 가지고 있지만, 그들이 얼마나 많은 시련의 과정을 거치고 그 자리에 갔는지는 잘 모르는 경우가 많습니다. 왜냐하면 그 과정을 보지는 않았기 때문입니다. 과정이 없이 결과가 나오는 것이 아니기 때문에 과정이 중요한 것입니다. 99번 실수를 한 과정이 있다 하더라도 마지막 100번째 성공을 한다면 그 99번의 실수는 성공을 위한 밑거름이 될 것입니다. 하지만 100번째의 성공을 보지 못하고 99번의 실수만 생각하고 결국 포기하는 경우가 있어 안타까움을 느끼곤 합니다.

99번의 실수를 가만히 생각해보면 첫번째 실수와 30번째 실수, 60번째 실수, 90번째 실수 그리고 마지막 99번째 실수가 겉으로 보이는 모습은 거의 비슷하게 실수로 끝나는 결과가 될 것입니다. 하지만 그 내면을 보면 전혀 다른 결과가 됩니다. 첫번째 실수는 아직 98번의 실수가 더 기다리고 있지만, 99번째의 실수는 마지막 실수가 되고, 1번째의 성공을 기다리는 마지막 실수이기 때문에 완전히 다른 것입니다. 그렇기 때문에 자신이나 타인이 계속 실수하는 과정이 있다 하더라도 낙담하지 말고 또 상대방을 낙담시키지 말고 좀 더 꾸준히 힘을 내서 포기하지 않는다면 그 실수의 과정은 화려한 결과를 위한 밑거름이 될 것입니다.

15. 귀가 얇은 사람

귀가 얇은 사람이 있습니다. 이런 사람은 광고성 전화가 걸려와도 쉽게 끊기가 어렵고 주변의 유혹에도 잘 넘어갑니다. 그래서 쓸데없이 돈도 많이 쓰게 되는 경우가 있습니다. 귀가 얇은 사람은 왜 귀가 얇을까요? 여러 가지 이유가 있겠지만, 인생 경험이 없어서이기도 하겠지만, 모든 사람들이 하는 얘기에 관심과 호기심이 많고 상대방의 얘기를 들을 때 뭔가 이유가 있으니까 저런 얘기를 할 것이라고 긍정적으로 받아들이기 때문인 것 같습니다.

귀가 얇지 않은 사람은 아니다 싶은 상대방의 얘기는 애초부터 듣지도 않고 차단시켜버립니다. 이런 사람들은 상대방의 얘기에 관심이 없기 때문입니다. 그 이유는 여러 가지가 있겠지만 자신의 틀이나 고정 관념이 강하기 때문에 그 틀에서 조금만 벗어나는 얘기를 들으면 바로 차단시켜버리는 것 같습니다. 그러면 귀가 얇은 것이 좋을까요? 얇지 않은 것이 좋을까요? 둘 다 장단점이 있는 것 같습니다. 귀가 얇은 사람의 장점은 모든 가능성을 열어두고 긍정적으로 누구의 얘기든 관심 있게 들어보는 것입니다. 이런 사람은 이해심이 많다는 장점도 있습니다. 그렇기 때문에 남에게 속임도 많이 당하지만, 그만큼 인생 경험을 많이 하게 됩니다. 하지만 단점은 앞에 말한 것처럼 속임이나 사기를 당하기 아주 좋은 사람이라는 것입니다. 누구에게든 너무 긍정적이다보니 상대방이 어떤 의도로 자신에게 접근하는지 눈치를 채지 못하고 모든 얘기를 긍정적으로 받아들이기 때문에 잘 속아 넘어갈 수 있다는 것입니다.

또한 여러 사람의 얘기를 들어보고 판단해야 하는데 한 사람 말만 듣고 결정해버리는 신중하지 못한 면도 있는 것 같습니다. 반대로 귀가 얇지 않은 사람의 장점은 주변의 쓸데없는 유혹에 넘어가지 않는다는 것입니다. 이 세상에는 온갖 유혹이 있는데, 그중에는 허황되거나 불확실한 유혹들이 많이 있습니다. 그런 유혹에 전혀 흔들림없이 자기 주관대로 나아갈 수 있기 때문에 안정적인 삶을 살 수 있습니다.

다만 모든 가능성이 차단되어버리기 때문에 좋은 기회조차 잡지 못하고 자신의 틀에서 벗어나지 못하는 삶을 살 수 있다는 단점이 있는 것 같습니다. 결국 각각의 장점이 있기 때문에 장점만 취하면 최상이 되지 않을까 합니다. 즉, 모든 가능성을 열어두고 누구의 말이든 들어보되 신중한 판단을 위해서 여러 사람의 얘기를 들어보고 이것저것 잘 따져가면서 결정한다면 가장 현명한 삶을 살 수 있지 않을까 합니다.

16. 남에게 도움을 준 것만 아주 정확히 기억하는 사람

자신이 남에게 도움을 받은 것은 잘 기억하지 못하면서 남에게 도움을 준 것은 아주 정확히 기억하는 사람이 있습니다. 예를 들면 A와 B는 직장 동료 사이인데, A는 B가 생각하기에 자기 스스로 할 수 있는 일인 것 같은데도 B한테 매번 부탁을 하는 것이었습니다.

그러다보니 B는 사실 A에 대해 불만이 많았습니다. "자기 일은 자기가 해야지 왜 맨날 나한테 시켜? 진짜 짜증나네." B는 항상 A의 부탁을 받을 때마다 이런 생각이 들었습니다.

그러다가 어느 순간 참지 못해 항상 생각하고 있던 것을 말로 내뱉어버린 것입니다. "근데 솔직히 말씀드리면 매번 저한테 이런저런 부탁을 하시는데요. 그거 직접 하실 수 있는 거 아니예요? 왜 계속 저한테 시키세요? 제가 A님 종이에요? 좀 짜증나네요." 이 말을 들은 A는 당혹감을 감추지 못하는 것입니다. 사실 알고 봤더니 A도 B의 부탁을 여러 번 들어줬는데, B는 전혀 그 기억이 없는 것처럼 보였기 때문입니다. 사실 A는 B에게 컴퓨터를 가르쳐주기도 했고, B의 무거운 짐을 날라주기도 했고, B에게 영어를 가르쳐주기도 했고, B의 잃어버린 물건도 찾아주기도 했고, B의 커피 심부름을 하기도 했습니다.

그런데 B는 이것에 대한 기억이 전혀 없는 것 같았습니다. 하지만 B도 가만히 생각을 해보니까 A도 역시 자신의 부탁을 많이 들어주었다는 것이 기억나기 시작했습니다. 그때서야 B도 부끄러운 마음이 들면서 A에게 미안하다고 사과를 했습니다. 왜 B는 자신이 A에게 도와준 것은 정확히 기억하면서 A의 도움을 받은 것은 기억이 잘 나지 않을까요? 그 이유는 남의 도움을 받은 것은 내가 힘들게 마음을 쓴 것이 아니기 때문에 기억 저편으로 희미하게 사라지지만, 내가 도와준 것은 정말 힘들었지만, 내가 마음을 쓴 것이기 때문에 기억이 잘 나는 것 같습니다. 우리가 즐거웠던 기억보다 힘들었던 기억이 더 잘 나는 이유와 일맥상통한다고 봐야 합니다. 하지만 원래는 반대로 남의 도움을 받은 것은 반드시 기억해서 은혜에 보답을 해야 하며, 내가 도와준 것은 바로 잊어버려야 하는 것입니다.

그렇기 때문에 평소부터 누군가의 도움을 받았다면 절대 잊지 말고 도움을 주신 분을 항상 생각하며 보답할 것을 마음속에 간직해야 할 것입니다. 또한 언제 누군가에게 도움을 받게 될지 모르기 때문에 도움이 필요한 누군가가 있다면 내 일처럼 도와줘야 할 것입니다. 그러면 그 사람도 반드시 언젠가는 나에게 도움을 줄 수도 있습니다.

17. 바쁜 상황에서 자기만 살려고 하는 이기적인 사람

바쁜 상황에서 자기만 살려고 하는 이기적인 사람이 있습니다. 여러 사람이 같이 어디를 가든 뭘 하든 그 속에는 꼭 자기만 생각하는 사람이 있는 경우가 있습니다. 자기는 이런 사정이 있어서 먼저 가야 한다거나 저런 사정이 있어서 먼저 밥을 먹어야 한다거나 하면서 자기부터 먼저 뭔가를 해야 한다고 주장을 하는 사람이 있습니다. 그런데 사실 그 사람의 얘기를 들어보면 충분히 이해가 됩니다. 몸이 너무 안 좋다거나 집에 가서 할 일이 많다거나 이런저런 이유가 있습니다. 그런데 사실 다른 사람들도 사정이 있기는 마찬가지입니다. 단지 말을 안 하고 있을 뿐입니다.

우리의 삶은 항상 자기를 위할 것인가 남을 위할 것인가의 선택의 연속이라고 생각합니다. 이런 상황에서 어떤 사람은 자기를 위하는 선택을 하고, 어떤 사람은 남을 위하는 선택을 합니다. 그런데 자기를 위하는 선택을 하게 되면 그만큼 남들이 피곤해지고 자기를 대신해서 남들이 해야 할 일들이 많아지게 되어 있습니다. 반대로 남을 위하게 되면 자신은 좀 피곤해지겠지만, 남들은 훨씬 편안해지겠죠. 결국 이타적인 마음을 가진 사람은 남에게 도움을 많이 주는 사람이지만, 이기적인 마음을 가진 사람은 남에게 피해를 많이 주는 사람인 것입니다.

누구나 개인적으로 해야 할 일들은 많지만, 전체를 위하는 일이 더 크다고 판단해서 개인적인 일을 뒤로 미루고 전체의 일을 먼저 하는 것인데 이기적인 사람은 결국 자신의 개인적인 일을 더 우선시 해버리는 것입니다. 우리 모두는 각자의 자리에서 해야 할 일들은 반드시 책임감을 가지고 해야 합니다. 자신의 의무를 이행하지 않았을 때도 이기적인 사람이 되는 것입니다. 남을 위하는 마음을 가지기 위해서는 자기를 희생해야 합니다. 영화에서도 위급한 상황에서 자기만 살려고 하는 이기적인 사람은 결국 비참하게 죽게 되는 장면이 많습니다.

이기적인 사람은 자신의 이기적인 행동 때문에 꾸준히 타인에게 원망을 사게 되어 앞길이 막히게 되는 것 같습니다. 그렇게 앞길이 막히다보니 더욱 이기적인 마음을 가지게 되고 결국 그것이 악순환이 되어 미궁에 빠져버리게 되는 것 같습니다. 이기적인 사람을 좋아하는 사람은 없습니다. 특히 직장이나 모임에서 직위가 높은 사람이 직위를 이용해서 이기적인 행동을 하는 것은 더욱 보기에 좋지 않습니다. 직위를 가진 사람들은 아랫사람으로부터 반드시 존경심을 받을 수 있도록 솔선수범해야 하는데, 오히려 자기만 살려고 하는 모습이 계속 보인다면 존경심을 서서히 잃게 되어 더 이상 진심으로 따르는 사람이 없게 될 것입니다.

높은 직위는 그 직위를 이용해서 더 편하게 이기적으로 대접받으려고 있는 것이 아닌데, 착각을 하는 사람이 종종 있는 것 같습니다. 오히려 직위가 높을 수록 마지막까지 남아서 아랫사람들의 일들이 무사히 잘 해결될 수 있도록 신경써야 한다고 생각합니다. 가장 먼저 일어나서 가장 늦게 자야 하는 사람인 거죠. 직위를 얻게 되면 권리만을 따질 것이 아니라 그 직위에 맞는 의무가 반드시 뒤따라온다는 것을 명심해야 할 것입니다.

그렇게 권리보다는 의무를 이행해서 남을 위하려는 사람은 그 직위를 가질 자격이 되는 사람인 것입니다. 이기적인 마음을 가진 사람은 그 마음이 결국 말과 행동으로 표출되어 인격이 여실히 드러나기 때문에 마음을 속일 수도 없는 것입니다. 우리도 언젠가는 높은 직위를 가진 사람이 될 수도 있기 때문에 언제나 희생하는 이타적인 마음을 지금부터 꾸준히 가지고 실천해야 할 것입니다.

18. 공짜를 좋아하는 사람

공짜를 좋아하는 사람이 있습니다. 이런 사람은 특히 식당에서 같이 밥을 먹어야 할 때 먼저 밥을 먹자는 얘기를 절대로 하지 않는 것 같습니다. 왜냐하면 우리나라는 먼저 밥을 먹자고 한 사람이 밥을 사야 하는 독특한 문화가 있기 때문입니다. 그래서 누가 먼저 말할까 눈치만 보고 있습니다. 다른 누군가가 먼저 밥에 관한 얘기를 하기를 기다리는 것입니다. 그러다가 누군가가 밥을 먹자고 하면 그제서야 안심을 하고 식당으로 따라갑니다. 그러고는 맛있게 밥을 먹고 먼저 나옵니다. 그렇다고 이런 사람이 밥값을 아예 내지 않는 것은 아닙니다. 주변 사람이 "이제 너도 밥 한번 사는 게 어때?" 하면 그때는 자신도 피할 곳이 없다고 느끼기 때문에 사기는 하지만, 먼저 자신이 사겠다는 얘기는 절대 하지 않는 것입니다.

또 공짜를 좋아하는 사람은 남의 생일 잔치에 가서 실컷 공짜로 얻어

먹고, 생일 선물은 어디서 공짜로 얻은 거 아니면 집에서 쓰기도 그렇고 버리기는 아까운 물건을 주기도 합니다. 그리곤 자기 생일 때는 조용히 넘어가지요. 하나만 더 예를 들면 공짜를 좋아하는 사람은 주변 사람의 집에 가서 뭐라도 괜찮은 물건이 있으면 하나 건져보려고 마음에 드는 물건이 있으면 "와! 이거 진짜 멋있네요. 어디서 사셨어요? 진짜 마음에 드네요. 나도 이런 거 하나 있었으면 좋겠네." 하면서 은근히 속으로는 "이거 나 주면 안 되요?"라고 하면서 자기한테 달라는 표현을 돌려서 합니다.

이렇게 공짜를 좋아하는 사람들의 행동을 자세히 알아봤는데 공짜를 좋아하는 사람의 공통점이 있습니다. 바로 상대방에게 본심을 속이고 있다는 것입니다. 자신이 이번에는 밥을 사야 한다는 것을 알고 있으면서도 모르는 체 본심을 속이고 있고, 생일 잔치에 가서 실컷 먹었으면 선물이라도 그럴싸한 걸 줘야 하는데도 본심을 속이면서 선물같지도 않은 것을 주고 있고, 솔직히 갖고 싶다고 얘기하면 될 것인데 본심을 속이면서 어떻게든 얻어보려고 하는 모습이 바로 공통점인 것입니다. 인간관계에서 정말 중요한 것은 상대방을 진심으로 대하는 것입니다.

사람들은 상대방이 자신에게 진심으로 대하는지 거짓으로 대하는지 몇 번 만나다보면 금방 알게 됩니다. 그런데 계속 본심을 속이고, 공짜로 이익을 취하고자 하는 마음으로 상대방을 대하게 되면 상대방은 정이 떨어지게 됩니다. 만약 정말 경제적으로 너무 어려워서 공짜를 좋아할 수밖에 없다면 솔직하게 얘기하는 게 훨씬 멋지고 용기 있습니다. "제가 사실 좀 많이 힘듭니다. 부모님이 큰 수술을 받으셔서 수술비로 대출을 크게 받아서 그걸 제가 갚고 있다보니 거의 한 달 생활비가 10만 원 정도밖에 안 됩니다. 그러다보니 밥값을 내기가 솔직히 너무 힘듭니다. 그래서 웬만하면

밖에서 밥을 안 먹거든요. 지금은 제가 신세를 많이 지지만 이 은혜는 절대 잊지 않겠습니다.”라는 식으로 얘기한다면 오히려 밥을 사준 사람이 더 미안한 마음이 들면서 “그런 힘든 상황이 있었는지 몰랐네요.”라고 하면서 위로를 해줄 수도 있습니다.

인간관계의 핵심은 솔직함입니다. 자신의 본심을 감추지 말고 있는 그대로의 모습을 보여준다면 많은 사람들과 오해도 풀리게 되고 도움도 많이 받게 되고 오래오래 좋은 관계가 이어질 것입니다.

19. 평소에 남의 얘기를 중간에 자주 끊고 자기 얘기를 하는 사람

평소에 남의 얘기를 중간에 자주 끊고 자기 얘기를 하는 사람이 있습니다. 그러면 왜 남의 얘기를 중간에 끊을까요? 첫째로는 가깝다고 생각하거나 편하다고 생각해서인 것 같고, 둘째로는 자기가 하고 싶은 말이 너무 많기 때문인 것 같고, 셋째로는 조급한 성격 때문인 것 같고, 넷째로는 상대방의 얘기에 관심이 없어서인 것 같습니다. 하지만 대화의 기본은 경청에서 시작합니다. 일단 마음을 안정시키고, 상대방의 얘기에 귀를 기울여야 합니다. 내가 하고 싶은 말은 잊어버려야 합니다. 처음에는 쉽지 않습니다. 그렇지만 평소부터 마음을 먹고 당분간은 상대의 얘기만 100퍼센트 들어주겠다는 마음을 먹어야 합니다.

상대의 얘기를 나의 일인 것처럼 잘 들어주면 상대는 나에게 마음의 문을 활짝 열 것입니다. 그리고 상대의 얘기에 맞장구도 쳐주면서 공감해주고 반응을 잘 보여주면 상대는 나에 대해 깊은 신뢰를 하기 시작합니다.

친구나 직장 부하나 자녀를 대할 때 이런 대화법을 쓰게 되면 유대관계가 매우 깊어집니다. 특히 자녀를 대할 때 진심으로 자녀의 얘기에 귀를 기울이면 탈선도 조기에 막을 수 있습니다. 탈선하는 대부분의 아이들의 공통점이 부모와 소통이 안 되는 경우가 많다는 것입니다.

20. 말을 할 때 과장되게 얘기하는 사람

말을 할 때 과장되게 얘기하는 사람이 있습니다. 예를 들면 A는 이때까지 실제로는 책을 500권 정도 읽었지만, 남들에게 얘기할 때는 2000권 정도 읽었다고 얘기를 합니다. 아니면 B는 실제로는 한 번에 라면을 5개까지 먹을 수 있지만, 남들에게는 10개 정도는 먹을 수 있다고 얘기합니다. C는 실제로는 군대에서 크게 죽을 고비를 넘기지는 않았지만, 자신을 잘 모르는 여성분에게 얘기할 때는 죽을 고비를 많이 넘겼다고 얘기합니다.

그렇게 얘기하면 상대방은 무척 놀라면서 "정말 대단하시네요. 엄청나시네요."라고 말하면서 찬사를 보낼 것입니다. 그런데 중요한 것은 A가 실제로 2000권의 책을 읽었는지, B가 실제로 라면 10개를 먹을 수 있는지, C가 실제로 군생활하면서 죽을 고비를 많이 넘겼는지는 확인할 길이 없습니다. 물론 듣는 사람이 마음 먹고 구체적으로 상대방의 말이 진실인지 확인하려고 한다면 할 수는 있을 것입니다. A에게 읽은 책 2000권을 다 써보고 그 내용을 얘기해보라고 한다든지, B에게 실제로 라면 10개를 끓여서 보는 앞에서 다 먹어보라고 한다든지, C에게 거짓말 탐지기를 써서 정확히 죽을 고비를 어떻게 넘겼는지 구체적이고 상세하게 얘기하라고 한다면 어느 정도 진실을 밝힐 수는 있을 것입니다. 그리고 어느 정도 센스가 있는 사람이라면 과장되게 얘기한다는 것을 충분히 눈치챌 수도 있습니다.

왜냐하면 사람이 과장되게 얘기할 때는 약간 표정이 불안정해지면서 말이 떨리기도 하기 때문입니다. 하지만 대부분의 사람들은 상대방을 불편하게 만들지 않기 위해서 설령 그 내용이 과장이라 하더라도 그냥 그러려니 하면서 듣습니다. 그렇다면 과장되게 얘기하는 이들의 마음속을 한번 들여다봅시다. 사실 책을 500권 읽은 것도 충분히 대단하고, 라면 5개를 먹을 수 있는 것도 충분히 대단하고, 군생활을 했다는 것만으로도 충분히 대단한데 도대체 왜 이들은 사실보다 더 부풀려서 과장되게 얘기를 하는 것일까요?

원인은 상대방을 놀라게 하면서 큰 관심을 받고 싶어서인 것 같습니다. 남들보다 약간 뛰어난 능력을 가져서는 큰 관심을 받기 어렵기 때문에 좀더 허풍을 떨면서 과장되게 얘기해야만 확실한 주목을 받을 수 있기 때문인 것 같습니다. 하지만 과장되게 얘기하는 것은 결국 자신의 마음을 속이게 되는 것이고, 자신의 마음을 속이는 습관이 계속 되다보면 남까지 속이게 되는 것입니다. 실제로 남에게 사기를 치는 사람의 공통적인 특징이 바로 과장되게 얘기하는 습관이 있다는 것입니다. 너무 극단적으로 얘기한다고 생각할 수 있지만, 나쁜 습관을 고치지 못하면 나중에는 그 습관이 커져서 자신에게 큰 과오로 연결되는 경우는 너무도 많기 때문입니다. 또한 한두 번 정도 과장되게 얘기한 사람은 잘 모르겠지만, 오랜 세월 동안 꾸준히 과장되게 말하는 습관을 가져온 사람은 주변 사람들도 충분히 이 사람이 과장되게 얘기한다는 것을 느낄 수 있습니다. 그렇기 때문에 그런 사람은 신뢰가 바닥으로 떨어지기 마련입니다.

자신을 더 돋보이기 위해 과장된 얘기를 했지만, 결국 그것이 자신의 신뢰를 떨어뜨리게 만드는 원인이 되게 한 것입니다. 이런 사람들은 말하는 습관을 고쳐야 합니다. 정말 있는 그대로 얘기하겠다는 습관을 가져야 합니다. 과장되게 얘기하고 싶은 충동이 느껴져도 참아야 합니다. 주목받지 못한다 하더라도 참아야 합니다. 이런 사람은 말만 하면 과장된 얘기이기 때문에 말수도 줄여야 합니다. 꼭 필요한 말만 하고 말을 하기 전에 최소 3번은 생각해서 자신이 하는 말이 과장인지 진실인지 생각해서 과장이면 입을 닫고, 진실이면 말을 해도 됩니다.

상대방을 놀라게 하면서 과장되게 얘기하는 사람은 그 순간에는 많은 사람들의 주목을 받을 수 있지만, 결국 신뢰는 점점 떨어지는 경우를 수없이 많이 봐 왔습니다. 하지만 특별한 능력이 없어도 진실만을 얘기하는 사람은 처음에는 큰 주목을 받기는 힘들지만, 가면 갈수록 신뢰는 커져갑니다. 인간관계에서 가장 중요한 것이 바로 신뢰라는 것은 누구이 얘기해도 부족함이 없는 것입니다.

21. 자신이 지지하는 정당이나 자신의 종교를 주입시키려는 사람

항상 사람들을 만나면 자신이 지지하는 정당이나 자신이 믿고 있는 종교를 주입시키려는 사람이 있습니다. 원래 정치나 종교 얘기는 하지 않는 것이 좋다는 얘기를 많이 합니다. 왜냐하면 상대방과 대화하다보면 자신이 지지하지 않는 정당이나 자신이 믿지 않는 종교를 나쁘게 말해서 말다툼이 일어날 수도 있기 때문입니다. 그래서 정치나 종교 얘기는 많은 사람들이 꺼리는 얘기이긴 합니다. 그렇지만 어쩌다보면 결국 정치나 종교 얘기를 하게 되는 경우가 있습니다. 같은 정당을 지지하거나 같은 종교인끼리는 대화가 잘 되지만, 서로 다른 정당을 지지하거나 다른 종교인끼리 대화를 하게 되면 점점 말다툼으로 이어지는 경우가 많습니다. 웬만하면 정치나 종교 얘기를 안 하려고 하지만, 계속 입이 근질근질해서 참지 못하고 얘기를 꺼내기 시작하는 경우가 있습니다. 그렇게 되면 결국 좋았던 분위기가 험악해지기 시작합니다. 정치나 종교 얘기로 다투게 되면 끝이 없고, 서로 한 치의 양보가 없게 되는 경우가 많습니다.

그러면 어떻게 해야 될까요? 가장 최선은 애초부터 다른 정당을 지지하는 사람이나 다른 종교인과는 정치, 종교 얘기를 절대로 안 하는 게 좋습니다. 하지만 어쩔 수 없이 상대방이 얘기를 꺼냈다면 일단은 상대방의 얘기를 잘 들어줘야 하고, 상대방의 말에 인정을 해줘야 합니다. 절대 상대방의 말에 반대되는 얘기를 해서는 안 됩니다. 이것은 비굴한 것이 아니라 어차피 대화도 안 되고 싸움만 일어나는 비생산적인 일이 되기 때문에 피하는 것입니다. 그러면서 자연스럽게 다른 주제로 이야기를 바꾸는 것이 좋습니다.

가만히 생각해보면 정치나 종교 얘기로 말다툼을 했을 때 결과적으로 남는 것은 아무것도 없습니다. 말다툼에서 이긴다고 상대방이 지지하는 정당이나 믿고 있는 종교를 바꾸지도 않습니다. 지지하는 정당이나 믿고 있는 종교를 바꾼 사람은 누군가의 권유로 바꾼 것이 아니라 이미 자신의 내면에서부터 여러 가지 이유에 의해서 바꾸고자 하는 마음이 생겼기 때문에 바꾸게 되는 경우가 많습니다. 또한 정치나 종교에 관해 꼭 얘기를 해야 할 때는 다른 정당이나 종교를 비방하기보다는 자신이 지지하는 정당이나 믿고 있는 종교의 장점만 얘기하는 것이 좋다고 생각합니다. 괜히 정치나 종교 얘기를 꺼내서 오히려 좋았던 인간관계에 금이 가게 되는 경우가 너무 많습니다. 이건 결과적으로 서로에게 아무런 이득도 없이 기운만 낭비하는 일이 되는 것이 됩니다.

세상에는 수많은 사람들이 있고 누구나 자유롭게 어떤 정당이라도 지지할 수 있고, 어떤 종교라도 믿을 수 있는 권리가 있는 것입니다. 내가 지지하는 정당이나 믿고 있는 종교만 옳고 남의 정당이나 종교를 무시한다면 이건 상극의 시작이 되는 것이고, 이런 마음이 점점 더 커지게 되면 분열과 갈등을 조장하게 되는 것입니다. 내가 지지하는 정당이 소중한 만큼 다른 정당도 소중한 것이며, 내가 믿는 종교가 소중한 만큼 다른 사람이 믿는 종교도 소중한 것입니다. 서로의 사상이 다른 것을 인정하고 상대방이 왜 그 정당을 지지하는지 왜 그 종교를 믿는지 정말 궁금하다면 차라리 제대로 알아보는 게 어떨까 합니다.

22. 평소에 말이 너무 많은 사람

평소에 말이 너무 많은 사람이 있습니다. 끊임없이 말을 하는데, 그중에는 전에 했던 얘기가 50퍼센트 이상인 경우가 있습니다. 말이 너무 많은 사람은 평소 대화할 상대가 너무 없어서 입을 닫고 있다보니 사람을 아주 그리워하는 경우가 많습니다. 이런 사람이 세 명 정도만 함께 만나면 난리가 납니다. 서로 동시에 말을 하는데, 그러면 누구의 말을 들어야 할

지도 모릅니다. 결국 기가 더 센 사람이 계속 말을 하게 되는 경우가 있습니다. 또한 이런 사람은 자기가 말이 너무 많다는 것조차 잘 인식하지 못하는 경우가 많습니다. 하지만 반드시 자신이 말이 많다는 것을 인식해야 합니다. 자신을 객관적으로 볼 필요가 있습니다. 평소 대화를 하면 듣기를 많이 하는지 말하기를 많이 하는지 생각해봐야 합니다.

인간관계의 달인이 될 수 있는 대화법은 일단 상대방의 얘기를 다 들어줘야 합니다. 더 이상 상대방이 할 얘기가 없을 때까지 들어주고 나서 자신의 얘기를 하는 것이 필요합니다. 만날 때마다 계속 자기 얘기만 한다 하더라도 다 들어줘야 합니다. 말이 많은 사람은 누군가 자신의 얘기를 들어줄 사람을 그리워하고 있습니다. 말이 많은 사람 중에는 너무 외로워서 평소 거의 말을 안 하다가 자기 얘기를 들어줄 만한 사람이 나타나면 폭포수처럼 말을 하게 되는 경우가 많습니다. 하지만 말이 많은 사람은 상대방도 자신만큼 말을 많이 하고 싶어한다는 것을 알아야 합니다.

대화는 주고받는 것이지 일방적인 것이 아닙니다. 평소 말이 너무 없는 사람 입장에서는 말을 많이 하는 사람이 좋을 수도 있습니다. 왜냐하면 둘 다 말을 너무 않하면 분위기가 어색해지기 때문입니다. 그래서 상대방이 말이 많은 사람이라면 상대방의 얘기를 많이 들어주고, 상대방이 말이 없는 사람이라면 자신이 말을 많이 해주는 것이 중요합니다. 그리고 상대방에게 "혹시 내가 너무 말이 많죠?"라고 물어보는 것도 좋습니다. 물어봤을 때 상대가 "말이 좀 많죠."라고 대답한다면 말을 줄일 필요가 있습니다. 나는 내가 하고 싶은 말은 다 하고 살아야 직성이 풀린다고 한다면 어쩔 수 없겠지만, 이 책을 읽고 있는 분이 정말 괜찮은 인격을 갖추고 싶고 그 인격을 가지고 인간관계의 달인이 되고 싶다면 반드시 고쳐야 할 부분입니다.

또한 자기 말만 계속 하는 사람은 상대방을 피곤하고 지치게 만들 수도 있습니다. 한번 통화를 하면 두 시간 이상 전화를 끊지 않는 사람이 있습니다. 그 통화 중에는 전에 했던 얘기도 상당 부분 들어 있습니다. 상대방도 할 일이 있는데, 상대방의 상황은 전혀 묻지도 않고 계속 전화기를 잡고 자기 얘기를 하니까 어느 순간부터는 "내가 왜 이 사람의 얘기를 계속 들어줘야 하는 거지?" 하면서 그 뒤로는 이 사람의 전화는 받고 싶지 않게 될 수도 있습니다. 물론 정말 사랑하고 좋아하는 사람이 두 시간 동안 전화로 말하는 것은 들어줄 수 있겠지만, 그렇지 않은 경우에는 상대방에게 민폐를 끼칠 수 있기 때문에 자제할 필요가 있고, 중간중간 상대방의 의사를 물어보는 것도 필요합니다. "혹시 지금 바쁜 거 아니세요? 바쁘시면 다음에 전화드릴게요." 이렇게 얘기를 하면 상대방은 이 사람이 배려심이 많은 사람이라고 느껴져서 더욱더 호감을 가지게 될 수도 있습니다. 사람은 누구나 자신이 배려받고 있다고 느껴질 때 상대방에 대해 호감을 가지기 마련이니까요.

23. 허세를 부리는 사람

허세를 부리는 사람이 있습니다. 실제로는 평범하게 살면서 남에게는 아주 부자인 것처럼 허세를 부리는 사람이 있습니다. 또한 자신이 유명한 누군가와 자주 만나며 친분이 있다는 식으로 얘기하는 경우가 있습니다. 그런데 정말 순진무구한 사람을 제외하고 보통 사람이라면 웬만하면 눈치가 빨라서 실제로 보여주지 않고 말로만 그렇게 계속 허세를 부리는 사람은 금방 알아챕니다. 결국 자기 얼굴에 침뱉기가 되어버리는 것입니다. 허세를 부리는 것 역시 거짓말입니다. 거짓말은 한두 번은 성공할 수 있겠지만, 상습적으로 거짓말을 하게 되면 결국 들통이 나게 되고 아주 부끄러운 일이 되어버립니다.

머리가 똑똑하다거나 정말 돈이 많다거나 한 사람 중에는 간혹 내세울 만한 것이 있기 때문에 굳이 겉으로 화려하게 치장을 하지 않는 사람이 많습니다. 또한 인격적으로 성숙이 되어 있는 사람도 내면이 충만하기 때문에 굳이 겉으로 화려한 치장을 하지 않는 경우가 많습니다. 하지만 똑똑하지도 않고 재력도 없으면서 인격적으로 성숙도 안 된 사람은 내세울 만한 것이 없다보니 겉모습으로 자신을 치장하는 경우가 간혹 있습니다. 겉으로 치장을 하는 것 자체는 나쁘지 않습니다. 자신을 사랑하기 때문에 겉으로 화려하게 꾸미는 것은 자기 관리의 측면에서 보기 좋은 일입니다.

하지만 진실을 감추면서 거짓으로 자신을 포장해서 재력이 어마어마하다느니, 대기업에 다닌다느니, 회사를 운영한다느니, 유명 연예인을 많이 안다느니 하면서 있지도 않는 거짓말을 상습적으로 한다면 그건 범죄가 될 수도 있습니다. 그리고 그런 식으로 허풍을 떨면서 없는 말로 꾸미면 어느 정도 상식이 있는 사람은 쉽게 눈치를 채고 약간 사기성이 있는 사람이라고 느끼지만, 정작 본인은 자신이 남을 잘 속이고 있다고 착각하는 경우도 종종 있는 것 같습니다. 사람들은 겸손하고 솔직한 사람을 좋아합니다. 그냥 있는 그대로의 진솔한 모습을 보여주세요.

사람들은 자신과 너무 동떨어져 있다고 느껴지면 오히려 거리감을 느끼기 때문에 가까워지기 어렵습니다. 당신과 내가 다르지 않으며 동등한 입장이고, 내가 입은 옷이 화려해보이지만, 알고보면 인터넷에서 싸게 구매한거라고 솔직히 얘기한다면 허세를 부릴 때보다 훨씬 더 사람들과 가까워질 것입니다.

24. 자신만 좋아하는 것을 상대방에게 계속해서 설득하는 사람

자신만 좋아하는 것을 상대방도 좋아하도록 계속해서 설득하는 사람이 있습니다. 예를 들면 자신은 여행을 좋아하지만, 상대방은 여행을 좋아하지 않는 경우 어떻게든 상대방도 여행을 좋아하도록 설득을 계속하는 경우가 있습니다. 여행의 장점에 대해 계속 얘기하고, 주변에 누가 여행을 갔다왔는데, 어땠다는 얘기를 계속합니다. 하지만 상대방은 여행을 좋아하지 않기 때문에 오히려 여행의 단점에 대해 계속 얘기할 수도 있습니다. 그렇다 하더라도 아랑곳하지 않고 집요하게 계속 설득을 하는 것입니다. 결국 상대방은 지쳐서 수긍을 하게 될 것입니다.

이렇게 되면 상대방은 같이 여행을 갈 수는 있겠지만, 억지로 가게 되는 거겠죠. 인간관계에서 아주 중요한 것은 상대방에게 뭔가를 억지로 강요하지 않아야 한다는 것입니다. 있는 그대로의 상대방을 인정해주고 나와 다름을 이해해주는 것이 중요합니다. 여행이라는 것이 진정 상대방을 위해서 가고 싶어하는 것인지 나를 위해서 가고 싶어하는 것인지 잘 생각해봐야 합니다. 우리가 인간관계를 하는 속에서 내가 우선인 인간관계를 하고 있는지 남이 우선인 인간관계를 하고 있는지 살펴봐야 합니다.

내가 우선인 인간관계를 계속하게 되면 상대방은 점점 강한 거부감을 느낄 수밖에 없습니다. 내가 아무리 여행을 가고 싶어도 상대방이 여행을 원하지 않는다면 그것을 억지로 강요해서는 안 됩니다. 차라리 여행을 좋아하는 다른 친구를 찾는 것이 좋습니다. 상대방과 여행을 같이 가고 싶은 이유가 상대방과 함께 뭔가를 하고 싶은 것이라면 차라리 상대방이 원하는 뭔가를 같이 해주는 것이 좋습니다.

25. 사람에 대해 지배욕이 강한 사람

사람에 대해 지배욕이 강한 사람이 있습니다. 이런 지배욕은 부모자식 간이나 연인관계 또는 직장 상사와 부하 직원의 관계에서 특히 자주 일어납니다. 부모 자식 간에서는 부모가 자식에 대한 지배욕이 생기기도 하는데, 드러나는 양상은 부모가 자식의 모든 것을 통제해서 부모가 원하는 대로 자식의 인생을 만들어나가는 것입니다. 예를 들면 자식이 다닐 학원 자식의 진로 등등 자식의 의사와는 상관없이 부모가 원하는 대로 자식의 앞길을 만들어나가는 것입니다.

연인 관계에서는 지배욕이 강한 사람이 거의 주도적으로 상대 연인을 움직입니다. 상대 연인의 옷 입는 스타일이나 데이트 장소 그리고 데이트하는 날의 스케줄 등등 모든 것을 지배욕이 강하는 사람이 주도적으로 계획하고 상대 연인은 따라가는 식인 것입니다. 직장 상사와 부하 직원의 관계에서는 거의 신분 차별과 같은 주종 관계가 형성되어 무조건 시키는 대로 하게 하는 명령과 복종의 관계로 전락해버리기도 합니다. 그런데 지배욕이 강은 사람은 자신이 그렇게 상대방의 의사도 묻지 않고, 일방적으로 상대방을 자신의 뜻대로 움직이게 하려고 할 때 상대방이 느끼는 압박감은 생각이나 할까요? 거의 안 할 겁니다. 조금이라도 그런 생각을 한다면 그렇게 하지는 않을 것입니다.

지배욕이 강한 사람에게 있어서 상대방은 단지 자신의 소유물에 지나지 않습니다. 마치 상대방을 자신의 꼭두각시처럼 생각하는 것입니다. 그런데 상대방이 가끔 자신의 뜻대로 움직여주지 않으면 엄청나게 살기를 드러내면서 입 밖으로 말은 안 하지만 속으로는 "감히 네가 내 말을 거역해?"라는 생각을 하게 되는 것입니다. 지배욕이 강한 사람이 인식해야 하는 것은 사람은 사람을 지배해서는 안 된다는 것입니다.

자식에 대한 지배욕이 강한 부모들이 착각하는 것은 자식은 내 마음대로 할 수 있다는 것입니다. 물론 어릴 때는 어느 정도 가능할 수는 있다고 생각합니다. 하지만 점점 더 나이가 들어감에 따라 자신의 뜻대로 할 수 없다는 것을 알아야 합니다. 그렇기 때문에 항상 자식을 대할 때 나와 생각이 다를 수도 있다는 것을 염두에 두고 자식에게 강압적으로 뭔가를 하게 하기보다는 무엇을 하든지 일단은 부모의 의사를 표현한 다음 자식의 의사를 항상 들어봐야 합니다. 그래서 만약 자식이 원하지 않는다고 하면 왜 원하지 않는지 자세히 들어보고 그 이유가 합당하다면 자식의 의사에 따라줘야 합니다.

예를 들면 자식의 직업을 선택하는 데 있어서 부모가 원하는 직업이 있고, 자식이 원하는 직업이 있는데, 부모가 자식에게 강압적으로 부모가 원하는 직업을 강요하게 되면 자식은 자신의 삶을 사는 것이 아니라 부모의 삶을 대신 사는 것이나 마찬가지이기 때문에 삶 자체가 괴로울 수밖에 없는 것입니다. 설령 부모가 보기에 자식이 잘못된 길을 간다 하더라도 그것을 통해 배우는 것도 많이 있고, 오히려 생각지도 못하게 아주 잘 되는 경우도 많기 때문에 무조건 안 된다고 해서는 안 되는 것입니다. 단 부모는 인생 선배로서 자식에게 조언은 해줄 수 있는 것입니다.

또한 연인관계에서도 상대 연인이 무조건 자신의 뜻대로 맞춰주기를 바라서는 안 됩니다. 상대방도 나름 취향이 있고, 생각이 있는데 무조건 나한테 맞추고 내가 시키는 대로 하라는 것은 독재와 다름없습니다. 독재를 하게 되면 결국 떠날 수밖에 없습니다. 어차피 결혼을 한 것도 아니기 때문에 굳이 독재를 당하면서 계속 연인관계를 유지할 이유가 없기 때문입니다. 연인관계에서는 자신의 의견을 제시하되 상대방의 의사를 들어봐야 합니다. 그것과 함께 서로가 원이 없게끔 허심탄회한 대화를 많이 해서 상대방이 원하는 것이 무엇인지 알아야 합니다. 건의 사항이 있으면 언제든지 얘기할 수 있는 분위기를 만들어주는 것도 중요합니다.

마지막으로 직장 상사와 부하 직원의 관계에서도 아랫사람이라고 해서 자신의 종처럼 자신의 입맛에 맞게 부하 직원을 길들여서는 안 됩니다. 예를 들면 상사는 이 일을 먼저 하고 저 일을 나중에 하라고 했지만, 부하 직원은 저 일을 먼저 하고 이 일을 나중에 하는 게 좋겠다고 한다면 그 이유를 들어보고 합당하다면 부하 직원이 원하는 대로 하게 해주어야 합니다.

지금이 어떤 시대입니까? 소통의 시대입니다. 일방적인 명령과 복종의 시대는 이미 끝났습니다. 서로 소통이 되어야 합니다. 그러기 위해서는 꾸준한 대화를 해서 부하 직원도 상사에 대해 불편한 점이 있으면 언제든지 얘기할 수 있는 분위기를 만들어줘야 합니다. 그래서 상사가 어떤 지시를 내렸을 때 무조건 종처럼 그 지시에 복종하는 것이 아니라 부하 직원도 자신의 의사를 충분히 얘기할 수 있게 해주어야 하고 부하 직원의 의사가 합당하다면 부하 직원의 의사대로 해주어야 합니다. 이와 같이 사람을 지배하려고 하지 말고 사람과 소통하려고 하고 상대방의 의사를 존중하게 되면 사람에 대한 지배욕도 많이 사라지게 되고 마음도 한결 편안해질 것입니다.

26. "네가 계속 그렇게 나오면 내가 어떻게 하는지 보여줄게" 이렇게 말하는 사람

"네가 계속 그렇게 나오면 내가 어떻게 하는지 보여줄게" 이렇게 말하는 사람이 있습니다. 이건 어떻게 보면 같이 죽자고 하는 거나 다름없습니다. 이건 보복이나 복수와도 일맥상통한다고 볼 수 있습니다. 복수를 하면 결국 복수를 당하게 되어 있습니다. 예를 들면 부부간에 있어서 어떤 부인은 남편에게 외박은 출장 이외에는 절대 하지 말라고 요구하는 경우가 있는데, 그것을 남편이 말로는 하겠다고 하지만, 정작 상황이 되면 실천이 계속 안 되다보니 결국 부인은 당신이 계속 그런 식으로 나오면 내가 어떻게 하는지 보여주겠다는 식으로 부인도 같이 외박을 하기 시작한 것입니다.

결국 집에는 자식만 남게 되고 집안은 풍비박산이 되어버리는 것입니다. 이렇게 되면 안 되겠죠. 사실 남편이 외박을 자주 한 이유는 부인의 잔소리에 못 견디었기 때문입니다. 집에만 오면 잔소리를 계속하니까 집에 가기가 싫었던 거죠. 그렇지만 어쨌거나 자식을 위해서라도 가정의 평화가 중요합니다. 하지만 남편은 이미 마음의 문이 닫힌 상태입니다. 일단은 부인이 남편과 허심탄회한 대화를 통해 마음의 문이 열릴 수 있도록 하는게 중요합니다. 분위기 있는 조용한 카페에서 남편과 편안한 대화를 해보면 좋을 것 같습니다. 대화의 시작은 왜 집에 잘 안 오냐가 아니라 요즘 회사 생활하면서 힘든 것은 없냐며 위로와 격려의 대화로 시작되어야 합니다. 그렇게 편안하고 허심탄회한 분위기를 형성한 다음 나 때문에 혹시 힘든 일은 없냐고 하면서 핵심적인 얘기를 하되 남편을 공격하는 대화가 아니라 부인 자신부터 반성을 하는 대화를 한다면 자연스럽게 남편도 자기를 반성하는 대화를 하게 될 것입니다.

상대방이 반성을 하기를 원한다면 자신부터 반성을 하는 것이 우선입니다. 자기는 반성하지 않고 상대방에게 반성을 요구하는 대화법은 없습니다. 인간사의 모든 문제는 한 사람의 일방적인 잘못은 없습니다. 서로 잘못이 있기 때문에 서로 같이 반성을 해야 합니다. 모든 돌발 행동의 이면에는 반드시 그 돌발 행동을 할 수밖에 없는 원인이 있고, 그 원인을 제공한 사람이 가장 가까운 상대방인 경우가 많습니다.

27. 일만 여기저기 벌여놓고 수습을 못하는 사람

일만 여기저기 벌여놓고 수습을 못하는 사람이 있습니다. 이런 사람은 하고 싶은 게 너무 많기 때문에 이런 처사를 하게 되는 것 같습니다. 한 사람의 몸이 10개라면 가능하겠지만 몸이 하나이기 때문에 아무리 이것저것 하고 싶어도 스스로에게 제동을 걸어서 어느 정도의 여유를 두고 일을 벌려야 합니다. 예를 들면 대학교 동아리를 10개씩 드는 사람이 있습니다. 하지만 결국 하나도 제대로 못하고 그만두게 되는 경우가 많습니다.

자신의 입장과 상황을 자세히 생각해서 자신의 미래를 위해서는 꼭 들어야겠다고 판단되는 동아리에만 들어가는 것이 좋다고 생각합니다. 그냥 누군가의 권유에 의해 단순한 호기심으로 동아리에 든다면 끈기있게 해나가기는 쉽지 않습니다. 결국 하다가 말거라면 시간만 허비하게 되는 결과를 낳게 됩니다. 그렇기 때문에 과욕을 부리지 말고, 정말 하고 싶은 건지 정말 필요한 건지를 판단해서 만약 하겠다고 판단한다면 프로의 경지까지 가도록 해서 평생 써먹을 수 있게 해야 한다고 생각합니다.

주변에 몇 년 동안 외국어를 배웠지만 결국 제대로 써먹지도 못하고 그만둔 사람이 있습니다. 그 이유는 이 사람은 알고 봤더니 꽂꽂이 학원도 다니고 있고, 재즈댄스 학원도 다니고 있고, 요가 학원에 골프 레슨에 피아노 학원까지 다니는 것입니다. 이런 상황에서 자기 사업까지 하고 있으니 어느 것 하나도 제대로 하지를 못하고 여유라곤 없는 인생을 살고 있습니다. 절대로 이렇게 해서는 안 됩니다.

보통 성공하는 사람은 동시에 두 가지 목표를 세우지 않습니다. 하나의 목표를 완전히 이루고나서 다음 목표를 정합니다. 그래야만 하나의 목표에 완전히 집중을 해서 파고들어서 달인의 경지에 갈 수 있는 것입니다. 동시에 이것저것 해버리면 어느 하나도 집중력 있게 할 수 없기 때문에 전부 다 흐지부지 끝나버리는 것입니다.

상대방을 무시하지 맙시다

01. 남의 험담을 자주하는 사람

남의 험담을 자주하는 사람이 있습니다. 이런 사람들의 내면의 심리를 보면 자신이 미워하는 사람의 험담을 함으로써 상대방의 동조를 얻고자 하는 마음과 함께 그 사람 때문에 너무 스트레스를 받고 있는데, 하소연할 곳이 없어서 험담을 하는 경우가 있는 것 같습니다. 그런데 남의 험담을 하게 되면 험담을 듣는 상대방 중에는 "이 사람은 내가 없으면 내 험담도 할 수 있겠구나."라고 생각하는 사람이 있습니다.

실제로 어떤 사람은 A에게는 B의 험담을 하고 B에게는 A의 험담을 해서 A와 B의 사이를 멀어지게 하기도 합니다. 물론 너무 싫어하는 사람의 험담을 함으로써 스트레스 해소를 얻고 싶어하기도 하고 상대방으로부터 동조나 위로를 받고 싶어하는 마음은 충분히 이해할 수 있습니다. 하지만 남의 험담을 하게 되면 자신의 마음속에 상대방에 대한 증오심만 더욱 깊어지고 그것은 결국 자신의 마음을 점점 더 어둡게 만들게 됩니다.

중요한 것은 왜 내가 그 사람을 그렇게 미워하게 되었는지를 생각해봐야 합니다. 어디서부터 잘못된 건지 원인을 깊이 생각해봐야 합니다. 아마 처음부터 미워하지는 않았을 겁니다. 인간관계에서 일어나는 모든 갈등은 무조건 한 사람은 잘 하고 있는데, 다른 한 사람이 잘못했기 때문에 일어나지는 않습니다. 사실은 두 사람 모두에게 문제가 있습니다. 자신이 남은 험담을 하기 이전에 자신의 잘못이 무엇인지부터 깊이 생각해봐야 합니다. 그래서 그 부분을 고쳐봐야 합니다. 자신의 잘못이 무엇인지 잘 모르겠다면 미워하는 그 사람과 직접 만나서 물어봐야 합니다.

"내가 솔직히 말하면 너가 싫어. 그런데 아마 너도 내가 싫을거야. 그런데 나는 너랑 다시 친해지고 싶거든. 원래는 우리 정말 친했잖아. 우리가 관계를 회복하기 위해서는 서로 고쳐야 할 점이 있는 거 같아. 나는 네가 나의 고칠 점을 얘기하면 고칠 마음의 준비가 되어 있으니까 내가 고칠 점이 뭔지 얘기해줘."라고 얘기한다면 상대방이 감동을 받으며, 자신도 자신의 잘못을 고치고자 하는 마음으로 허심탄회하게 상대방의 고칠 점을 얘기할 것입니다.

그러면 그것을 메모해서 반드시 고쳐야 합니다. 그러고 나서 자연스럽게 상대방도 자신의 고칠 점을 얘기해달라고 할 것입니다. 결국 각자가 서로의 고칠 점을 고쳐나간다면 서로의 관계는 회복될 것이고, 사이는 좋아지게 될 것입니다. 미워하는 사람이 있다면 그 사람의 험담을 하기보다 그 사람을 만나서 서로의 고칠 점에 대해 얘기하면서 실질적으로 잘못을 고쳐나간다면 더 이상 누군가가 미워서 그 사람의 험담을 하는 일은 없어지게 될 것입니다.

02. 평소 농담을 자주하는 사람

평소 농담을 자주하는 사람이 있습니다. 그 사람의 농담이 아주 재미있고 재치가 있는 경우 주변 사람들의 호감을 사게 되는 경우가 많습니다. 물론 실없는 농담을 계속 하게 되면 약간 이상한 사람 취급을 받게 되지만요. 그런데 다 그런 것은 아니지만, 재미있고 재치 있게 농담을 하는 사람도 결국에는 사람과의 관계에서 좋지 않게 되는 경우를 많이 보았습니다. 농담도 여러 가지가 있는데, 상대방을 기분 좋게 하는 농담이 있고, 상대방을 기분 나쁘게 하는 농담이 있습니다. 후자의 농담은 절대 해서는 안 되는 농담이지만 전자의 농담은 크게 문제가 되지 않겠습니다. 그렇다 하더라도 어쨌든 말만 하면 농담을 습관적으로 하는 경우 상대방으로부터 진지하지 못한 사람이라는 평을 듣게 되는 경우가 많습니다.

농담을 하게 되면 분위기를 좋게 만드는 장점이 있지만, 그런 농담도 한두 번이지 계속적으로 농담을 많이 하게 되면 쉬운 사람으로 보이기 쉽습니다. 그래서 상대방으로 하여금 말을 함부로 해도 되겠다는 생각을 하게 만드는 원인이 되기도 합니다. 농담을 할 때는 재미있게 농담을 하다가도 본론에 들어가면 절도 있고 진지한 모습을 보인다면 그것이야말로 최고입니다. 하지만 맺고 끊고가 잘 안 되서 농담을 해도 될 때인지 하면 안 될 때인지 구분을 못하는 경우 결국 좌중을 흐리게 하고, 농담을 그만하라고 주의를 받게 되는 경우가 있습니다. 그렇게 되면 좀 이상한 사람으로 낙인찍힐 수 있기 때문에 한두 번 정도의 농담은 좋지만, 그것이 계속된다면 신뢰까지 잃을 수 있습니다. 농담이 결코 나쁜 것은 아닙니다. 오히려 농담을 너무 할 줄 몰라도 재미없다는 평을 받을 수 있으니까요.

다만 과한 농담은 오히려 독이 될 수 있으니 조절해서 분위기에 맞게 적절히 농담을 하는 것이 중요하다고 생각합니다.

03. 평소 남에게 상처 주는 말을 많이 하는 사람

평소 남에게 상처 주는 말을 많이 하는 사람이 있습니다. 상처를 주는 말에는 어떤 말들이 있을까요? 상대방의 자존심을 상하게 만드는 말들이 있겠죠? 예를 들면 "너는 아직 철이 안 든 것 같다. 너 같은 철부지는 필요 없다." 아니면 "이따위 실력으로 우리 회사에 들어왔다는 게 믿기지가 않네. 너 빽으로 우리 회사 들어왔냐?" 아니면 "정신 안 차려! 한 번만 더 실수하면 쫓겨날 각오해! 야! 이 자식 누가 데리고 왔어? 완전 꼴통이네." 이런 말들이 있겠죠.

상처 주는 말을 하는 이유는 여러 가지가 있겠지만 답답한 상대방을 보고 화가 치밀어올라서 화풀이 하는 식으로 얘기하는 경우가 있을 것이고, 예전에 자신도 상처받은 말을 많이 들었기 때문에 받은 대로 되돌려주는 이유도 있다고 봅니다. 다른 이유로는 상대에게 정확히 그리고 강하게 얘기를 해줘야만 정신을 차릴 거라고 생각하기 때문인 것 같습니다.

보통 직장에서 상대방이 뭔가 잘못한 것이 있는데 그냥 좋게 얘기하면 못 알아들을 것 같고 심각성도 인식하지 못할 것 같아서 확실하게 상대방이 얼마나 잘못 했는지를 알려주기 위해서 얘기하다보니까 언성도 높아지고 말도 거칠게 나오고 상처 주는 말을 하게 되는 것 같습니다. 그렇게 상처 주는 말을 하면 신입사원인 경우는 아무것도 모르기 때문에 순간적으로 겁을 먹고 각성을 하면서 조금 바뀌긴 할 것입니다. 하지만 시간이 지나면서 계속 상사로부터 상처 주는 말을 들은 신입사원의 마음속에는 서서히 증오심이 싹트게 될 수도 있습니다. 그리고 그 상사에 대해 마음의 문을 굳게 닫게 될 수도 있습니다. 또한 회사에 대한 충성도 많이 떨어지게 되고 기회만 있으면 다른 회사로 갈 생각을 하겠죠.

결국 같이 일은 하지만, 마음이 하나가 되지 못하기 때문에 일의 능률도 크게 좋아지지는 않을 것입니다. 부하 직원이 실수나 잘못을 했을 때 상처 주는 말보다는 따뜻한 위로와 격려를 해보면 어떨까요? "힘내! 괜찮으니까 밝게 다시 해봐. 나도 처음에는 너처럼 실수도 많이 했어. 누구나 그런 거니까 어두워지지 말어. 잘 하고 있으니까 걱정마. 화이팅!" 이렇게 얘기해주면 아마 눈물을 흘리면서 은혜에 보답하기 위해 회사에 충성을 맹세할 것입니다.

직원에게 질책만 하기보다는 위로와 격려를 했을 때 훨씬 직원들의 회사에 대한 충성도가 높아질 수밖에 없습니다. 어떤 사장은 직원에게 상처 주는 말을 많이 하다보니 직원이 3개월에 한 명씩 계속 그만두게 되어 수시로 면접을 보고 신입 직원 교육을 하다보니 오히려 거기에 들어가는 시간이 너무 많아서 회사 일이 원활하게 돌아가지 않는 경우가 있습니다.

반대로 어떤 사장은 직원을 정말 아끼고 항상 위로와 격려를 해주고 즐겁게 일할 수 있는 분위기를 만들어주니까 직원들이 한번 입사하면 평균 30년은 일하는 것입니다. 결과적으로 회사에 대한 충성도도 매우 높아서 한마음 한뜻이 되다보니 엄청난 매출을 올리기도 합니다. 자신과 함께 일해주는 사람을 가장 소중히 생각해야 합니다. 같이 일해주는 것만으로도 감사한 마음을 가져야 합니다.

04. 상대의 단점만 보는 사람

상대의 단점만 보는 사람이 있습니다. "이 사람은 이게 문제야. 저 사람은 저게 문제야."라고 하면서 계속 상대의 문제점, 고쳐야 될 점만 보고 있는 것입니다. 하지만 상대방의 장점에는 관심이 없습니다. 상대방의 장점은 당연한 것이고 단점만 계속 보이는 것입니다. 예를 들어 A씨, B씨, 나세 명이 같이 살고 있는데, A씨는 청소를 전혀 안 합니다. 항상 나만 청소하고 A씨가 청소하는 걸 본 적이 없습니다. B씨는 설거지를 안 합니다. 왜 내가 B씨의 설거지까지 해야 하는 건가요? 이러면서 계속 상대의 단점만 보고 있습니다. 그런데 알고 봤더니 나는 정작 밥도 안 하고 반찬도 안 만들고, 전등이 고장 나도 갈지 않는 것입니다.

그런데 A씨는 청소는 안 하지만, 밥과 반찬을 잘 하고, B씨는 설거지를 안 하지만, 전등을 가는 것과 같이 집안 시설 보수를 잘 합니다. 결국 누가 누구의 단점을 말할 상황이 아닌 것입니다. 각자가 잘하는 분야가 다를 뿐입니다. 결국 상대의 단점을 얘기하면서 불평불만을 늘어놓을 수 있는 사람은 모든 면에서 잘 하는 사람이어야 할 것입니다.

그러나 모든 면에서 잘 하는 사람이 어디에 있을까요? 하느님이 아니고서야 어떻게 완벽할 수 있을까요? 잘 하는 게 있으면 잘못하는 게 있는 것입니다. 상대의 단점만 계속 보면 스트레스가 쌓여서 살기가 힘들 것입니다. 그래도 A씨가 밥과 반찬을 만들어주고, B씨가 집안 시설 보수를 해주니까 없는 것보다는 있는 게 낫지 않을까요? 어쩔 수 없이 같이 있어야 한다면 생각을 긍정적으로 가지는 것이 중요할 것입니다. 모든 사람은 단점이 있지만, 장점도 있습니다. 단점만 보면 한없이 답답할 뿐이지만, 장점을 보면 정말 감사한 존재가 됩니다. 내가 없을 때 A씨가 밥과 반찬을 했고, 내가 없을 때 B씨가 집안 시설 보수를 한 것입니다. 그런데 나는 정작 밥과 반찬은 당연히 있어야 하는 것이고 집안 시설 보수도 당연히 되어 있어야 하는 것으로 생각해왔던 것입니다. 그러나 그것은 내가 단점밖에 없다고 생각한 A씨와 B씨가 해준 것입니다. 내가 보기에 상대방의 단점밖에 안 보일지라도 내가 없을 때 다 나름대로 장점을 발휘해서 도움이 되는 일을 하는 것입니다. 그렇기 때문에 상대방의 단점만 보면서 시비를 가리기보다는 그들의 장점이 무엇인지를 잘 파악해야 합니다.

05. 가까운 친구 사이라고 함부로 대하는 사람

가까운 친구 사이라고 함부로 대하는 사람이 있습니다. 함부로 대하는 방법은 약속을 잘 지키지 않거나 만날 때마다 밥을 사달라고 한다거나 심한 농담을 하는 등등 여러 가지가 있을 것입니다. 그런데 이런 하나 하나의 행동들이 상대방에게는 응어리로 쌓이게 될 수 있습니다. 그래서 응어리가 쌓이고 쌓이다가 어느 순간 폭발을 하게 되면 싸움이 날 것입니다. 그렇지만 곧 화해를 하고 다시 친하게 지낼 수도 있을 것입니다. 하지만 화해를 했다고 해도 그것이 진심 어린 화해가 아닐 수도 있습니다. 그렇게 되면 마음속에 응어리는 사실 그대로 존재합니다. 정말 진심 어린 사과를 해야만 진심 어린 용서를 받게 될 것입니다. 그냥 겉으로 웃으면서 "미안해, 그때 화났어? 화풀어. 미안하다고."와 같은 화해는 껍데기 화해입니다. 왜냐하면 진심 어린 반성이 없기 때문에 또 다시 예전처럼 상대를 함부로 대할 가능성이 높기 때문입니다. 그렇게 될 경우 결국 머지 않아 인연이 끊어지고 맙니다. 한때 친구가 많았지만, 서서히 친구들이 사라진다면 한번 깊이 생각해봐야 합니다. 상대가 한번 밥을 샀으면 나도 은혜에 보답하는 마음으로 밥을 사는 게 도리이고, 농담도 절대 상대방을 놀리는 농담은 해서는 안 됩니다. 상대방을 기분 좋게 하는 농담은 좋지만, 그런 농담조차도 적당히 해야 합니다. 친구들 간의 약속도 함부로 어기면 신뢰가 다 깨집니다. 그런데 가깝다보니까 이해하겠지 하는 생각에 함부로 대한다면 머지 않아 모든 친구들이 떠나갈 것입니다.

정말 친한 친구였는데, 계속 함부로 대하다 결국 원수가 되는 경우도 있습니다. 사실 세상에 함부로 대할 수 있는 사람은 없습니다. 가족 간에도 함부로 대하면 결국 가족이 다 깨지는 상황이 오기도 합니다. 사람은 누구나 존귀합니다. 예전에는 신분 차별 남녀 차별, 인종 차별로 이 세상에는 원한이 쌓여왔습니다. 이제는 더 이상 그런 차별이 있어서는 안 됩니다. 사람을 함부로 대하는 것도 차별 대우입니다. 어떤 누구라도 존중해야 합니다. 왜냐하면 모든 사람은 그 사람을 너무나도 소중히 생각하는 누군가가 있기 때문입니다.

내가 함부로 대하는 친구가 누군가에게는 너무나도 소중한 부모이고 또는 자식이 될 수도 있기 때문입니다. 친구의 폭행으로 허무하게 죽은 아이의 부모는 평생 제정신으로 살기가 힘들 것입니다. 내가 누군가를 함부로 대할 때 내 소중한 사람 역시 누군가에게 함부로 무시당할 수도 있다는 것을 잊지 말고 누구나 소중히 대합시다. 또한 내가 상대방을 함부로 대하면 상대방도 역시 나에게 함부로 대하게 되어 있습니다. 남에게 진심으로 존중받고자 한다면 남을 진심으로 존중해야 합니다 .

06. 상대방이 실수를 했을 때 잔소리를 하면서 계속 혼내는 사람

상대방이 실수를 했을 때 잔소리를 하면서 계속 혼내는 사람이 있습니다. 이건 진짜 해서는 안 되는 행동이고, 좋은 인간관계를 다 깨버리는 너무나도 좋지 않은 습관입니다. 실수한 사람은 자신의 실수를 누구보다도 잘 알며 누구보다도 한탄스럽게 생각합니다. 그래서 다시는 실수를 안 해야지라고 다짐을 합니다. 그래서 정말 잘 해보려고 하는데 거기에 찬물을 끼얹으면서 "정신을 어디에 두고 일 하느냐?" "니가 지금 뭘 잘못 했는지 알고는 있느냐?" "너는 맨날 실수만 하고 일할 생각이 있냐?" 등등의 말로 큰 상처를 줍니다. 이런 말들은 상대를 아주 어둡게 만들고 일에 대한 의욕을 완전히 꺾어버립니다. 어떤 사람들은 이런 말을 3번 이상 듣게 되면 일을 그만두게 될 수도 있습니다. 보통 사회 초년생들이 일머리가 아직 없기 때문에 실수를 할 때가 많습니다.

하지만 그런 사회 초년생들이 결국 이 대한민국을 세계의 강대국으로 만들었습니다. 우리의 대선배들도 사회 초년생이었을 때가 있지 않습니까? 상대방이 실수를 하면 계속 잔소리를 해야 정신을 차리고 열심히 할 거라고 오랜 관행처럼 생각하는데 실제로는 오히려 반감과 적개심만 생기게 되는 경우가 많습니다. 잔소리는 쓸데없는 소리라는 뜻입니다. 굳이 안 해도 될 말을 계속한다는 뜻입니다. 상대방이 실수했을 때는 누구보다도 자신이 실수했다는 것을 알고 있습니다.

그렇기 때문에 그냥 가만히 있으면 됩니다. 오히려 모르는 척 해주는 게 더 상대에게 큰 힘을 줄 수 있습니다. 예전에 한 직원이 접시를 한 번에 10장이나 깬 적이 있습니다. 그런데 사장님은 전혀 화를 내지 않고 아무 일 없다는 듯이 깨진 접시를 같이 치워주셨습니다. 그때 그 직원은 아무 말도 하지 않고 같이 깨진 접시를 치워주시는 사장님을 보면서 감동을 하면서 사장님과 끝까지 함께하겠다고 다짐을 하고 결국 10년 뒤에 그 가게의 점장이 되었다는 이야기도 있습니다. 큰 실수를 했지만, 오히려 웃으면서 괜찮으니까 다시 힘내라고 하는 말 한마디에 그 직원은 목숨을 다해 충성을 맹세하는 일도 가끔 있습니다. 잔소리는 아무런 도움이 되지 못합니다. 잔소리는 상대를 어둡게 만들고, 상대를 어둡게 만드는 말은 상대에게 아무런 도움도 주지 못하고 적개심과 반발심만 들게 합니다.

정말 상대가 무슨 잘못을 했는지 모를 때는 친절하게 설명을 해주면 되고, 이미 실수를 알고 있을 때는 굳이 그 실수를 들추어낼 필요는 없습니다. 때론 남의 실수를 감추어주는 것도 미덕입니다. 윗사람은 미덕을 가지고 상대가 잘할 수 있을 때까지 인내심을 가지고 기다려야 합니다. 계속 잔소리만 하면 그건 결국 상대가 일을 그만두게 하는 원인이 될 뿐이며, 아무런 이득도 되는 않는 쓸데없는 일을 하게 된 것일 뿐입니다.

07. 습관을 고치지 못하는 다른 사람을 비난하면서 무시하는 사람

자신도 오랜 세월 제대로 고치지 못하고 있던 나쁜 습관이 있었는데, 그 습관을 어떤 계기로 완전히 고치게 된 이후에 여전히 같은 부분에서 제대로 습관을 고치지 못하고 있는 다른 사람들을 비난하면서 무시하는 사람이 있습니다. 예를 들면 A는 식탐이 많아서 오랜 세월 동안 폭식을 하는 습관을 가지고 있었는데 그러다보니 심각한 고도비만에 시달렸습니다. 그래서 더 이상은 이렇게 살아서는 안 되겠다고 느껴서 독하게 마음 먹고 다이어트를 시작했고, 1년만에 20킬로그램 감량에 성공하게 되었습니다. 사실 20킬로그램 살을 뺀다는 것은 놀라운 일입니다. A는 몸도 건강해지고, 외모도 훨씬 멋있어져서 엄청난 자신감을 가지게 되었습니다.

그런데 그때부터 A는 식탐이 있어서 폭식을 하는 사람들이나 살찐 사람 그리고 체중 관리를 안 한다고 느껴지는 사람들을 무시하기 시작했습니다. 이렇게 말하면서요. "적당히 드셔야죠. 나중에 큰 병 걸려요. 젊을 때부터 관리하셔야죠. 관리 안 하세요? 관리 안 하면 계속 찐다니까요. 그렇게 맛있어요? 잘 먹네요." 마치 자신은 원래부터 날씬했던 것처럼요. 만약 A가 이전에 뚱뚱했다는 사실을 모르는 사람은 이런 말을 들었을 때 기분은 나쁘지만, 맞는 말이니 더 이상 할 말이 없겠지만, A가 이전에 뚱뚱했다는 사실을 아는 사람이 이런 말을 듣게 된다면 기가 찰 것입니다. 이렇게 말하면서요. "와 기가 찬다. 자기도 거의 15년 동안 고도비만이었으면서 다이어트 성공 좀 했다고 마치 원래부터 날씬했던 것처럼 얘기를 하네." A는 도대체 왜 이렇게 상대방을 무시하는 말을 할까요? 어떻게 보면 A의 심정을 이해 못 할 것도 아닙니다. 사실 위에 A가 상대방에게 했던 말들이 알고보면 A가 십수 년 동안 들었던 말들입니다.

그리고 그 말들은 A가 가장 듣기 싫어했던 말이기도 합니다. 그 십수 년 동안 자신에게 그런 말을 했던 날씬한 사람들에 대한 증오심이 복수심으로 변질되어 독하게 다이어트에 성공했고, A 자신도 이제 남에게 그런 말을 할 수 있는 자격이 생겼고, 그 날씬한 사람의 입장이 되어 자신도 뚱뚱한 사람에게 똑같이 그런 말을 하고 싶었을 것입니다. 그렇게 말함으로써 자기 스스로 더욱더 나는 이제 더 이상 고도비만이 아니고, 너희 살찐 사람들이 그렇게도 부러워하는 날씬한 사람이라는 것을 강조하기 위함이라고도 볼 수 있습니다. 하지만 그렇게 상대방을 무시하는 말을 한 결과 자기 자신은 만족할 수 있을지 모르겠지만, 결과적으로는 주변 사람들의 눈살을 찌푸리게 만드는 상황만 펼쳐지게 되기 때문에 자신의 이미지만 더욱 손상이 될 뿐입니다.

아무리 예쁜 여자도 자신이 예쁘다는 것을 너무 주변 사람에게 표현하게 되면 꼴불견이 될 수밖에 없는 것처럼 A의 내면의 심정을 안다면 A의 말을 이해할 수 있다 하더라도 남을 무시하는 말은 어디에서도 용납되지 않습니다. 앞에서 누차 반복해서 얘기하는 부분이지만, 이상적인 인간관계의 핵심은 바로 겸손과 솔직함입니다. A가 만약 겸손함과 솔직함만 겸비된다면 말의 내용은 완전히 달라질 것입니다. 이렇게요. "사실 저도 솔직히 말씀드리면 불과 작년까지만 해도 고도비만이었는데요. 안 믿기시죠? 그런데 생활하기가 너무 힘들어서 진짜 악착같이 다이어트한 거예요. 근데 사실 걱정되는 건 또 다시 과거로 돌아가진 않을까 하는 거거든요. 그래서 먹는 거 운동 신경써서 하는데요. 다이어트는 그냥 평생 해야 될 것 같아요." 이렇게 얘기한다면 날씬하고 예쁜 데다가 겸손하고 솔직하기까지 하니 이보다 괜찮은 사람이 어디 있겠습니까?

그리고 A가 얘기한 것처럼 아무리 현재 자신이 날씬하다고 할지라도 언제 다시 과거로 돌아갈지 모르기 때문에 살찐 사람에게 함부로 살빼라는 얘기를 할 수 있는 것이 아닙니다. 자신이 무시한 사람이 나중에 자신의 모습이 될 수도 있는 것입니다.

08. 상대방의 단점을 직설적으로 얘기하는 사람

상대방의 마음의 문이 닫혀 있는 상태에서 상대방의 단점을 직설적으로 얘기하는 사람이 있습니다. A와 B는 같이 일하는 사이인데, 그렇게 가깝지는 않은 사이입니다. 그런데 A는 평소 감정 기복이 심해서 주변 사람들을 피곤하게 합니다. 어느 날은 아주 밝은 사람이 되다가도 어느 날에는 완전히 살기 폭발 직전에 있는 사람이 되어서 주변 사람들은 항상 A의 감정 상태에 신경을 많이 쓰게 됩니다. 그런데 어느 날 참다 못한 B가 A에게 한마디했습니다. "A씨는 자기 감정 조절이 잘 안 되세요? 언제는 아주 밝았다가도 언제는 완전 살기 폭발 직전인 사람같고 도대체 왜 그러는 거예요? 혹시 서운한 게 있어서 그러는 거예요?" B가 이렇게 얘기하자 A는 더 화가 나게 되었습니다. 이렇게 얘기하는 B의 마음도 충분히 이해가 됩니다. 분명 상대방을 무시하는 마음보다는 뭔가 답답하기도 하고 안타까운 마음에서 상대방이 성격을 바꿔서 잘 되었으면 하는 마음으로 얘기했다는 것을 충분히 이해할 수 있습니다.

하지만 B는 말의 방식에 문제가 있는 것입니다. 너무 직설적이라는 것입니다. 직설적인 표현은 아주 가까운 사이에서도 해서는 안 되는 표현입니다. 또한 상대방의 마음의 문이 닫혀 있는 상태에서 그렇게 얘기하는 건 오히려 상대방에게 일침을 가하는 독이 될 수도 있습니다. 또한 같은 말을 들어도 마음의 문이 닫혀 있는 사람에게 들었을 때와 마음의 문이 열려있는 사람에게 들었을 때의 반응은 완전히 다를 수밖에 없습니다. 마음의 문이 닫혀 있는 사람에게 그런 얘기를 들으면 "당신이 나에 대해서 뭘 안다고 함부로 그런 얘기를 해요?"라는 말을 들을 수도 있습니다. 그렇기 때문에 아무리 옳은 말이라 하더라도 내가 그 말을 할 수 있는 자격이 되는지부터 생각해봐야 합니다. 별로 가깝지도 않고 마음의 문도 열려 있지 않은 상태에서 그런 민감한 얘기를 하는 것은 실례가 될 수도 있기 때문입니다. 그래서 일단 상대방의 마음의 문을 열어야 합니다. 그러기 위해서는 오직 진심으로 아무것도 바라지 않고, 상대방이 잘 되었으면 좋겠다는 마음으로 대해야 합니다.

상대방의 마음의 문을 열게 하는 것 중에 가장 대표적인 방법은 바로 친절, 위로, 격려입니다. 상대방을 항상 친절하게 대하면서 위로와 격려를 꾸준히 하게 되면 서서히 마음의 문이 열립니다. 하지만 그렇게 해서 마음의 문이 열렸다 하더라도 그 문은 언제든지 다시 닫힐 수 있기 때문에 방심을 하면 안 됩니다. 사소한 말 한마디에 다시 마음의 문이 닫힐 수도 있기 때문입니다. 그렇게 해서 마음의 문이 열리게 되면 그때 상대방의 성격 중에 고칠 점을 얘기해도 좋을 겁니다. 그런데 앞에서도 얘기했듯이 설령 상대방의 마음의 문이 열렸다 해도 말을 잘못하게 되면 다시 마음의 문이 닫힐 수도 있기 때문에 조심스럽게 다가가야 합니다.

일단은 상대방의 칭찬을 먼저 많이 해주는 게 좋습니다. 설령 칭찬할 것이 전혀 생각나지 않는다 하더라도 거짓말이라도 해서 칭찬을 하는 게 좋습니다. "A씨는 정말 유쾌한 분이신 거 같아요. 얼굴도 호감형이고요, 사람들한테 인기가 많으실 것 같아요." 이렇게 칭찬부터 시작하는 게 좋겠죠. 그렇게 칭찬하는 대화를 하다가 본론으로 들어가는 것이 좋을 것 같습니다. 칭찬을 많이 해줬기 때문에 쑥스러워 하긴 하지만, 그래도 상대방의 기분이 많이 좋아졌을 겁니다. 그런 상대에서 핵심적인 얘기를 시작하면 좋습니다. "그런데요. 요즘 힘든 일 있으세요? 한 번씩 너무 힘들어

보일 때가 있어서요. 밝을 때는 아주 밝다가도 한 번씩은 무섭더라고요."

이렇게 얘기하면 상대방도 어느 정도 수긍을 하면서 자신의 얘기를 할 것입니다. "제가 사실은 감정 기복이 엄청 심하거든요. 저도 사실 이 문제 때문에 많이 힘들었고, 고치려고 노력도 많이 했는데, 아직 큰 변화는 없네요. 이것 때문에 친구도 많이 떠나갔습니다." A가 이런 얘기를 했다는 것은 B에게 상당히 마음의 문이 열렸다는 것입니다. 이제 B도 A가 스스로 문제 의식을 느끼고 있다는 사실을 알게 되었고 A가 나름 고칠려고 노력했는데 잘 안 되고 있다는 사실도 알게 되었습니다.

그래서 B는 오히려 A에 대해 더욱더 안타까운 연민의 마음이 생기게 되었습니다. 사람은 누구나 잘 고쳐지지 않는 단점이 있습니다. 그런데 그 단점을 마음의 문도 열려 있지 않은 상태에서 상대방에게 직설적으로 말하게 되면 도리어 상대방의 화를 돋구는 일만 될 수 있습니다. 상대방의 단점을 고쳐줄 자신이 없다면 굳이 얘기할 필요도 없고, 정말 상대방을 위하는 마음으로 얘기하고 싶다면 무작정 얘기하는 것이 아니라 상대방의 마음의 문부터 열고 얘기해야 합니다. 또한 얘기할 때는 "A씨는 감정 기복이 심한 걸 고치지 않으면 안돼요."라는 부정적인 표현보다 "A씨는 감정 기복이 심한 걸 고치면 훨씬 멋있어질 것 같아요."와 같이 긍정적인 표현으로 말하는 것이 훨씬 더 바람직합니다.

09. 상대를 있는 그대로 봐주는 게 아니라 계속 문제시하는 사람

상대를 있는 그대로 봐주는 게 아니라 계속 문제시하는 사람이 있습니다. 예를 들면 C는 성격이 너무 밝아서 항상 약간 흥분 상태에 있는 사람입니다. 그런데 A는 평소 성격이 밝지 않은 사람이다보니 C의 성격에 대해 부러워하는 마음이 있지만, B는 C에 대해 문제시하고 있습니다. B가 C에 대해서 문제시하는 이유는 사람이 너무 정신이 없는 것 같고, 불안해 보이고, 촐랑대는 것처럼 보이기 때문입니다. 그러면 C는 정말 문제가 있는 사람일까요? 독자 여러분께서는 어떻게 생각하십니까?

다시 얘기하지만 중요한 것은 B는 C를 문제시하지만 A는 C를 부러워한다는 것입니다. 그렇다면 이것은 관점의 차이라고 생각합니다. C가 불법적인 행위를 했다거나 남에게 피해를 주었다면 문제시할 수 있겠지만, C는 전혀 남에게 피해를 주지 않고 있으며, 오히려 A에게는 삶의 활력소까지 앉겨주는 좋은 사람인 것입니다. C가 너무 밝은 것은 기본적으로 가지고 있는 성격일 뿐입니다. 그것을 B 자신의 성격과 다르다고 해서 문제시한다면 이 세상에 B와 성격이 다른 모든 사람이 문제시 될 수밖에 없게 되는 것입니다.

다시 말해 다양성을 존중해주어야 합니다. 나의 눈에는 이상하게 보이는 것도 다른 사람 눈에는 좋게 보이기도 합니다. 내 생각만 옳고 다른 사람의 생각은 다 잘못되었다고 생각한다면 어느 누구와도 소통할 수 없게 됩니다. 실제로 자신의 성격과 다른 사람을 문제시하는 사람일수록 대인관계가 원활하지 못해서 성격이 폐쇄적인 경우가 많은 것 같습니다. 나와 성격이 다르더라도 상대방의 장점을 보고 있는 그대로 봐주는 것이 중요합니다. 내가 상대방의 성격을 문제시한다고 해서 상대방의 성격이 바뀌는 것도 아닙니다. 단 한 번이라도 상대방의 성격을 바꾼 적이 있다면 상대방의 성격을 문제시해도 되겠지만, 거의 대부분 상대방의 성격을 바꾸는 것은 불가능합니다. 그것보다 훨씬 빠른 것이 내가 보는 관점을 바꾸는 것입니다. C는 살짝 불안하지만, 밝아서 참 보기 좋고, A는 살짝 어두워보지만, 얌전해서 참 보기 좋다는 식으로 상대방의 단점보다는 장점을 계속 찾아보는 습관을 가져보는 게 어떨까요?

우리가 생각하는 단점이 전혀 없는 이상적인 인간상이 있습니다. 정말 누가 봐도 인격적으로 성숙되어 있는 사람이 있습니다. 그런 사람을 상대방에게서 찾으려 하지 말고 나 자신이 그런 사람이 되면 되는 것입니다. 그런데 나 자신은 전혀 그런 사람이 아니면서 상대방은 그런 사람이 되기를 바란다면 앞뒤가 맞지 않습니다. 오히려 문제시한다면 B가 C를 문제시하는 그 시비하는 마음이 더 문제시될 수 있는 것입니다. 남을 문제시하기 이전에 나 자신의 남을 시비하는 마음부터 고쳐야 할 것 같습니다.

10. 서로간의 생각의 차이를 인정하지 않는 사람

서로간의 생각의 차이를 인정하지 않는 사람이 있습니다. 예를 들면 A는 돼지 고기를 못 먹습니다. 이유는 돼지 비린내가 싫어서입니다. 그런데 돼지고기를 아주 좋아하는 B의 입장에서는 A가 도저히 이해가 안 되는 것입니다. "어떻게 이렇게 맛있는 돼지고기를 싫어할 수 있지?"라고 생각하면서 납득이 가지 않을 것입니다. 그런데 B는 전반적으로는 대부분의 사람이 돼지고기를 좋아한다고 생각했기 때문에 A에게 넌 좀 이상하다는 식으로 얘기를 했습니다. 당연히 A는 화가 날 수밖에 없습니다. "돼지고기를 싫어하면 이상한 사람인가?"라고 생각하면서 B에 대해 반감이 들게 될 것입니다. 결국 B가 무심코 한 말에 A와 B는 사이가 멀어지고 마는 것입니다.

세상에는 수많은 사람들이 살고 있고 누구나 다양한 생각을 할 권리가 있습니다. 그렇기 때문에 상대방이 나와 다른 생각을 한다고 해서 그것이 잘못되었다고 말해서는 안 됩니다. 빵을 절반만 먹고 절반은 나중에 먹는 사람에게 "그냥 먹을 때 다 먹어라. 지저분하게 절반만 먹고 뭐냐?"라고 얘기한다면 그건 상대방의 입장을 전혀 생각하지 않는 사람일 것입니다. 상대방은 빵 하나를 다 먹는 것은 너무 배가 불렀기 때문에 절반만 먹은 것입니다. 이렇게 상황마다 상대방이 나와 다른 생각을 할 경우가 아주 많습니다.

그런데 그럴 때마다 왜 그렇게 하냐는 식으로 트집을 잡는다면 결국 주변 사람과 사이가 안 좋아질 수밖에 없습니다. 그런 것들이 하나씩 하나씩 계속 쌓이다보면 결국 한 번에 터져서 별 것도 아닌 일로 큰 싸움이 일어나기도 합니다. 상대방이 나와 전혀 다른 것을 생각해도 그 생각을 존중하면서 "아. 그렇게도 생각할 수 있겠네." 하면서 이해하는 마음을 가진다면 모든 사람들이 여러분을 만나면 편안해 할 것입니다.

11. 자신에게 이득이 될때만 친절하게 대하는 사람

자신에게 이득이 된다고 느껴지면 친절하게 대하는데, 그렇지 않다고 생각되면 아주 불친절하게 대하는 사람이 있습니다. 그런데 만약 이득이 된다고 느껴지는 사람과 이득이 되지 않는다고 느껴지는 사람이 서로 아는 사이라고 한다면 문제가 생길 수 있겠죠. 예를 들면 A는 B를 아주 친절한 사람으로 알고 있지만, C는 B를 아주 불친절한 사람으로 알고 있습니다. A와 C가 서로 아는 사이인데 대화 중에 B에 관한 얘기를 하게 되었습니다. 그런데 B에 대해 얘기하는 내용이 너무 상반되어 있어서 서로 충격을 받은 것입니다. 결국 A와 C는 B가 이중인격자라는 것을 알게 되었습니다. 실제로 유명인 중에 방송에 나와서는 아주 친절한 이미지를 가지고 있지만, 방송을 하지 않는 경우에는 아주 불친절하고, 화를 잘 내는 사람이 있다고 합니다. 방송에 나올 때는 친절한 이미지를 가져야만 자신에게 이득이 되지만, 방송에 나오지 않을 때는 사람들에게 친절한 이미지를 가지지 않아도 된다는 생각을 가지고 있는 것 같기도 합니다.

하지만 방송에 나오지 않는다고 해도 행동이 올바르지 못하면 결국 입소문을 타고 많은 사람들이 진실을 알게 되는 경우가 많습니다. 생각보다는 세상이 좁기 때문에 자신에게 이득이 되지 않는다고 생각하는 사람들에게 불친절하게 대하다보면 언젠가는 소문이 나게 되는 경우가 있습니다. 그런데 오히려 유명인이 아닌 일반인의 경우 자신을 모르는 사람이 훨씬 더 많기 때문에 이중인격이 더욱더 강하게 드러날 수 있다고 생각합니다. 또한 상대방이 이득이 된다고 생각해서 친절하게 대했지만, 어떤 상황에 의해 그 상대방이 더 이상 이득이 안 되는 사람이 되어버리면 완전히 돌변해서 불친절하게 대하는 사람이 있습니다.

이런 인생관으로 세상을 살면 많은 사람들이 이 사람에 대해 배신감을 느낄 것입니다. 만약 학교나 회사에서 이런 일이 일어난다면 금방 소문이 퍼질 것이고, 결국 이중인격자라는 오명을 안게 될 것입니다. 그런데 사실 이중인격자들에게 있어서 이득이 되지 않는 사람에게 친절하게 대하는 것은 쉽지 않은 것 같습니다. 친절하게 대하는 것 자체가 상대방에게 마음을 쓰는 것이기 때문입니다. 마음을 쓰려면 진심이 나와야 되는데, 자신에게 이득이 안 되는 사람에게는 진심이 나오기란 쉽지 않은 일이기 때문입니다. 자신에게 이득이 되든 이득이 되지 않든 친절하게 마음을 쓰기 위해서는 모든 생명을 소중히 여기는 마음부터 가져야 합니다.

나에게 이득이 되기 때문에 소중한 사람이 아니라 그냥 그 자체로 소중한 사람인 것입니다. 내가 소중한 것처럼 남도 소중한 것입니다. 내가 상대방이 이득이 안 된다고 해서 불친절하게 대했을 때 상대방이 얼마나 상처를 받을지도 생각해봐야 합니다. 내가 불친절하게 대하는 사람이 누군가의 소중한 딸이고 아들이고 남편이고, 부인인 것입니다. 반대로 누군가로부터 불친절하게 대우받는 사람이 나의 부인이 될 수도 있고, 아들, 딸이 될 수도 있고, 나의 부모가 될 수도 있는 것입니다.

또한 이득이 안 되면 상대를 불친절하게 대하는 사람은 반대로 자신도 누군가로부터 이득이 안 된다고 판단되어지면 불친절한 대우를 받을 수 있다는 것을 알아야 합니다. 항상 반대 입장도 생각해야 한다는 것입니다. 자신이 불친절하게 대하는 누군가가 자신의 입장이 될 수도 있다는 것을 알아야 합니다. 실제로 남에게 불친절한 사람이 남으로부터도 불친절한 대우를 받는 경우가 많습니다. 누구에게나 동등하고 친절하게 대하면 누구에게나 동등하고 친절한 대우를 받을 수 있습니다.

그렇지만 친절한 대우를 받고 싶어서 친절하게 대하는 것이 아니라 정말 순수하게 누구나 소중한 사람이기 때문에 친절하게 대해야 하는 것입니다. 이 세상에 불친절하게 대해도 되는 사람은 없습니다. 누구나 소중한 생명입니다. 물론 상대방이 불친절하게 나올 때 친절하게 대하기는 쉽지 않지만, 그래도 웬만하면 내가 상대방을 친절하게 대하는데 상대방이 나에게 불친절하게 대하는 경우는 거의 없습니다. 상대방이 어떻게 나오는지에 상관없이 나는 항상 누구에게나 친절하게 대하는 습관을 가져야 합니다.

12. 외모를 가지고 상대방을 무시하는 사람

외모를 가지고 상대방을 무시하는 사람이 있습니다. 특히 친구나 직장 동료처럼 가까운 사이에서 외모를 가지고 놀린다거나 농담을 하는 경우가 있습니다. 놀림을 당하는 사람이 아랫사람인 경우 겉으로는 가볍게 웃으면서 넘어갈 수도 있겠지만, 마음속에서는 큰 상처를 받게 될 수도 있습니다. 그러면 놀림을 당한 사람도 가만 있지는 않을 겁니다. 뒤에서 자신을 놀린 사람의 험담을 할 수도 있습니다.

상대방의 외모를 가지고 놀려서 자신에게 도움이 되는 일은 전혀 없습니다. 오히려 상대방으로부터 원한만 사게 되어 자신에게도 좋지 않은 영향이 오게 될 수도 있습니다. 남을 놀리게 되면 언젠가는 자신뿐만 아니라 자신의 가족이 놀림을 받게 될 수도 있습니다. 내 입장에서는 그냥 편하다고 느껴져서 재미있게 한 농담이 상대방에게는 씻을 수 없는 상처가 될 수도 있습니다. 그래서 오히려 적만 만들게 될 수도 있습니다.

단 너무 지저분하게 다녀서 외모에 신경을 전혀 안 쓰는 사람에 대해서는 상대방을 위하는 마음으로 좀 꾸미고 다니라고 얘기할 수는 있을 겁니다. 또한 대놓고 상대방에게 직접 외모에 관해서 무시하지는 않는다 하더라도 당사자가 없는 자리에서 당사자의 외모에 대해 뒷담화를 한다면 이건 자신의 얼굴에 먹칠을 하는 것이 됩니다. 왜냐하면 그런 뒷담화를 듣는 주변 사람도 뒷담화를 말한 사람에 대해서 "이 사람은 외모로 상대방을 아주 무시하고 놀리는 사람이구나."라는 생각을 하면서 "이 사람은 내가 없으면 내 외모를 가지고 뒷담화를 할 수도 있겠구나." 하는 생각을 하면서 불안감을 가지게 될 수도 있습니다.

그리고 외모로 상대방을 무시한 사람이 반대로 외모로 무시를 당하게 될 수도 있습니다. 자신은 완벽한 외모를 가지고 있기 때문에 절대 외모로 무시받는 일은 없다고 자신해도 사실 외모를 가지고 무시하고 놀리려고 마음 먹으면 어떻게든 놀릴 수 있기 때문에 결국 자신이 그대로 당할 수도 있는 것입니다. 또한 외모로 상대방을 무시하는 사람의 인격 자체가 최악이기 때문에 아무리 외모가 뛰어나다고 해도 상대방의 외모를 가지고 놀리게 되면 추하게 보이기 마련입니다.

그리고 외모를 가지고 상대방을 무시하는 사람이 불의의 사고로 다치거나 해서 오히려 자신의 외모에 큰 문제가 생겨서 외모로 무시를 당할 수도 있는 것입니다. 타고난 외모를 어떻게 하겠습니까? 그래도 나름 열심히 살려고 하는데, 그런 상대방을 격려해주는 것도 모자랄 것인데 거기에 찬물을 끼얹져서 외모로 무시를 한다면 이건 정말 상대방을 절망에 빠지게 만드는 일인 것입니다. 외모를 가지고 상대방을 무시하는 것은 정말 유치한 일입니다. 미성년자가 외모를 가지고 상대방을 무시한다면 아직 인격이 완전한 성숙한 상태가 아니기 때문에 그나마 이해할 수 있지만, 어른이 되어서도 외모로 상대방을 비하한다면 이건 좀 자신의 정신연령에 대해 깊이 반성을 해야 할 일이라고 생각합니다.

이때까지 살면서 상대방의 외모를 가지고 많이 무시를 했다면 앞으로는 상대방의 외모에 대해 칭찬을 해보는 건 어떨까요? 예를 들면 "오늘 참 빛이 나십니다. 오늘 진짜 멋지십니다. 연예인인줄 알았습니다." 이런 말을 하면 상대방이 쑥스러워 하면서도 감사해하면서 맛있는 커피라도 한 잔 사줄 겁니다. 외모로 상대방을 무시해서 돌아오는 것은 원한뿐이지만, 외모로 상대방을 칭찬하면 복이 그냥 굴러 들어옵니다.

13. 상대방의 마음을 어둡게 만드는 사람

상대방의 마음을 어둡게 만드는 사람이 있습니다. 이런 사람은 말을 해도 상대방에게 희망적인 말보다는 절망적인 말을 많이 합니다. 그런데 이런 사람이 상대방에게 절망적인 말을 하는 이유는 힘든 상황에서 더 절망적인 말을 해야만 상대방이 심각성을 느끼고 정신을 차려서 열심히 할거라고 생각하는 경향이 있는 것 같습니다.

보통 다음과 같이 말하는 경우가 많습니다. "지금 사태의 심각성을 모르는 것 같아서 알려주겠는데, 너의 상태는 최악이나 마찬가지야. 이런 정신으로 뭘 한다고 해! 다 때려치고 집에 가라." 이렇게 얘기를 하겠죠. 그런데 사실 절망적인 얘기를 듣고 정신을 차리는 사람도 간혹 있지만, 대부분의 사람들은 더 절망에 빠져서 모든 것을 포기하고 싶은 마음이 들게 되는 경우가 많습니다. 그러면서 절망적인 말을 한 사람을 미워하는 감정을 가지게 되어 결과적으로는 사이가 멀어지게 만드는 원인이 됩니다.

사람들이 가장 힘을 얻는 것은 바로 위로와 격려입니다. 절망적인 말대신 위로와 격려를 해보세요. 이렇게요. "요즘 많이 힘들지? 나도 너처럼 힘들 때가 있었다. 그런데 지금 힘든 게 나중에는 추억이 될 거야. 넌 충분히 할 수 있어. 나는 너를 믿어. 조금만 더 힘내봐." 이런 말은 듣는 사람으로 하여금 엄청난 힘을 얻게 합니다.

상대방에게 절망적인 말을 해서 어둡게 만드는 것은 결국 포기하라는 식으로밖에 들리지 않습니다. 그래서 소중한 사람을 잃을 수도 있는 것입니다. 정말 내 곁에 있는 사람을 소중히 여긴다면 그 사람이 목표를 포기하지 않도록 위로와 격려를 꼭 해주시기 바랍니다.

14. 상대방이 하는 말에 대해 무조건 아니라고 얘기하는 사람

상대방이 하는 말에 대해 무조건 아니라고 얘기하는 사람이 있습니다. 이런 사람은 상대방이 나름 깊이 생각해서 한 얘기가 있는데, 꼭 "그게 아니고…"라는 말부터 시작하면서 상대방의 말이 무조건 틀렸다고 얘기하는 경우가 많습니다. 그러면서 자신은 더 경지가 높다는 식으로 얘기하면서 자신의 이론으로 설득을 합니다.

이런 사람 중에는 학식이 좀 뛰어난 사람이 상당히 많이 있습니다. 즉, 자신의 학식으로 상대방을 굴복시키려고 하는거죠. 그러면서 상대방이 하는 말이 답답하다는 식으로 얘기를 합니다. 물론 이 사람의 말도 충분히 일리가 있습니다. 하지만 이런 사람은 상대방의 심정은 전혀 알지 못하고 있는 것 같습니다.

입장을 바꿔서 무슨 말만 하면 다 틀렸다고 얘기하는 사람과는 대화하고 싶은 마음이 생기지 않을 것입니다. 실제로 인간관계를 그다지 많이 해보지 못한 사람 아니면 좀 높은 자리에 있는 사람이 이렇게 말하는 경향이 있습니다. 이건 상대방의 의견을 완전히 무시하는 것입니다. 누구든지 어떤 얘기를 하면 일단은 얘기를 중간에 끊지 않고 끝까지 잘 들어줘야 합니다. 그리고 그 얘기가 자신의 생각보다 차원이 낮거나 어리석은 생각이라고 느껴져도 절대 묵살하거나 틀렸다고 얘기해서는 안 됩니다. 틀렸다고 얘기하기보다 "충분히 그렇게 생각할 수 있다"라든가 "아 그렇구나. 무슨 뜻인지 알겠다."와 같이 상대방의 얘기를 공감하고 있다는 표현을 해야 합니다. 그러면서 "그런데 나는 이렇게도 생각하고 있다."면서 자신의 얘기를 하면 상대방도 기쁜 마음으로 자신의 얘기에 공감을 해줄 것입니다.

자신은 상대방의 얘기를 완전히 무시하면서 상대방은 자신의 얘기를 무조건 받아들이라는 것은 마치 나는 너에게 욕을 해도 너는 나에게 덕담을 해라는 식이라고 볼 수도 있습니다. 상대방이 내 얘기를 받아들이기를 원한다면 나 역시 상대방의 얘기를 받아들여야 합니다.

15. 자신에게 따뜻하게 대해주면 슬슬 기어오르는 사람

자신에게 따뜻하게 대해주면 슬슬 기어오르는 사람이 있습니다. 이런 상황은 보통 상하관계에서 많이 일어나는 것 같습니다. 부하 직원이 입사를 했는데, 마음이 따뜻한 상사를 만난 것입니다. 이 상사는 자신이 말단 직원이었을 때 까칠한 상사를 만나서 힘들었던 지난 일을 생각해서 부하 직원에게 각별히 따뜻하게 대해주었습니다.

부하 직원은 이 상사에 대해 너무도 감사한 마음이 생겨서 열심히 일을 했습니다. 그런데 서서히 시간이 지남에 따라 부하 직원은 이 상사가 너무 자신에게 따뜻하게 대해주니까 상사로 보이지 않고, 그냥 편안 친구처럼 느껴지기 시작한 것입니다. 그러면서 절대로 화를 내지 않고 따뜻하기만한 상사가 만만하게 보이기 시작했습니다.

그때부터 부하 직원은 "우리 상사는 화도 낼 줄 모르는 숙맥인 것 같다." 라고 생각하면서 농담도 막 하고 말도 함부로 하기 시작하는 것입니다. 상사는 처음에는 참았지만, 부하 직원이 점점 더 도를 지나치는 것 같은 느낌이 들어서 결국은 폭발을 하고 만 것입니다.

이 부하 직원에게 엄청 큰 소리로 "이게 잘 해주니까 눈에 보이는 게 없어! 내가 만만하게 보여? 내가 그냥 니 친구로 보이냐?"라고 말해버린 것입니다. 부하 직원은 완전히 겁을 먹고 아무 말도 못하고 있는 것입니다. 알고 봤더니 이 상사는 무서운 싸움꾼이었던 것입니다.

사실 따뜻해보이는 사람이 참다 참다 화를 내면 오히려 까칠한 사람보다 훨씬 무섭다는 얘기가 있습니다. 원래 진짜 무서운 사람 중에는 평소에 따뜻한 사람이 많습니다. 이 부하 직원은 알고봤더니 이런 무서운 상사를 만난 것입니다. 상대방이 따뜻하게 대해준다고 해서 절대로 함부로 대해서는 안 됩니다. 아무리 마음이 따뜻한 사람이라 할지라도 무시를 계속 받게 되면 화가 나기 마련입니다.

인간관계는 깨지기 쉬운 유리처럼 조심스럽게 해야 하는 것입니다. 원활한 인간관계의 시작은 상대방에 대한 존중에서부터 시작된다고 생각합니다.

16. 한 사람을 집단으로 따돌리는 사람

한 사람을 집단으로 따돌리는 사람이 있습니다. 이런 사람은 과거에 자신도 따돌림을 당한 경험이 있는 경우가 많습니다. 그래서 그것에 대한 복수심과 함께 자신도 이젠 피해자가 아닌 가해자의 입장에도 있을 수 있다는 과시욕을 보여주기 위한 것 같습니다. 또한 한 사람을 집단이 따돌리면서 따돌리는 자신들은 우월한 사람이며, 따돌림을 당하는 사람은 열등한 사람이라고 비난하면서 따돌리는 자신들이 훨씬 낫다는 자기 위안을 받고 싶어 하는 것 같기도 합니다.

하지만 자신이 예전에 따돌림을 당했을 때의 고통을 기억하고 있다면 더 이상 그런 고통을 받는 사람이 없도록 남을 위하는 마음을 가져야 할 것입니다. 또한 세상에는 인과응보의 원리가 있는 것 같습니다. 예전에 학창시절에 집단 따돌림의 주동자였던 사람이 나중에 결혼을 해서 딸을 낳았는데, 그 딸이 중학교에서 집단 따돌림을 당해 결국 자살을 하게 되는 경우도 있습니다. 지금 내가 하고 있는 악행이 나중에 내 부모 또는 내 자식이 그대로 돌려받는 경우는 너무나도 많습니다.

내가 누군가를 따돌리고 있는데, 누군가는 내 어머니를 따돌리고 있다면 어머니를 따돌리는 누군가를 원망할 수 있겠습니까? 다른 예로 예전에 언어 장애가 있는 아이를 따돌렸는데, 결국 자신의 아들이 심각한 언어 장애에 걸려 대인공포증에 걸린 경우도 있기 때문에 이런 일을 생각할 때 함부로 자신보다 못났다고 약하다고 남을 따돌려서는 안 될 것입니다.

17. 상대방과 상의하지 않고 독단적으로 일처리를 하는 사람

상대방과 상의하지 않고 독단적으로 일처리를 하는 사람이 있습니다. 이렇게 독단적으로 일처리를 하는 이유는 상대방과 상의를 하면 상대방이 허락을 안 해줄거 라고 생각하기 때문인 것 같습니다.

예를 들면 A와 B는 친구 사이인데 A는 B의 친구인 C에게 관심이 있었습니다. 그래서 C와 연락을 하고 싶었지만, 왠지 모르게 B가 허락을 안 해줄 것 같았습니다. 사실 B와 C는 애인 사이도 아니기 때문에 A가 C에게 연락을 해도 큰 문제는 없겠지만, B가 왠지 모르게 안 된다고 할 것 같아서 A는 B 모르게 C에게 연락을 했습니다. C와 몇번 통화도 하고 약속도 잡았습니다. 그런데 어느 날 B로부터 연락이 왔습니다. "너, C랑 연락하니? 어떻게 나한테는 한마디 말도 없이 그렇게 C랑 연락하고 약속까지 잡았던데?"라고 얘기한 것입니다.

사실 B는 안 그래도 둘 사이를 맺어줄 마음이 있었던 것입니다. 그런데 B 모르게 A가 먼저 C에게 연락한 것에 배신감을 느낀 B는 A와 당분간 연락을 끊게 되었습니다. 사실 B는 A가 C에게 연락하는 걸 반대할 이유도 없었습니다. 그런데 괜히 A 혼자 지레짐작으로 오해를 했고, 결국은 A와 B 사이는 멀어지게 되는 결과를 초래하게 되었습니다. 상의만 잘 했다면 아무런 문제가 없는 일이었는데, 괜히 상대방이 허락해주지 않을 거라는 생각에 독단적으로 일처리를 하게 되는 경우가 있습니다.

만약 어떤 일을 하고 싶다면 그 일이 정당한지를 생각해서 정당하다면 그 일을 못할 이유가 없습니다. 정당한 일이라면 충분히 상의를 해서 같이 할 수 있는 일이기 때문에 숨기지 말고 당당하게 관계자와 의논을 해서 일처리를 하면 되는 것입니다. 상의하지 않고 독단적으로 일처리를 하게 되는 습관을 가지는 이유는 결국 욕심 때문이고, 이 습관을 계속 고치지 않으면 나중에 범죄를 저지를 수도 있으니 반드시 고쳐야 합니다.

18. 자신과 생각이 다르면 이상한 사람 취급을 하는 사람

자신과 생각이 다르면 이상한 사람 취급을 하는 사람이 있습니다. 예를 들면 낯가림이 없이 누구나 잘 만나는 사람은 낯가림이 심한 사람을 이상하게 생각할 수 있고, 주말에 밖에서 노는 것을 좋아하는 사람은 집에서 노는 것을 좋아하는 사람을 이상하게 생각할 수 있고, 로맨스 영화를 좋아하는 사람은 액션 영화를 좋아하는 사람을 이상하게 생각할 수 있고, 채식을 좋아하는 사람은 육식을 좋아하는 사람을 이상하게 생각할 수 있습니다. 하지만 사실 어느 누구도 이상한 사람이 없습니다.

단지 생각이 다를 뿐입니다. 생각의 전환을 해보세요. 세상 모든 사람 중에 나의 얼굴과 똑같이 생긴 사람이 없는 것처럼 나의 생각과 완전히 똑같은 사람은 없다는 것을 인식해야 합니다. 즉, 다양성을 인정하는 거죠. '저 사람은 도대체 왜 저럴까?'라고 생각이 들겠지만, 상대방도 나에 대해서 똑같이 '저 사람은 도대체 왜 저럴까?' 하고 생각한다는 것을 깨달아야 합니다.

그리고 상대방이 그렇게 생각하고 행동하는 것은 상대방의 입장에서는 그럴 만한 이유가 있기 때문에 그렇게 한다는 것을 알아야 합니다. 모든 사람이 출생부터 살아온 경험이 천차만별이기 때문에 생각이나 취향이 같을 수가 없습니다. 그런데 상대의 생각이나 취향을 인정하지 않고 자신의 생각이나 취향만을 고집하기 때문에 문제가 생기기 시작하는 것입니다. 그러면 오늘부터 생각을 전환합시다. 상대의 행동에 '도대체 왜 저러는 거야?'가 아니라 '어떤 이유에서 저렇게 하는 것인지?' 대화를 해보면 됩니다. 뭔가 분명히 어떤 이유가 있기 때문에 저렇게 말하고 행동하는 것이므로 정중히 이유를 물어보는 것입니다. "근데 낯가림이 많은 것 같은데, 왜 그런지 물어봐도 될까요?" 아니면 "근데 왜 육식보다 채식을 좋아하는지 물어봐도 될까요?" 등등 물어보면 이유를 얘기해줄 것이고, 그 이유를 자세히 들어보면 그 마음이 이해가 갑니다.

무턱대고 이해 안 된다는 식으로 "왜 저러는거야? 도저히 이해 안 되네!"라고 생각하기보다는 이해해보려는 마음으로 "어떤 이유에서 저렇게 하는 걸까?"라는 마음으로 사람을 대한다면 이해 못할 이유가 없습니다.

19. 평소 남과 남을 비교하는 사람

평소 남과 남을 비교하는 사람이 있습니다. 특히 부모님이 자기 자식과 다른 아이를 비교하는 경우가 있습니다. 예를 들면 "앞집 아이는 그렇게 공부를 잘 한다는데, 너는 왜 이 모양이냐?"라든가 직장 상사가 부하 직원한테 "일을 시키면 제대로 해야지 맨날 이따위로 해요? A과장 좀 본받으세요. A과장은 일을 시키면 시킨 대로 정확하게 하잖아요. 가서 좀 보고 배우세요."와 같이 얘기하는 경우가 있는데, 듣는 당사자는 엄청난 모멸감을 느끼게 됩니다.

말한 사람은 이렇게 적나라하게 얘기해야만 상대방이 정신을 차리고 열심히 할 거라는 판단에 얘기했을 수도 있지만, 오히려 상대방은 정신을 차리기보다 극도로 자존심이 상해 반항심만 생겨버리는 경우가 많습니다. 상대방에게 모멸감을 주고 자존심을 상하게 해서 스스로 자신을 고치게 하는 방식은 구시대적인 방식이며, 그런 방식으로 인한 부작용은 이미 많은 사람들이 알고 있습니다. 매일 남과 비교당하면서 성장한 사람이 밝고 정상적인 사고를 하기란 쉽지 않습니다.

오히려 자신보다 우월하다고 생각되어지는 불특정 다수에 대한 증오심만 커질 수 있습니다. 비교라는 말은 남과 남을 비교할 때 쓰는 것이 아니라 이전의 자신과 지금의 자신을 비교할 때 쓰는 것이라고 생각합니다. 아직도 많이 부족하지만, 작년의 자신과 지금의 자신을 비교했을 때 좀 더 나아진 면이 있다면 그건 성공한 것이라고 생각합니다.

20. 상대방의 재능에 부정적으로 얘기하는 사람

상대방이 특별히 잘 하는 재능이 있으면 괜히 부정적으로 얘기하는 사람이 있습니다. 예를 들어 상대방이 당구를 잘 치거나 볼링을 잘 치면 괜히 "요즘 당구 치는 사람이 어디 있나? 볼링은 요즘 한 물 갔지."라고 트집을 잡는 사람이 있습니다.

이렇게 얘기하는 이유는 여러 가지가 있겠지만, 자신은 잘 하는 게 없는데, 상대방은 뭔가 재능을 가지고 있으니까 질투심이 생겨서인 경우가 있고, 괜히 자신이 좀 더 뛰어난 재능이 있는 것처럼 꾸미기 위한 경우가 있는 것 같습니다. 그런데 이렇게 얘기할수록 자신은 더더욱 처량하게 될 뿐입니다. 왜냐하면 꼭 이런 소리를 듣게 되기 때문입니다. "그러면 너는 잘 하는 거 있냐? 요즘에는 뭐가 유행인데? 말해봐?" 이런 식의 얘기를 듣게 되겠죠. 남을 좋지 않게 부정적으로 얘기해서 나에게 좋은 말이 돌아올 리가 없습니다. 남이 잘 하는 것에 대해서는 아낌없이 칭찬해주십시오. 돈이 들지도 않는데 칭찬을 못 할 게 뭐가 있겠습니까? 남을 칭찬하면 나는 한없이 낮아질 거라는 생각을 하는 사람도 있습니다.

하지만 내가 남들보다 잘 하는 것 없는 것에 대해 어두워질 필요는 없습니다. 내가 잘 하는 게 하나 있습니다. 칭찬을 잘 하는 것입니다. 특별한 재능은 없지만, 말을 할 때 덕스럽게 칭찬을 잘 한다면 그것만큼 대단한 능력은 없을 것입니다. 누구든지 자신의 능력을 기르기 위해서 얼마나 노력했겠습니까? 그런 노력을 한 사람은 그 재능을 뽐내고 싶은 마음이 항상 존재할 것입니다. 그런데 그런 재능을 부정적으로 얘기한다면 상대방은 얼마나 큰 상처를 받겠습니까? 그렇기 때문에 절대로 그런 재능을 부정적으로 얘기해서는 안 됩니다.

긍정적으로 얘기해주고 잘 한다고 칭찬해주십시오. 그러면 상대방은 마음의 문을 활짝 열 겁니다. 마음의 문이 활짝 열리면 자신을 위해 희생도 마다하지 않는 사이가 됩니다. 특별한 능력은 없지만, 내 주변 모든 사람들의 마음의 문을 전부 열 수 있는 덕을 가진 사람이 있다면 그 사람이야말로 진정한 능력자이며, 세계의 지도자도 될 수 있을 겁니다. 또한 그런 사람은 특별한 재능은 없지만, 재능 있는 사람이 모여들게 되어 있습니다.

21. 평소 고맙다 미안하다는 말을 잘못하는 사람

　평소 고맙다 미안하다는 말을 잘못하는 사람이 있습니다. 원래 마음의 표현을 잘못하는 사람이 있긴 하지만, 우리 인간은 말로 감정을 표현할 수 있는 동물이기 때문에 표현을 해야 합니다. 고마운 일이 있으면 고맙다고 적극적으로 표현하고 미안한 일이 있으면 진심으로 미안한 표정과 함께 미안하다고 표현을 해야 합니다.

　그런데 그런 표현을 안 하게 되면 상대방은 '이 사람 정말 뻔뻔하네'라는 생각이 들면서 화가 나는 경우가 많습니다. 특히 부부간이나 친구간 또는 자신보다 직위가 낮거나 나이가 어린 사람에 대해서는 그런 말을 잘못 하는 경우가 많은 것 같습니다. 말 한마디로 천냥 빚을 갚는다고 진심어린 마음으로 "고맙다. 미안하다."라는 말 한마디만 잘 해도 상대방에게 쌓여 있는 응어리가 눈 녹듯이 사라지기도 합니다. 그런데 그 말 한마디가 정말 입에서 잘 나오지 않는 것입니다. 무엇 때문일까요? 원인은 여러 가지가 있겠지만, 제 생각에는 자존심 때문 아닐까 합니다. 아니면 마음은 미안하고 고맙지만, 성격이 내성적인 경우 또 인관관계를 많이 해보지 못하고 혼자서 산 세월이 많다면 말이 잘 안 나오기도 할 것입니다. 하지만 어떤 이유가 있다 하더라도 표현은 해야 합니다.

　예를 들어 커피 다섯 개를 사서 4명의 지인에게 나눠줬는데, 그중 1명은 고맙다는 말도 없이 그냥 받기만 한다면 커피를 준 사람은 은근히 서운하기도 하고 오히려 다시 뺏고 싶은 생각까지 들 수 있습니다. 그냥 웃으면서 '정말 고맙습니다'라는 말만 해줘도 너무 감사한데 그 말 한마디를 못해서 상대방이 나에 대해서 악감정을 가지게 된다면 그건 너무 슬픈 일이라고 생각합니다. 아니면 지인 3명을 버스터미널까지 차로 모셔다 드렸는데, 그중 1명이 고맙다는 말을 안 하고 내리면 또다시 괜히 태워줬다는 후회가 들 수도 있습니다.

그런데 재미있는 것은 여러 사람이 아닌 한 사람에게만 커피를 주거나 터미널까지 태워주면 고맙다는 말을 하지만, 많은 사람들에게 커피를 주거나 터미널까지 태워주면 그중에 꼭 고맙다는 말을 안 하는 사람이 있습니다. 그 사람은 어떻게 보면 주변 사람들이 고맙다고 얘기하니까 자기는 그냥 고맙다는 말을 안 해도 괜찮겠지 하면서 은근 슬쩍 넘어가려고 하지만, 상대방은 누가 고맙다고 했고 누가 고맙다고 말 안 했는지 훤히 알고 있고, 그것을 기억합니다.

그리고 계속 고맙다는 말을 안 하는 횟수가 늘어나면 더 이상 그 사람에게는 좋은 마음으로 뭘 해주고 싶은 마음이 사라지게 될 것입니다. 너무 안따깝지 않습니까? 웃으면서 고맙다는 말 한마디만 해주면 되는데요. 반대로 미안한 상황에서 진심으로 슬픈 표정을 하면서 미안하다는 말 한마디만 해줘도 상대가 그렇게 화가 나진 않을 것입니다. 예를 들어 친구 집에 놀러갔는데 실수로 친구 집 거실 바닥에 커피를 쏟았습니다.

그런데 전혀 미안하다는 말도 하지 않고 그냥 멀뚱멀뚱 쳐다만 보고 멋쩍은 웃음만 하고 있거나 설령 미안하다는 말은 했지만, 전혀 감정 없이 무성의하게 말만 했다면 상대는 화가 치밀어 오르기 마련입니다. 말 한마디로 상대방의 성질을 돋구기도 하지만 말 한마디로 상대방의 울화통을 잠재우기도 합니다. "고맙습니다. 미안합니다." 이 말하는데 돈이 드는 것도 아닙니다. 평소에 거울을 보면서 "고맙습니다. 미안합니다."를 혼자 연습하고 생활 속에서 실천합시다.

03

감정적으로 대하지 말아주세요

01. 성격이 극단적인 사람

성격이 극단적인 사람이 있습니다. 그 이유는 그렇게 사는 게 속 편하기 때문이라고 생각합니다. 과하지도 부족하지도 않게 중용의 마음을 가지는 것은 상당히 어렵기 때문입니다. 그래서 극단적인 성격을 가진 사람은 인간관계에서 문제가 생기면 그 문제를 해결하려고 하기보다 인연을 끊고 새로운 인연을 만들려고 하는 경향이 있습니다.

극단적인 성격은 모 아니면 도이기 때문에 남녀관계에서도 애인 아니면 남남 식으로 생각하기 때문에 좋은 인연이라도 애인이 될 수 없으면 인연을 끊게 되는 경우가 종종 있습니다. 애인 아니면 남남의 관계가 아니더라도 좋은 친구가 될 수 있고, 좋은 친구가 연인이 될 수도 있는데, 기다릴 줄 모르고 마음이 조급하다보니 당장의 눈앞에 보이는 상황만 보고 좋은 인연을 끊어버리는 경우가 있는 것 같습니다.

사실 극단적인 성격을 가진 사람의 장점도 있습니다. 일을 할 때 어중간하게 하지 않고 할 거면 확실히 하고 안 할 거면 단호하게 생각을 끊는 장점이 있습니다.

그래서 극단적인 성격의 장점인 단호함과 결단력은 잘 살려 나가되 인간관계에서 극단적으로 인연을 끊는 단점은 고쳐나가는 게 좋을 것 같습니다. 사람의 인연은 끊는다고 좋은 것은 아닙니다. 누구나 장점이 있고 언제 누구에게 도움을 받을지 모르기 때문에 특별히 적을 만들 필요도 없고, 굳이 인연을 끊을 필요도 없다고 생각합니다.

02. 누군가가 나의 단점에 대해 얘기해주면 화가 나는 사람

누군가가 나의 단점에 대해 얘기해주면 화가 나는 사람이 있습니다. 이렇게 하는 이유는 여러 가지가 있겠지만, 두 가지로 정리해보면 첫 번째로 자존심이 상한다는 것입니다. 다시 말해 나보다 훨씬 우월하다고 생각되는 사람이 나의 단점을 얘기해주면 그나마 받아들일 수 있습니다. 예를 들어 내가 존경하는 분께 나의 단점을 고치라는 얘기를 들으면 그나마 받아들일 수 있지만, 나랑 그다지 차이가 나지 않고 심지어 나보다 못나 보이는 사람에게 나의 단점을 들으면 "너는 감히 나의 단점에 대해 얘기해?"라는 생각부터 드는 것입니다. "너나 똑바로 살아라. 니 앞가림이나 잘 하세요. 주제 파악도 못 하는 놈이."라고 생각하면서 전혀 받아들이지 않게 되는 경우가 있습니다.

왜냐하면 내 단점을 말한 상대방의 단점은 훨씬 더 많다고 생각하기 때문입니다. 그리고 상대방도 자신의 단점을 고치지 않고 있는 것처럼 보이기 때문입니다. 완벽한 인격을 갖춘 사람이 얘기하면 그나마 받아들인다는 것이지요. 그래서 결국 반대로 상대방의 단점을 들추어내서 서로의 단점을 계속 얘기하면서 말싸움을 하게 되는 것입니다. 두 번째로 자존자만이 강해서 남 밑에서 일하기 힘든 사람이나 굉장히 독립적으로 누군가의 구속을 받지 않고 자유롭게 인생을 산 사람은 "너가 뭔데 나한테 이래라 저래라 하는 거야?"라는 생각이 들면서 나를 건드리지 마라는 식으로 상대의 조언을 무시해버리는 경우가 많습니다.

세 번째로는 "너가 나에 대해서 얼마나 안다고 함부로 나에 대해서 얘기하는 거야?" 하면서 상대의 말을 부정하는 경우가 있고, 마지막으로는 내가 사실 그런 면은 있긴 하지만, 너가 지금 말하고 있는 만큼은 아니라고 하면서 상대의 발언이 너무 과장된 것이라면서 부정하는 경우가 있습니다. 그런데 이렇게 되어버리면 결국 주변 사람들에게 나라는 사람은 절대로 조언을 해서는 안 되고 조언을 했다가는 도리어 엄청난 욕을 들어먹게 되는 존재가 되어버립니다. 그래서 아무도 나의 단점에 대해 얘기하지 않게 됩니다. 그러면 나는 어떻게 되겠습니까? 자신의 단점을 절대 고치지 않겠죠? 그렇지만 직장에 들어가거나 결혼을 하게 되면 다시 단점에 대해서 상사나 부인 혹은 자식에게 계속 얘기를 듣게 될 것입니다.

그런데 상사나 부인, 자식의 말을 무시하게 되면 결국 회사에서 짤리거나 부인과 자식 사이가 안 좋아지겠죠. 만약 산 속 깊은 곳에서 혼자 살겠다고 한다면 단점을 고치지 않아도 될 것입니다. 하지만 사람은 죽을 때까지 사람과의 관계 속에서 살게 됩니다. 그리고 원활한 대인 관계를 이루기 위해서는 항상 남의 얘기에 귀를 기울이고, 상대방의 얘기를 받아들여야 합니다. 아니 뗀 굴뚝에 연기 나지 않는 것처럼 상대방이 나의 단점에 대해 과장되게 얘기하는 것 같아도 어째든 뭔가 느끼는 게 있기 때문에 나의 단점을 얘기하는 것입니다. 그 말을 받아들이면 자신의 대인관계에 도움이 되지 악영향이 되지는 않습니다. 그래서 마음을 먹고 어느 누가 설령 나보다 못 난 사람이라 하더라도 나의 단점에 대해 얘기해주면 반드시 고치겠다는 의지를 세워서 메모라도 해서 자신을 고쳐야 합니다. 옛날 어르신들 말씀에 나를 나쁘다고 하는 사람이 나의 스승이요. 나를 좋다고 말하는 사람은 나의 적이라는 말씀이 있습니다.

원래 누군가 자신의 단점에 대해 언급을 하면 기분이 나쁘게 될 수 있습니다. 하지만 결국 그 단점을 고치게 되면 자신의 대인관계에 큰 도움이 되는 것은 사실입니다. 자신을 갈고 닦는 마음으로 자신의 단점에 대해 말해주는 사람이 나타나면 밥이라도 사 먹이면서 무엇이 단점인지 자세히 들어서 반드시 고치고자 하는 마음을 가져야 합니다.

03. 일을 할 때 성격이 과격해지고 화를 많이 내는 사람

평소에는 정감이 있지만, 막상 같이 일을 하게 되면 성격이 과격해지고 화를 많이 내는 사람이 있습니다. 이렇게 변하는 이유는 좋게 얘기하면 알아듣지 못한다고 생각하기 때문인 것 같습니다. 아니면 내면적으로 자기가 시킨 대로 일을 잘못하는 사람을 보면 화가 치밀어 오르기 때문인 것 같습니다. 사람은 원래 일관성이 있어야 합니다.

애초부터 정감이 없이 항상 성격이 강하고 화를 잘 내는 사람은 원래 저런 사람이라고 생각하면서 그냥 이해가 되지만, 평소에는 따뜻하게 대해주다가도 같이 일만 하면 화를 잘 내는 사람에 대해서는 혼란을 느낄 수가 있습니다. 갑자기 사람이 딴 사람이 되었을 때 상대방은 혼란을 느낄 수밖에 없고, 약간 정신적으로 이상한 사람이라고 느낄 수도 있습니다. 화를 내야만 상대가 알아듣고 빨리 고칠 거라는 것은 착각이라고 생각합니다. 오히려 화를 내면서 얘기하면 상대는 더 불안해져서 그나마 되던 일도 안 되고, 결국 일을 그만두게 되는 경우가 많습니다.

그러면 다시 새롭게 일할 사람을 구해야 합니다. 설령 일을 그만두지는 않는다 하더라도 화를 낸 사람에 대해 점점 반항심이 생기게 됩니다. 궁지에 몰리면 쥐도 고양이를 문다는 말처럼 계속적으로 욕을 들어먹게 된다면 반항심이 극에 달해 감정이 폭발하게 됩니다. 그러면 큰 사건이 일어날 수도 있습니다. 화를 내지 않고 부드럽게 얘기해도 충분히 상대를 바꿀 수 있습니다. 물론 시간은 걸립니다. 상대가 심각성을 인식하지 못할 수도 있습니다. 하지만 포기하지 않고 인내심을 가지고 꾸준히 얘기하면 반드시 고칠 날이 옵니다.

오히려 좋게 얘기하면 미안해서 더 열심히 하려는 사람이 있습니다. 물론 좋게 얘기하는 걸 악용해서 더 말을 안 듣는 경우도 있을 겁니다. 그런 경우에는 같이 일하기는 힘들 수도 있지만, 좋게 얘기하면 오히려 죄송해서 더 열심히 일할 수 있는 사람에게 굳이 화를 내서 관계가 틀어지게 만들 이유가 없습니다. 좋게 얘기하는 걸 악용하는 사람은 사회 경험이 없어서 그렇게 처신하는 경우가 있는데, 그런 사람은 따로 자리를 마련해서 충분한 대화를 해서 문제를 해결해보는 것이 필요합니다.

결론적으로 화를 내고 큰 소리를 쳐서 인간관계가 좋게 되는 경우는 거의 본 적이 없습니다. 일시적으로는 두려워서 말을 잘 듣게 되지만, 시간이 점점 흘러갈 수록 불신과 반항심은 더욱 깊어집니다. 반대로 좋게 애기해서 말을 듣게 하는 것은 시간이 걸리고 인내심이 필요하지만, 확실한 신뢰가 형성되기만 하면 목숨까지 받칠 수 있는 관계가 될 수도 있습니다. 왜냐하면 내가 이렇게 일을 못하는데도 친절하게 따뜻하게 얘기해주니까 몸 둘 바를 몰라 너무 감사하고 죄송한 마음이 들기 때문입니다.

직장에서도 돈보다 직원을 더 소중히 여기면 일시적으로는 회사에 금전적인 이득은 좀 적을 수 있지만, 회사의 결속력이 훨씬 더 강해져서 직원 모두가 주인의식을 가지고 일을 해나갈 수 있어서 결과적으로는 아주 튼튼한 회사가 될 수 있습니다. 상대를 상극적으로 대하는 시대는 이미 지났습니다. 이제는 오직 상생(서로 잘됨)으로 해나가야 하는 시대가 왔습니다.

04. 생각이 안 맞으면 인연을 쉽게 끊는 사람

생각이 안 맞으면 인연을 쉽게 끊는 사람이 있습니다. 사실 생각이 안 맞는데 계속 인연을 맺는 것도 피곤한 일입니다. 차라리 인연을 끊고 자신과 생각이 맞는 사람과만 인연을 맺는 게 편할 수도 있습니다. 그런데 모든 면에서 자신의 생각과 100% 일치하는 사람을 만나기란 쉽지 않습니다. 그렇기 때문에 어느 정도는 서로 양보하면서 상대방에게 맞출 필요가 있습니다.

예를 들면 식습관은 잘 맞지만, 돈 관리하는 부분에서는 생각이 완전히 다를 수가 있습니다. 그런데 상대방과 생각이 다르다고 해서 한 치의 양보없이 계속해서 서로의 생각을 주장하게 되면 충돌이 일어나게 되고 같이 있는 것 자체가 너무 힘들어질 것입니다. 결국 인연을 끊게 되겠죠. 그런데 생각이 안 맞으면 인연을 끊는 식의 삶을 계속 반복해서 살다보면 그것이 습관이 되어버려서 만난 지 얼마 안 되었는데도 조금만 생각이 다르면 인연을 끊을 준비를 할 수도 있습니다.

또 이런 사람이 회사에 취직을 한다고 했을 때 회사의 시스템이나 직원 중에 생각이 안 맞는 사람이 생기면 금방 일을 그만두게 될 것입니다. 그렇기 때문에 이런 성격을 가진 사람이 한 직장에서 6개월 이상 일하기는 정말 힘들 것입니다. 왜냐하면 어딜 가나 자신과 생각이 다른 사람이 있을 수밖에 없기 때문입니다. 처음에는 생각이 안 맞아도 참아가면서 일을 할 것입니다. 그렇지만 점점 안 맞는 부분이 계속 커지면 응어리가 쌓이게 되고 어느 순간 폭발을 하게 되면 결국 회사를 뛰쳐 나가겠죠. 그리고는 다시 다른 회사를 찾게 될 것입니다. 결국 10년 20년이 지나도 신입사원이 될 것입니다.

다른 측면에서 보면 만약 이런 사람이 결혼을 하게 된다고 합시다. 결혼을 하게 되면 혼인신고를 하게 되고 아이도 생기게 될 것입니다. 그런데 아이가 생기면서 부부의 생각에 차이가 생기기 시작하는 경우가 있습니다. 특히 고부관계나 육아 그리고 돈 관리에 있어서 부부간에 생각의 차이가 극명하게 나타나는 경우가 많습니다. 이럴 때는 어떻게 해야 합니다. 이혼을 해야 할까요? 이혼을 하고 다시 결혼해서 아이 낳고 이혼하고 다시 결혼해야 할까요? 이건 말도 안 되는 것입니다.

현재 한국의 이혼율이 세계적으로 굉장히 높은데 이혼을 하게 되는 대부분의 이유가 바로 이 성격 차이라고 합니다. 단지 이 성격 차이 때문에 이혼까지 한다는 것은 말도 안 됩니다. 성격이 어떻게 차이가 안 날 수가 있겠습니까? 결혼할 때 성격이 같다고 생각하고 결혼한 건가요? 그건 아닐텐 데요. 지금의 현대 사회가 예전보다 자기 중심적인 면이 강해지다보니 생각이 맞지 않는 사람과는 부부간이라도 이혼을 결심하는 사람들이 많이 생긴 것 같습니다.

사실 예전에는 이혼이라는 게 없었지요. 그게 잘 했다는 것은 아닙니다. 부부간에 생각이 너무 달라서 마음은 이혼하고 싶어 죽겠는데, 사회적 분위기가 이혼을 아주 나쁘게 보는 환경이었기 때문에 참고 살았을 뿐이지만, 지금은 개개인의 삶에 대해 중요성이 강조되다보니 자신의 진정한 행복을 위해 이혼을 예전보다 쉽게 하게 된 것 같습니다. 성격이라는 것은 맞춰나가는 것입니다. 어떤 부분은 남편에게 맞추고 어떤 부분은 부인에 맞추고 해서 서로 일정 부분 양보를 해야 하는 것입니다. 포기할 것은 포기하고 취할 것은 취해서 서로 조율을 잘 해야 합니다.

즉, 서로 상의를 해서 적정선을 맞춰나가야 하는 것입니다. 나랑 생각이 다르다고 무시하지 말고 왜 그런 생각을 가지게 되었는지 자세하게 물어보고 이해하려고 노력해야 합니다. 내 생각만이 옳고 상대방의 생각은 틀렸다고 하는 착각에서 벗어나야 합니다. 상대방에게도 왜 내가 이런 생각을 가지게 되었는지 자세히 알려줘야 합니다. 단 대화를 하면서 마음의 조절을 잘 해서 싸우지 않도록 하는 것이 중요합니다. 또한 어떤 얘기라도 할 수 있는 편안한 분위기를 만들어줘야 합니다. 상대방이 대화 자체를 하기 싫어할 경우에는 일단 상대방의 생각에 맞춰주면서 상대방의 마음의 문이 열릴 때까지 기다려야 합니다.

또한 상대방의 생각을 너무 바꾸려도 해서도 안 됩니다. 오랜 세월 동안 형성된 생각이기 때문에 설득한다고 쉽게 고쳐지지 않습니다. 오히려 더 큰 싸움이 될 뿐입니다. 다시 말하지만, 다양성을 인정하면서 상대방의 생각을 어떻게든 이해해보려고 노력하고 맞춰줄 수 있어야 합니다. 내가 상대방의 생각을 이해하려고 맞춰주려고 노력하면 상대도 진심을 느끼기 때문에 나의 생각에 맞춰줍니다. 그렇게 서로가 서로의 생각을 맞춰주려고 노력하면 그게 진정한 화합입니다. 그런 마음으로 인생을 살아간다면 이해심이 커지고 마음이 넓어진 사람이 될 것입니다.

마음이 좁은 사람은 많은 사람을 포용하지 못하기 때문에 결국 외톨이가 됩니다. 반대로 마음이 넓은 사람은 이해심이 많기 때문에 많은 사람을 포용할 수 있고 누구와도 소통이 잘 되기 때문에 큰 사람이 될 수 있고, 마음도 안정됩니다. 서로의 생각이 다른 것을 인정하고 긍정적으로 생각한다면 더 많은 생각을 받아들일 수도 있고 결국 더 많은 것을 배울 수 있게 됩니다.

05. 감정적인 사람

감정적인 사람이 있습니다. 우리는 흔히 "너는 너무 감정적이야! 나는 화가 나면 감정 주체가 안 된다." 이런 말들을 자주 듣습니다. 감정과 반대되는 단어로는 정신이라는 단어를 떠올릴 수 있습니다. 흔히 "정신 차려라. 너 정신 없냐? 정신을 어디다 빼먹고 다니냐?"라는 말을 자주 합니다. 그러면 감정과 정신의 차이점는 무엇일까요? 감정은 좋다 아니면 싫다에 의해 판단되는 것입니다. 좋으면 하고 싫으면 하지 않는 것입니다.

반대로 정신은 옳다 아니면 옳지 않다에 의해 판단되는 것입니다. 옳으면 하고 옳지 않으면 안 하는 거죠. 다시 말해 감정은 판단 기준이 좋다 싫다이지만 정신은 판단 기준이 옳다 옳지 않다입니다. 그러면 우리가 흔히 감정적인 사람과 정신이 강한 사람을 얘기하는데 이 두 사람의 차이점이 무엇일까요? 감정적인 사람이 정신보다는 감정이 강한 사람입니다.

다시 말해 옳다 옳지 않다에 근거해서 삶을 살기보다는 좋다 싫다에 근거해서 삶을 사는 사람인 것입니다. 예를 들어 감정적인 사람은 담배를 피우는 것이 가족의 건강을 위해서는 옳지 않다는 것을 알지만, 너무 좋아하기 때문에 피우는 사람인 것입니다. 아니면 가장이 되었으면 직장을 다니는 것이 가족을 위해 옳은 일이지만, 귀찮아서 다니기 싫기 때문에 집에서 노는 사람인 것입니다. 결국 옳지 않아도 하고 싶으면 하고, 옳아도 하기 싫으면 안 하는 사람이 감정적인 사람인 것입니다.

반대로 정신이 강한 사람은 담배를 피우고 싶어도 담배를 피우는 것이 가족의 건강을 위해서는 옳지 않기 때문에 안 피우는 사람이며, 집에서 놀고 싶지만, 가장으로서 직장에 다니는 것이 옳기 때문에 직장에 다니는 사람인 것입니다. 우리가 인생을 살면서 계속 좋다 싫다에 근거해서 살게 되면 어떻게 되겠습니까? 담배가 너무 좋고, 술이 너무 좋고, 과식이 너무 좋고, 운동은 너무 싫고, 돈 버는 것도 너무 싫고, 집에서 노는 것이 제일 좋고, 화내고 싶으면 화내는 이런 삶을 살게 되면 머지 않아 정신병자가 될 것입니다.

그래서 절대로 좋으면 하고 싫으면 안 하는 습관으로 인생을 살면 안됩니다. 지금 빨리 고치지 않으면 나중에는 도저히 고칠 수 없는 중독이 되어버립니다. 그래서 평소 싫다는 말과 하고 싶다는 말을 너무 자주 한다면 깊이 자신을 들여다봐야 합니다. 반대로 정신이 강한 사람은 옳다 옳지 않다에 근거해서 살기 때문에 가정에는 평화가 찾아오고 마음도 안정이 되며 책임감 있는 사람이 되어 많은 사람들에게 존경을 받게 됩니다. 이렇게 정신이 강한 사람은 가족을 위해 열심히 직장에 다니고, 술, 담배, 노름, 과식을 삼가고, 화가 나도 자기를 반성하고, 운동도 열심히 할 것입니다. 이 세상은 내가 하고 싶은 대로 살았다가는 그 대가를 반드시 치르게 되어 있습니다.

감정이 강하게 되면 상대적으로 정신은 약하게 되고 정신이 약하게 되면 정신에 병이 들어 결국 정신병자가 될 것입니다. 하지만 정신을 강하게 만들면 상대적으로 감정이 약해지기 때문에 강인한 정신력의 소유자가 되는 것입니다.

06. 조금만 상황이 바뀌면 쉽게 약속을 취소해버리는 사람

약속을 했지만, 조금만 상황이 바뀌면 짜증을 내면서 약속을 취소해버리는 사람이 있습니다. 이런 사람과는 정말 교제 자체가 항상 불안할 것입니다. 사람이 살다보면 갑작스럽게 상황이 바뀔 수도 있는데 그것을 전혀 이해해주지 않는 것입니다. 예를 들어 A와 B는 같이 여행을 가기로 했는데, 원래는 A의 승용차로 여행을 가기로 했지만, 갑작스럽게 차가 고장 나서 터미널에서 버스로 갈 수밖에 없는 상황이 되었는데 이 얘기를 B에게 했더니 버럭 짜증을 내면서 그러면 안 가겠다고 하는 것입니다.

A는 어떻게든 B를 달래고 얼래서 간신히 마음을 돌려서 같이 여행을 갔습니다. 그런데 B는 어떻게 보면 초등학생이 엄마, 아빠한테 투정부리

는 모습이랑 비슷합니다. 사실 어른이 되어도 아이와 같은 습성이 있어서 자신중심적인 사람이 있기 때문에 이해는 하지만, 어쨌든 A는 B의 행동을 보면서 철이 없다라든가 애같다는 생각을 하게 될 것이고, 같이 있는 게 편하지 않게 될 것입니다. 그러면 앞으로도 B에게는 상황이 바뀌었을 때 말하기가 참 망설여지게 되고, 말을 함과 동시에 짜증을 내면서 약속 자체를 취소해버릴 것이기 때문에 A는 되도록 B와는 약속 자체를 안 하려고 할 것이고, 결국 B와는 자연스럽게 멀어지게 될 것입니다.

사람은 누구나 같이 있으면 마음이 편한 사람을 찾게 되어 있습니다. 그런데 조금만 상황이 바뀌어도 버럭 짜증을 내면서 약속을 취소하는 아이 같은 사람과는 멀어질 수밖에 없습니다. 결국 나쁜 성격을 고치지 않는 사람은 하나같이 외톨이가 될 수밖에 없는 것입니다. 이런 좋지 않은 습관을 고치기 위해서는 계속 감정이 아닌 이성적으로 사고하려고 노력을 해야 합니다.

이런 상황에서 자신에게 질문을 해봐야 합니다. "원래 승용차로 가기로 했지? 그렇지. 그런데 승용차가 고장났지? 그렇지. 그러면 어떻게 해야 되지? 버스로 가야지. 그런데 버스로 가면 불편하잖아? 그래도 여행가기로 약속했잖아? 그래. 약속은 지켜야지. 그런데 승용차를 왜 고장낸 거야? 일부러 그런 건 아니잖아? 그건 그렇지. 상대방도 나한테 미안해 하겠지? 당연하지. 그래. 버스로 가자" 이렇게 이성적으로 그리고 긍정적으로 생각을 정리해 나간다면 습관을 고칠 수 있을 겁니다.

07. 사람을 대할 때 아주 적대적으로 대하는 사람

    사람을 대할 때 아주 적대적으로 대하는 사람이 있습니다. 이런 사람은 분명히 누군가에게 큰 상처를 받은 적이 여러 번 있을 가능성이 높습니다. 특히 어린 시절에 부모나 주변 사람으로부터 큰 상처를 받은 경우 성장 후에 모든 사람에 대해 적대적으로 대할 수가 있습니다.

    그런데 이런 사정을 잘 모르는 사람은 이상한 사람이라고 오해를 하기도 합니다. 하지만 알고보면 이런 사람들이 정말 마음이 여린 사람들입니다. 이런 사람에게 왜 그렇게 적대적으로 상대를 대하냐고 말하면 그건 이 사람들에 대한 마음을 알아주기보다는 넌 좀 이상하다는 식으로 대하는 것이 되기 때문에 오히려 더욱더 마음의 문을 닫아버리고 적대적으로 상대를 대할 수 있습니다. 만약 이런 사람과 가까운 사이에 있는 사람이 있고 이런 사람과 가까워져야 하는 입장에 있는 사람이 있다면 이런 사람을 이상한 사람이라고 단정짓기보다는 왜 이렇게 적대적으로 되었을지를 먼저 알아주는 것이 우선이라고 생각합니다.

    대부분 누군가에게 큰 상처를 입었을 것입니다. 이런 사람이 가족일 경우에는 평생 함께해야 할 사람이기 때문에 떠날 수도 없는 것입니다. 무조건 너 왜 이러냐고 하기보다는 그 마음을 진심으로 알아주고 인내심을 가지고 따뜻한 마음으로 대해주고 기다려주어야 합니다. 이런 사람에게는 절대로 뭔가를 가르치려고 해서는 안 됩니다. 그냥 곁에서 마음을 위로해주어야 합니다. 그리고 압력이 있어서도 안 되고 마음의 문을 열 때까지 따뜻한 마음으로 기다리고 또 기다려주어야 합니다.

    기다리다가 지쳐서 짜증을 내면 "너도 똑같은 인간이구나." 하면서 다시 마음의 문을 닫아버립니다. 이 사람도 다 생각이 있습니다. 상대가 나에 대한 생각이 진심인지 아니면 나를 이용하기 위해 진심인 척하는 것인지 확인을 하고 있는 중입니다. 그 확인하는 시간이 좀 걸립니다. 하지만 진심이라는 확신이 느껴지면 그때부터 마음의 문을 조금씩 열기 시작합니다.

이런 사람의 마음을 얻기 위해서는 인내심을 가지고 꾸준한 정성이 필요합니다. 그래서 이 세상에 나쁜 사람만 있는 것은 아니고 너를 진심으로 위하는 사람도 있다는 것을 느끼게 해주면 이런 사람도 사람들에 대한 편견이 점점 사라지게 됩니다. 그러면서 점차적으로 사람에 대한 적대감이 사라지게 될 수 있습니다.

08. 일이 계획한 대로 안 되면 주변 사람에게 화를 내는 사람

모든 계획이 자기가 생각한 대로 되지 않으면 주변 사람에게 화를 내는 사람이 있습니다. 예를 들면 B가 오늘 저녁 6시에 A와 함께 부산으로 출발을 하기로 약속했는데, 막상 저녁 6시가 되었지만, 출발할 수 있는 상황이 아닌 것입니다. 이런 상황에서 A에게 화를 내는 것입니다. 그런데 알고 봤더니 수리를 맡겼던 자동차가 예정 시간보다 1시간이나 더 늦게 도착한다는 것이었습니다.

이건 A의 잘못이 아닌 것입니다. 물론 B가 이런 상황을 몰랐다면 좀 화가 날 수도 있겠지만, 이런 좌초지종을 얘기했음에도 불구하고 화를 낸다면 그건 너무 자기중심적인 사람이 되는 것입니다. 모든 것이 자신에게 맞춰져야 되는 사람은 주변 사람들과 갈등이 생길 수밖에 없습니다. 물론 A가 저녁 6시에 출발하기로 한 약속을 어긴 것은 사실입니다. 하지만 그렇게 될 수밖에 없었던 어쩔 수 없는 이유가 있기 때문에 이해해야 할 필요가 있습니다. 무조건 약속을 어겼다고 화를 내기보다는 왜 어길 수밖에 없었는지 대화도 해봐야 합니다. 세상 일이라는 것이 항상 계획대로 되는 것은 아닙니다.

생각지도 못한 상황이 일어날 수도 있기 때문에 무조건 계획대로 되기를 바라는 것은 욕심일 수 있습니다. 반드시 어떤 일은 하는 데에 있어서는 돌발 상황이 언제든지 일어날 수 있습니다. 그런 것을 감안하고 일을 해야 합니다. 문제가 없이 일이 순로롭게 이루어지면 얼마나 좋겠냐마는 살다보면 갑작스럽게 다치기도 하고 물건을 잃어버릴 수도 있고, 상대방의 마음이 변할 수도 있습니다. 그런 상황 속에서 화를 내기보다는 어떻게 이런 상황 속에서 문제를 해결해 나갈 것인지 고민하는 속에서 경험도 생기고 내공이 쌓이는 것입니다.

일을 할 때 일단은 최선책을 세우되 그것이 안 되면 즉석에서 차선책을 가지고 해나갈 필요가 있습니다. 세상 일이라는 게 돌발상황이 반드시 있기 마련이어서 계획대로만 되지는 않기 때문에 조금만 계획대로 안 되면 화를 낸다면 얼마나 삶이 불안하겠습니까? 사람이 너무 수시로 감정이 올라오고 화를 내면 주변 사람들이 같이 있는 것 자체를 불안하게 느낄 수 있습니다. 그리고 우리 인간은 누가 누구에게 당연히 화를 낼 수 있는 존재가 아닙니다. 윗사람은 아랫사람에게 부모는 자식에게 형은 동생에게 친구끼리라도 당연히 화를 낼 수 있는 것이 아닙니다.

왜냐하면 누구나 존귀하기 때문입니다. 우리는 가깝다고 내가 윗사람이라고 너무 상대를 함부로 대하는 경우가 있는 것 같습니다. 그렇지만 화를 내기 전에 상대방이 얼마나 고통스러워 할지를 한 번 더 생각하고 이해하는 마음을 가져야 할 것입니다.

09. 대화가 안 된다 싶으면 더 이상 대화를 안 하는 사람

대화가 안 된다 싶으면 그냥 말을 말자 하면서 더 이상 대화를 안 하는 사람이 있습니다. 이런 사람은 자존심이 상해서 말을 안 하는 사람과는 좀 성격이 다릅니다. 자존심이 강해서 상대가 먼저 용서를 구하기 전까지는 말을 안 하는 사람과는 달리 어차피 대화가 안 될 것이기 때문에 그냥 더 이상 피곤하게 말을 하지 말자는 사람인 것입니다. 그렇지만 그렇게 말을 안 한다고 해도 마음속의 응어리가 사라지지는 않습니다. 그렇기 때문에 답답한 마음은 여전히 존재하는 것입니다.

결국 피곤하더라도 깊은 대화를 해야 한다고 생각합니다. 왜냐하면 대화를 계속 하다보면 왜 상대방이 그렇게 생각할 수밖에 없었는지를 알게 되고 상대방의 심정을 알게 되면 이해심이 생기기 때문에 내 주장만 내세우는 마음이 조금 사그러질 수 있기 때문입니다. 예를 들면 부부간에 남편은 외식을 좋아해서 밖에서 부부끼리 식사를 하면서 기분을 내고 싶어하는데 부인은 외식을 아주 싫어하고 집에서 밥 먹는 것을 좋아합니다. 그런데 서로의 주장을 굽히지 않습니다.

결국 둘은 항상 외출을 하게 되면 이 문제때문에 계속 싸우게 되어 어느 순간부터는 더 이상 이 부분에 대해서는 대화가 안 된다고 생각해서 말을 안 하게 되었습니다. 그런데 알고보니 남편은 부인의 깊은 심정을 몰랐고 부인도 남편의 깊은 심정을 몰랐던 것입니다. 상대방의 깊은 심정을 모른채 이 문제로 계속 다투다보니 이 문제가 나오면 서로 답답해지는 것입니다. 그렇지만 대화가 안 되니 계속 다투기만 하다가 어느 날은 서로 깊은 대화를 하게 되었는데, 알고보니 남편이 계속 외식을 하고자 했던 이유는 부인과 바깥 음식을 먹고 싶었다기보다는 부인과 추억이 너무 없었기 때문에 추억을 만들고 싶어서였습니다.

왜냐하면 만난 지 석 달 만에 결혼을 했고, 결혼하자마자 부인이 임신을 하게 되었기 때문에 출산을 하게 되면 외식은 당분간 꿈도 못 꿀 거라는 생각에 추억을 만들고자 외식을 하자고 했던 것인데, 이걸 부인이 몰랐던 것입니다. 반대로 부인은 결혼하기 전까지는 계속 일을 했기 때문에 금전적으로 어려움이 없었는데, 결혼 후 임신을 해서 일을 그만두게 되다보니 결국 외식을 하게 되면 남편의 돈으로 외식을 하게 될 것인데, 부인은 남편이 힘들게 번 돈으로 외식을 한다는 게 너무 미안한 마음이 들었던 것입니다. 그런데 이런 마음을 남편은 몰랐던 것입니다.

하지만 이런 사실을 서로가 알게 된 이후부터는 오히려 서로에 대해 감사한 마음이 생기면서 남편은 외식에 대한 마음이 많이 사라졌고 부인도 무조건 집에서 밥 먹을 거라는 생각도 많이 사라졌습니다. 서로의 마음을 이해해서 둘 사이의 합의점을 찾은 것입니다. 사실 처음부터 서로 허심탄회하게 속마음을 다 얘기했으면 좋았을 건데, 깊은 속마음이 공유가 되지 않다보니 결국 이런 대화 단절이 계속 이어져온 것이라고 생각합니다. 정말 부부라면 서로가 마음속 깊은 곳에 있는 얘기도 다 할 수 있어야 한다고 생각합니다.

10. 덕을 베풀었지만, 나중에 덕을 입은 사람에게 원망을 하는 사람

덕을 베풀었지만, 나중에 덕을 입은 사람에게 원망을 하는 사람이 있습니다. 덕을 베푸는 사람은 기본적으로는 남을 위하는 마음이 있습니다. 그래서 상대방에게 뭐라도 하나 더 해주고 싶은 마음이 있습니다. 하지만 그만큼 대가를 바라는 사람도 있습니다. 원래는 덕을 베풀 때 뭔가를 바라고 베풀면 안 되지만, 인간이다보니 바라는 마음이 아예 없을 수는 없는 것입니다. 하지만 그 대가라는 것이 물질적인 보답도 있겠지만, 그것보다 진심어린 고마움의 표현을 원하는 경우가 있습니다.

예를 들면 "정말 너무 감사합니다. 이렇게 저희에게 덕을 베풀어주시고 너무 너무 감사하네요. 하지만 저희는 형편이 좋지 않아서 받은 만큼 보답을 하기는 힘든데요. 괜찮으시겠습니까?" 이런 정도의 말만 해줘도 베푼 사람이 기분도 좋고 보람도 있는 것입니다. 그런데 덕을 입었음에도 감사하다는 말도 없는 사람이 있습니다. 하지만 속으로는 감사한 마음이 있을 수 있겠지만, 겉으로 표현을 안 하니까 상대방은 오해를 해서 "별로 고맙지 않은가? 괜히 베풀었나? 나도 여유가 있어서 베푼 게 아니라 여유가 없지만, 그래도 마음 써서 베풀었는데, 고맙다는 표현도 안 하니까 베풀고도 기분이 찝찝하네. 괜히 돈 아깝다는 생각 드네." 이런 식으로 원망의 마음을 가질 수도 있습니다. 그렇기 때문에 이런 상대방의 마음을 이해한다면 누군가로부터 덕을 입었을 때는 반드시 진심으로 감사의 표현을 해야 할 것입니다.

덕을 베푸는 사람도 알아야 할 것은 세상 모든 사람들이 감사의 표현을 잘 하지만은 않는다는 것입니다. 예를 들어 성격이 소심하다거나 내성적인 사람들 중에는 의사표현을 잘못하는 사람이 있기 때문에 이런 사람들은 감사의 표현을 잘못하기도 합니다. 그렇다고 이 사람들이 마음까지 감사함이 없는 것은 아니니 이왕 덕을 베풀거면 좀 더 마음을 크게 가져서 이런 사람들의 마음까지 포용한다면 군자의 성품을 갖추게 될 것입니다. 사실 진정으로 덕을 베푸는 사람은 아예 남이 모르게 덕을 베풀기도 합니다. 설령 고맙다는 말을 듣지 않아도 전혀 개의치 않습니다. 그저 상대방이 너무 안쓰럽고 불쌍해서 도와주고 싶은 마음밖에 없는 것입니다.

또한 덕을 베풀기 전에 자신의 금전 상태도 생각을 해봐야 합니다. 통이 커서 덕을 베풀면 크게 베푸는 사람이 있습니다. 그런데 덕을 베풀 때 자신의 금전 상태를 확인하고 베풀어야 하는데, 전혀 금전 상태를 생각하지 않고 그냥 돈을 써버리는 경우가 있습니다. 그렇게 자발적으로 덕을 베풀었지만, 나중에 문제가 생기는 경우가 있습니다. 정작 자신이 중요하게 써야 할 돈이 있는데, 그 돈까지 다 써버린 것입니다. 그제서야 후회를 하면서 괜히 덕을 입은 사람들에게 원망의 마음을 가지는 경우가 있습니다. "아! 중요한 돈까지 다 써버렸네. 괜히 그 사람들에게 덕을 베푼다고 중요하게 쓸 돈까지 다 써버렸네." 하면서 덕을 입은 사람에게 원망을 하는 것입니다. 그런데 알고보면 누구의 강요도 없이 자발적으로 덕을 베풀었다는 것은 잊어서는 안 됩니다. 그렇기 때문에 누구도 탓할 수 없습니다.

금전 계산을 전혀 하지 않고 돈을 함부로 써버린 당사자의 책임인 것입니다. 그렇기 때문에 덕을 베풀 때도 너무 분위기에 취해서 생각 없이 돈을 쓰지 말고 원망의 마음이 생기지 않도록 적절히 금전 상태를 확인하고 돈을 써야 할 것 같습니다.

11. 말다툼을 하다가 말로 이기기 힘들면 큰소리로 화를 내는 사람

말다툼을 하다가 말로 이기기 힘들면 큰소리로 화를 내는 사람이 있습니다. 특히 남녀간에 말다툼이 생겼을 때 큰소리로 화를 내는 경우가 있는데, 만약 처음 큰소리로 화를 내면 상대방이 크게 놀라서 공포심에 조용해져서 말다툼은 어느 정도 정리가 될 수도 있습니다. 그렇지만 이것이 점점 반복이 되다보면 공포심도 서서히 사라지게 될 것이고, 상대방도 같이 큰소리로 다투게 될 것입니다. 그러다보면 결과적으로 믿음이 깨지고 사이는 점점 더 멀어질 것입니다.

말다툼을 하다가 큰소리로 화를 내고 싶을 때는 일단 화장실에 갔다온다든지 하면서 대화를 잠깐 중단하는 것이 좋습니다. 상대방에게 처음 큰소리로 화내는 것은 하기가 쉽지 않지만 한번 화내기 시작하면 습관이 되서 두 번 세 번 반복적으로 계속 화를 내게 되어 있습니다. 그리고 나중에는 큰소리로 화를 내도 면역이 되어서 상대방이 놀라지 않으니까 이제는 뭔가 더 큰 것이 필요하다고 느껴져서 결국 폭력을 쓰기 시작할 수도 있습니다. 폭력을 쓰기 시작하면 그때부터는 자신 스스로도 분노를 통제할 수 있는 기능이 점점 쇠퇴하기 시작할 것입니다.

말다툼을 하는 경우 한 사람만의 잘못으로 일어나는 경우는 거의 없습니다. 반드시 서로가 같이 원인 제공을 했다고 볼 수 있습니다. 그렇기 때문에 서로가 한 발 뒤로 물러서서 왜 이런 상황까지 왔는지 각자가 자신을 되돌아볼 필요가 있습니다. 문제의 원인을 상대방에게서 찾으려고 하면 끝없는 싸움이 시작되지만, 문제의 원인을 자기 자신에게서 찾는다면 화해와 평화가 시작될 것입니다. 분명히 상대방을 화나게 만든 어떤 원인이 나에게 있다는 것을 깨달아야 합니다. 상대방이 나를 화나게 했기 때문에 내가 화를 낸 것이라고 생각하기보다 나의 어떤 면 때문에 상대방이 나를 화나게 만들었는지를 생각해야 합니다.

자신의 문제는 상대방의 말 속에 다 들어 있습니다. 상대방이 주로 자신에게 고치라고 얘기하는 내용이 바로 자신이 고쳐야 할 점입니다. 그것을 고친다면 더 이상 큰소리로 싸우게 되지는 않을 것입니다.

12. 감정 기복이 심한 사람

감정 기복이 심한 사람이 있습니다. 이런 사람은 갑자기 기뻐졌다가 갑자기 슬퍼졌다가 갑자기 화가 나는 등의 증상이 반복됩니다. 이렇게 되는 이유는 여러 가지가 있겠지만, 기본적으로 마음속에 걱정 근심으로 인한 불안감이 있기 때문이라고 생각합니다. 보통 감정 기복이 심한 사람은 잔 걱정이 많은 경우가 많습니다. 작은 일에도 쉽게 걱정이 되어서 그것으로 인해 큰 문제가 생기지 않을까 걱정하는 거죠.

그래서 항상 마음이 불안한 것입니다. 그 불안감을 어떻게든 해소하고자 하는 마음이 강하지만 도대체 어떻게 해야 할지를 모르기 때문에 답답해 하다보니 주변 사람에게 짜증을 내게 되는 것입니다. 그러다가도 누군가의 따뜻한 말 한마디라든가 위로와 격려를 통해 순간 그 걱정을 이겨낼 수 있는 희망이 생기게 되면 갑자기 극도의 행복감을 느끼다가도 어느 정도의 시간이 지나면 다시 불안감이 찾아오고 결국 감정이 격해지면서 극도로 불안하고 초조한 감정에 휩싸이게 되는 것입니다.

그런데 감정 기복이 심한 사람들이 걱정하는 부분이 일반인들이 생각하기에는 걱정할 거리도 되지 못하는 것이 많지만, 그들에게는 그 걱정으로 인해 죽을 수도 있다는 압박이 들어오게 되기 때문에 쉽게 생각해서는 안 됩니다. 그래서 감정 기복을 없애기 위해서는 내면의 걱정부터 해결해야 합니다. 해결 방법은 자신의 습성과 반대로 생각하고 행동하는 것입니다.

예를 들면 결벽증이 있는 사람은 오히려 더 더럽게 살아야만 거기서 벗어날 수 있습니다. 그래서 그렇게 깨끗하게 안 해도 살아가는데, 큰 지장이 없다는 것을 스스로 느껴야 합니다. 아니면 의처증이 있는 사람은 아예 부인에 대해 신경을 꺼야 합니다. 그래서 내가 부인에게 크게 신경을 안 써도 부인은 나를 떠나가지 않는다는 것을 느껴야 합니다. 작성한 문서에서 글자가 틀리진 않았을까 30번씩 이상 확인하는 사람은 2번만 확인하고 더 이상 확인을 하지 않아야 합니다. 그래서 2번만 확인하고 더 이상 확인하지 않아도 큰 문제가 생기지 않는다는 것을 느껴야 합니다.

대부분의 정신적 질환은 그 행위를 끊고 반대로 행동해서 6개월 이상이 지나면 고쳐집니다. 그 행위의 반대로 행동하면 죽을 것 같은 불안감이 닥치지만 그래도 정신을 차리고 계속 반대로 행동했을 때, 아무런 문제도 생기지 않는다는 것을 알게 되면 마음의 안정을 찾을 수 있게 됩니다. 이런 정신적 질환에 걸리는 근본적인 이유는 완벽한 삶을 살고 싶어하는 과욕 때문입니다. 그래서 이런 사람은 적당히 살자는 마음으로 살아야 합니다. 적당히 살아도 문제가 없다는 것을 느끼게 되면 마음의 안정이 찾아지게 되는 것입니다. 이렇게 마음이 안정되면 잡념이 사라져서 집중력도 향상되고 정신력이 강해지기 때문에 자연스럽게 감정 기복이 사라지게 되고 일정하게 안정된 마음을 갖는 사람이 되는 것입니다.

착각하지 맙시다

01. 자기 자랑을 많이 하는 사람

　자기 자랑을 많이 하는 사람이 있습니다. 이유는 여러 가지가 있겠지만, 과거에 어떤 부분에서 상대적 박탈감을 많이 느꼈기 때문에 그것에 대한 보상심리가 작용했다고 볼 수도 있습니다. 예를 들어 어릴 때 너무 가난했던 사람은 가난이 지긋지긋해서 자신은 반드시 부자가 되어야겠다고 결심하고 정말 열심히 돈을 모은 결과 부자가 되었는데, 자신은 드디어 부자가 되었다는 자부심에 자기보다 못났다고 느껴지는 사람들 앞에서 주체할 수 없이 돈이 많다는 자랑을 해버리는 경우가 있습니다.

　그렇게 되면 주변 사람들은 인상을 찌푸리며 거부감을 느낄 것입니다. 그렇지만, 전혀 그런 것에 아랑곳하지 않고 계속 자기 자랑을 반복합니다. 만날 때마다 그 얘기를 합니다. 그러다가 참다못해 자랑 좀 그만 하라고 하면 자랑이 아니라 진실을 말하는 것이고, 돈이 최고라는 진리를 알려주는 거라고 말하면서 끊임없이 자기 자랑을 합니다. 정말 이런 사람은 되지 말아야 합니다. 누구나 부자가 되고 싶어서 열심히 돈을 벌지만, 여러 가지 상황상 그렇게 되지 못한 사람도 많습니다. 상대방의 정확한 상황도 알지 못하면서 자신의 자랑을 하는 것은 꼴불견입니다.

사람은 늘 겸손해야 합니다. 잘 나가던 사장도 언제 갑자기 망할지 모르기 때문에 항상 마음을 조심해야 합니다. 항상 부족한 마음으로 재산이 많아도 없는 듯 잘나도 못난 듯 해야 합니다. 잘난 사람은 굳이 잘난 척을 안 해도 금방 분위기에서 풍겨나기 때문에 굳이 억지로 티를 내려고 할 필요가 없습니다. 내가 내 자랑을 했을 때 상대방이 어떻게 생각할지도 잘 염두에 둬야 합니다. 자랑이라는 것은 남이 다른 남에게 해주는 것이지 내가 내 자랑을 하는 것은 아니라고 생각합니다.

피치 못할 상황에서 훌륭한 분이 자신의 일대기를 얘기하게 될 때는 약간의 자기 자랑을 할 수도 있지만, 이런 경우에는 상대방도 거부감을 느끼지는 않습니다. 오히려 배울 점이라고 생각합니다. 하지만 자기 잘난 맛에 자기 자랑을 계속하는 경우에는 정말 보기에도 민망할 정도입니다. 내가 이런 말을 했을 때 상대방이 어떤 마음이 들지 깊이 생각하고 말을 해야 할 것입니다.

02. 모든 사람이 자기처럼 생각할 것이라는 사람

자기의 개인적인 생각일 뿐인데 누구나 그럴 것이라고 생각하는 사람이 있습니다. 예를 들어 인생에서 반드시 크게 성공하고 싶어하는 사람이 있습니다. 이 사람은 어릴 때부터 성공에 대한 얘기를 어른들로부터 많이 들어왔고 자기 자신도 어느 정도 인생에서 크게 성공해서 자신의 이름을 세상에 알려야겠다는 생각이 있는 것입니다. 그런데 다른 사람들과 특별히 성공에 관한 대화를 많이 나누지 않았다보니 누구나 자신처럼 크게 성공하고 싶어할 것이라고 생각하게 되었습니다. 그런데 막상 사람들과 대화를 해보니까 자기처럼 성공에 대해 갈망을 하고 있는 사람이 그다지 많지 않다는 사실을 알게 됩니다.

그건 그 사람에게는 충격적이었습니다. 왜 성공하고 싶어하지 않지? 그러면서 그런 성공에 큰 뜻이 없는 사람이 이해가 되지 않게 되면서 점점 그런 사람들이 한심하게 보이기 시작하는 것입니다. 그런데 중요한 것은 여기서 멈추지 않고 성공에 큰 뜻이 없는 사람들에게 계속 "너는 지금 잘 못되었다. 왜 성공에 뜻이 없냐"라고 질책하면서 성공을 강요하는 것입니다. 성공하고 싶으면 그냥 혼자만 성공하면 됩니다. 굳이 성공에 큰 뜻도 없는 사람에게 성공을 강요할 필요는 없습니다. 강요한다고 되지도 않습니다. 특히 부모가 자식에게 뭔가를 강요하는 경우가 많습니다. 그렇게 강요당하는 자식의 삶은 지옥 그 자체입니다.

특히 자신이 이루지 못한 꿈을 자식에게 강요하는 경우가 많습니다. 이건 정말 자식을 망칠 수도 있다는 것을 알아야 합니다. 우리는 모두 자유의지대로 살아갑니다. 다양성을 인정해야 합니다. 내 입장에서는 반드시 옳다고 생각하는 것도 다른 사람 입장에서는 아닐 수도 있다는 것을 알아야 합니다. 내 생각만 옳고 다른 사람의 생각은 틀리다고 생각한다면 결국 이건 전혀 소통이 안 되는 꽉 막힌 사람입니다. 참고로 자신의 생각을 얘기할 수는 있습니다. 그러나 강요하거나 타인의 생각은 틀렸다고 주장해서는 안 됩니다. 만약 타인의 생각이 도저히 이해가 안 되고 한심하게 느껴진다면 왜 그렇게 생각하는지 진심으로 귀기울여 들어보십시오. 그 사람 입장에서는 그렇게 생각할 수밖에 없는 이유가 있습니다. 소통을 해야 합니다. 그러기 위해서는 진심 어린 대화와 이해가 절실히 필요합니다.

03. 상대방에 대해 편견과 선입견을 가지고 대하는 사람

상대방에 대해 편견과 선입견을 가지고 대하는 사람이 많습니다. 예를 들면 보험회사 다니는 사람은 나에게 어떻게든 보험 가입을 시키려고 할 것이고, 종교인은 어떻게든 자기 종교를 나에게 전파하려고 할 것이라는 편견을 가진 사람이 있습니다. 그렇지만 보험회사에 다닌다고 모든 사람에게 보험 권유를 하지 않으며, 종교인이라고 모든 사람에게 종교를 권유하지는 않습니다. 설령 이전에 그런 사람을 만났을 수는 있지만, 그렇다고 앞으로 만날 사람까지 예전 사람과 동일시할 필요는 없습니다.

내가 상대를 대할 때 편견과 선입견을 가지고 대하면 상대는 뭔가 불편함을 느끼게 됩니다. 그래서 좋은 관계가 되기 힘듭니다. 편견과 선입견만 안 가졌어도 서로 크게 도움을 받을 수 있는 좋은 관계가 될 수도 있는데, 그 편견과 선입견 때문에 애초부터 선을 그어서 좋은 인연이 되지도 못하고 끝나는 인연이 많습니다. 열린 마음으로 누구든지 친절하게 대하되 불필요한 보험이나 종교에 대한 가입을 요구한다면 그때 부드럽게 사양을 해도 늦지 않습니다.

04. 칭찬에 인색한 사람

　칭찬에 인색한 사람이 있습니다. 이런 사람은 상대방이 잘 한 게 있어도 그다지 칭찬을 안 합니다. 예를 들어 자녀가 시험 성적이 올랐거나 상을 받았어도 부하 직원이 큰 거래를 성사시켰어도 칭찬을 잘 하지 않습니다. 잘 했으면 칭찬을 할 만도 한데 왜 칭찬을 안 할까요? 칭찬을 잘 하지 않는 사람들에게 물어봤더니 칭찬을 하면 상대방이 교만해질 우려가 있기 때문에 하지 않는다는 것이었습니다.

　그 말도 일리가 있습니다. 사실 사람이 칭찬을 자주 듣다보면 우쭐해져서 교만해질 가능성이 높고 교만해지다보면 꼭 실수를 하게 되는 경우가 있기 때문입니다. 그런데 칭찬에 인색한 사람이 간과하고 있는 큰 부분이 있다는 것을 알아야 합니다. 자식이나 부하 직원이 나름대로 최선을 다해서 뭔가를 이뤄냈을 때 부모나 상사에게 가장 칭찬을 받고 싶어합니다. 그게 자식이나 부하 직원에게는 크나큰 보람이고 삶의 원동력인 것입니다. 즉, 누군가에게 인정을 받았을 때 사람은 가장 큰 행복을 느끼는 것입니다. 그런데 칭찬을 하지 않고 오히려 굳은 표정으로 "이 정도로 만족하지 마라. 더 분발해야 된다. 아직 멀었다. 잘 했다고 착각하지 마라." 등등과 같은 말을 하게 된다면 듣는 사람은 숨이 막혀버리고 오히려 증오심까지 생겨버리게 될 수도 있습니다.

　결국 이런 일이 계속 생겨버려서 극단적으로 가게 되면 부모나 상사에 대한 애정까지 식어버리고 가출을 한다거나 직장을 그만두게 되는 사태가 일어날 수도 있습니다. 칭찬을 자주 들으면 교만해진다고 하더라도 잘 했으면 칭찬은 해야 한다고 생각합니다. 설령 칭찬을 많이 들어서 교만해져서 실수를 하게 된다 하더라도 그 실수를 통해서 큰 배움을 얻을 수도 있고, 스스로도 교만해지면 실수를 한다는 것을 깨닫게 되어 앞으로는 칭찬을 들어도 교만해지지 않도록 스스로 마음을 잘 다스리게 될 것입니다. 잘 했어도 칭찬을 받지 못하면 잘 하고자 하는 마음조차도 사라질 수 있습니다.

말 한마디에 사람을 살리기도 하지만, 죽이기도 합니다. 부모로부터 칭찬을 받지 못해서 자살한 아이들도 있습니다. 설령 칭찬을 들으면 교만해진다 하더라도 잘 했을 때는 반드시 칭찬을 하는 것이 상대방에 대한 예의라고 생각합니다.

05. 오지랖이 넓은 사람

오지랖이 넓은 사람이 있습니다. 오지랖이 넓은 이유는 여러 가지가 있겠지만 정이 너무 많기 때문인 것 같습니다. 사실 오지랖이 넓은 사람은 마음이 아주 따뜻하고 진심으로 다른 사람이 잘 되었으면 하는 마음을 가진 사람이라고 생각합니다. 그런데 그 표현 방식이 너무 일방적이다보니 상대방에게 반감을 주는 것입니다.

오지랖이 넓다는 것은 모든 사람에게 관심이 많아 사사건건 관여를 하는 것을 의미합니다. 다른 사람들에게 아예 관심이 없는 사람보다는 낫다고 생각합니다만 상대방의 심정을 살피는 것을 잘못한다는 단점이 있습니다. 아무리 자신이 좋은 의도로 상대방에게 관심을 가지고 도와주려고 해도 상대방이 부담스러워 하거나 원하지 않으면 자제할 필요가 있습니다. 그런데 그런 걸 살피지 못하는 것입니다. 아무리 좋은 것도 상대방이 원하지 않을 때는 독이 될 수도 있습니다. 그런데도 자기 기분 내키는 대로 상대방을 대하기 때문에 문제가 생기는 것입니다. 이런 습관을 고치기 위해서는 상대방이 도와달라고 하기 전에는 먼저 도와주지 않는 것이 좋습니다. 참아야 합니다. 내가 잘 알고 있어서 상대방에게 알려주고 싶어도 상대방이 원하지 않을 수도 있습니다. "내 도움을 원하지 않을 이유가 없지. 당연히 내가 도와두면 고맙게 생각하겠지."라고 생각할 수 있지만, 절대 그렇지 않습니다. 상대방은 대부분 오지랖이 넓은 사람에게 부담감을 느끼고, "왜 이렇게 들이대는 거야?"라고 생각할 수 있습니다.

결론적으로 상대방은 군이 오지랖이 넓은 사람의 도움을 받지 않아도 문제를 해결할 수 있다는 것입니다. 또한 평소 호감이 있는 사람이 적극적으로 도와주려고 한다면 고마운 마음이 들 수도 있겠지만, 별로 좋아하지도 않는 사람이 적극적으로 도와주려고 하면 오히려 거부감마저 들기 때문에 항상 상대방을 도와주고 싶은 마음이 들면 먼저 상대방의 의사를 반드시 물어보고 상대방이 도움을 원하지 않는다고 하면 더 이상 억지로 도와주려는 마음을 가지지 말고 자기 일에 집중하는 것이 올바른 처사입니다.

06. 자신이 할 수 있으면 남도 할 수 있을 거라고 생각하는 사람

자신이 할 수 있으면 남도 할 수 있을 거라고 생각하는 사람이 있습니다. 예를 들면 정말 하루하루 너무도 살기 힘든 상황에 놓였지만, 그 상황을 극복하고 목표를 이룬 사람이 있습니다. 이런 사람은 자신뿐만 아니라 누구든지 어려운 상황에서 포기하지 않고 노력하면 목표를 이뤄낼 수 있을 거라고 생각하는 경우가 있습니다. 왜냐하면 자신이 해냈기 때문입니다. 그래서 힘들어하는 사람에게 자신의 경험담을 얘기하는 경우가 있습니다. 그리고는 스스로 굉장히 만족해하면서 상대방이 자신의 경험담을 100퍼센트 받아들였다고 착각하고, 상대방도 의지를 세워서 힘든 상황을 이겨낼 거라고 확신하는 경우가 종종 있습니다. 물론 100퍼센트 받아들이는 사람도 있겠지만, 오히려 그런 경험담이 상대방에게는 더 큰 부담감만 안겨주어 괴리감마저 들게 만드는 경우가 있습니다.

세상에는 수많은 종류의 사람이 있고, 자신만큼 의지가 강하지 못한 사람이 매우 많습니다. 그런데 살면서 많은 사람들과 마음속 깊은 대화를 많이 해본 적이 없다보니 누구나 자신과 같이 의지가 강할 거라고 착각하는 것입니다. 그렇다고 자신의 성공담이나 경험담을 얘기하지 말라는 것은 아닙니다. 다만 상대방에게 자신의 얘기를 하기 전에 상대방이 자신의 얘기를 참고 정도할 뿐이지, 100퍼센트 받아들이기를 바라지 말아야 한다는 것입니다. 그래서 자신의 경험담을 얘기하기 전에 "제 경험담이 도움이 될지는 모르겠지만, 참고 정도 하라는 차원에서 말씀드리고 싶은데요. 혹시 들어보시겠습니까?"라고 하면서 상대의 의사를 물어보고 듣고 싶다고 하면 얘기하는 것이 상대방도 부담감이나 거부감이 적어져서 편안하게 들을 수 있을 것입니다.

다른 예를 들면 A는 어린 시절부터 컴퓨터 관련된 분야에 관심이 많아서 컴퓨터와 관련된 것을 잘 알고 있습니다. 그런데 B는 컴퓨터에 관련해서는 잘 모르지만, 그 대신 영어 프리토킹을 잘 합니다. 그런데 하루는 A

가 B에게 영어와 관련해서 궁금한 게 있어서 물어봤는데, B는 답답한 듯이 A를 쳐다보면서 "넌 이렇게 쉬운 것도 모르냐? 이건 좀 심하지! 이건 중학교 때 다 배운 거잖아? 수업 시간에 잤냐?"라고 말하면서 A를 무시했습니다. 그러나 며칠 후 B는 A에게 컴퓨터 관련해서 궁금한 것을 물어봤는데, A는 기다렸다는 듯이 B에게 "너 진짜 이거 몰라서 물어보는 거야? 이건 초등학생도 아는 거야? 답답하네. 컴퓨터 한 번도 배운 적 없어?"라고 B를 무시하는 것입니다. B는 A에게 무시를 당하면서 "아주 익숙한 말인데 이 말을 내가 듣고 있네."라는 생각이 드는 것입니다.

사실 B는 영어를 못하는 사람을 많이 무시했습니다. 그런데 자신이 무시를 당할 거라고는 생각하지 않았던 것입니다. 신이 아닌 이상 이 세상의 모든 것을 잘 할 수는 없습니다. 내가 잘 할 수 있는 것을 상대방이 할 수 없을 수도 있지만 상대방이 잘 할 수 있는 것을 내가 할 수 없을 수도 있는 것입니다. 그렇기 때문에 자신이 뭐하나 잘 한다고 상대방에게 "이것도 못하냐?"라고 말할 자격은 없다고 생각합니다. 남을 무시하는 사람은 남에게 무시를 당해도 할 말이 없는 것입니다.

07. 남을 욕하는데 알고 보면 욕하는 자신도 똑같은 모습을 가지고 있는 사람

남을 욕하는데 알고 보면 욕하는 자신도 똑같은 모습을 가지고 있는 사람이 있습니다. 예를 들어 A는 변덕이 아주 심합니다. 그래서 분명히 어젯밤에 B와 통화할 때는 "우리 내일 외식하러 가자."라고 얘기해놓고 정작 오늘 갑자기 전화와서는 "나 속이 안 좋아서 외식하러 못 가겠다. 같이 운동 갈래?"라고 얘기하는 것입니다. 그래서 B는 A가 유명한 변덕쟁이라며, 자주 A의 험담을 하곤 합니다.

그러던 어느 날 B도 C와 약속을 하게 되었습니다. B가 말했습니다. "오늘 우리 집에 놀러 올래? 맛있는 거 많이 해줄게." C는 안 그래도 오늘 할 일이 없어서 심심하던 차에 잘 됐다면서 B의 집에 가겠다고 약속을 했습니다. 그런데 약속을 하고 전화를 끊고 가만히 생각해보니까 B가 갑자기 오늘 해야 할 일들이 생각나기 시작한 것입니다. "생각해보니까 오늘 빨래도 해야 되고, 은행도 가야 되고, 미용실에 파마도 하러 가야 되는데, 내가 미쳤네. 왜 C를 오라고 했을까?" 이렇게 생각한 B는 C에게 다시 전화해서 오늘 할 일이 많아서 못 만날 것 같다고 얘기한 것입니다. C는 좀 황당하긴 하지만, 알겠다고 하면서 통화는 끝이 났습니다.

여기서 B가 A를 욕할 근본이 되겠습니까? 결국 B와 A는 둘 다 변덕이 심한 사람입니다. 그런데 이런 얘기를 B에게 하면 자신은 절대 인정 안 할 수도 있습니다. 이렇게 말하면서요. "저는 변덕이 심한 게 아니에요. A는 분명히 외식하러 가자고 해놓고, 갑자기 자기 속 안 좋다고 외식 말고 운동하자는 거였으니까 이건 완전히 변덕이 심한 거죠. 그렇지만 저는 변덕이 심한 게 아니라 할 일이 있었던 걸 깜빡하고 있었을 뿐이에요. 저는 만약 할 일만 없었으면 당연히 C가 우리 집에 오는 거 대환영이에요." B가 이렇게 따진다면 A도 똑같이 따질 수 있을 겁니다. "당황스럽네요. 제가 변덕이 심하다고요? 저는 원래 약속은 절대 안 어겨요. 이번이 처음이었어요. 솔직히 제가 먼저 외식하자고 한 건 사실이었는데요. 갑자기 속이 안 좋아서 밤새 설사하고 그래서 속을 비우는 차원에서 외식은 좀 자제해야 되겠다고 생각해서 대신 운동하자고 얘기한 거였어요. 설사만 안 했어도 당연히 외식하러 가죠." 그런데 A와 B의 얘기를 들어보면 둘 다 똑같이 자기 변명을 하고 있다는 사실을 알게 됩니다.

A는 속이 안 좋아서 계획을 변경했고, B는 할 일이 많아서 약속을 취소했습니다. 결국 누가 누구를 욕할 처지가 아닌 것입니다. 사람들 중에는 남이 조금만 잘못한 게 있으면 어떻게든 헐뜯어서 그 사람을 깎아내리려고 하는 사람이 있습니다. 그런데 정작 자신의 잘못에 대해서는 어떻게든 합리화를 해서 잘못이 아니라 어쩔 수 없는 상황 탓으로 돌리곤 합니다. 그러나 상대방은 그것이 자기 행동에 대한 합리화를 하고 있다는 것을 금방 느끼게 됩니다. 남의 잘못에 대해 욕하기 이전에 자신은 그런 잘못을 절대 안 할 자신이 있는지 곰곰이 생각해봐야 합니다.

그래서 나도 그런 잘못을 이전에 한 적이 있고 앞으로도 할 가능성이 있다면 그냥 입을 닫고 자신을 되돌아봐야 합니다. 인간은 누구나 잘못을 할 수 있습니다. 남의 잘못에는 언제나 너그럽게 이해를 해야 합니다. 왜냐하면 그것이 바로 대인이 되기 위한 기초이기 때문입니다. 하지만 내 잘못에 대해서는 철저하게 원인 규명을 해야 하고 다시는 그런 잘못을 되풀이 하지 않도록 나 자신의 말과 행동을 잘 감시해야 하는 것입니다. 그래야만 많은 사람으로부터 믿음과 신뢰를 얻을 수 있습니다.

08. 자신은 모든 면에서 완벽하다고 착각하는 사람

자신은 모든 면에서 완벽하다고 착각하는 사람이 있습니다. 이런 사람은 확실히 능력은 있습니다. 외모도 출중하고 재력도 있고, 집안도 괜찮고, 인간관계도 좋은 데다가 자신감도 있고, 책임감도 있고, 유머감각도 있습니다. 그래서 많은 사람들로부터 인기가 많습니다.

그런데 이런 사람들 중에서 가장 중요한 한 가지를 가지고 있지 못한 사람이 종종 있습니다. 그것은 바로 겸손입니다. 그런데 이 겸손이라는 것은 사실 얻기가 너무 어렵습니다. 겸손이라는 것은 자신이 부족하다는 것을 깊이 깊이 깨달아야만 얻을 수 있는 것이기 때문입니다. 또한 겸손은 얻었다가도 제대로 간직하지 못하면 사라지기도 합니다. 보통 이 겸손의 마음은 크게 한 번 망하거나 다치거나 병에 걸린 후에 얻기도 합니다. 하지만 망하지 않고, 다치지 않고 병에 걸리지 않고 겸손의 마음을 가질 수 있는 방법은 없을까요? 없진 않습니다. 있긴 하지만, 얻는 것이 쉽진 않습니다. 방법은 간접 경험을 많이 하는 것입니다. 망했다가 다시 성공한 사람이나 크게 다치거나 큰 병에 걸린 후 겸손해진 사람에 관한 얘기를 많이 읽어보거나 들어보는 수밖에 없습니다.

사람은 자신이 완벽하다고 생각할 때 동시에 자신이 얼마나 보잘것없는 존재인지 깨달아야 합니다. 완벽하다고 자부하는 사람도 순간 방심해서 사기를 당할 수도 있고, 자녀가 유괴를 당할 수도 있고, 갑자기 부인이 교통사고로 죽을 수도 있습니다. 우리 인간의 인생이란 것이 한 치 앞을 내다보기 어렵기 때문에 완벽한 것이 완벽한 것이 아닙니다. 자녀의 불장난으로 집에 불이 나서 송두리째 모든 것을 잃을 수도 있고, 생각지도 못한 병에 걸릴 수도 있고, 잘 다니던 직장에서 느닷없이 실직을 당할 수도 있는 것입니다. 이런 일을 겪은 사람이 불과 1년전에 자신이 이런 일을 겪게 될 줄 알았을까요? 전혀 몰랐을 것입니다.

이렇게 인생이라는 것이 한 치 앞을 내다보기가 어려운데 어떻게 자신은 완벽하다고 자부할 수 있으며, 나 잘난 맛에 살 수 있겠습니까? 부족한 마음으로 오늘 하루 무사히 살 수 있었던 것에 감사하고 또 감사해야 할 것입니다. 겸손한 마음은 방심을 하지 않게 합니다. 겸손은 매사에 조심스럽고 신중한 마음을 가지게 하고, 실수를 하지 않게 해서 상대방으로 하여금 신뢰감을 가질 수 있게 하는 힘이 됩니다. 실제로도 겸손한 사람보다는 자신이 완벽하다고 착각하는 사람이 방심을 해서 실수를 많이 하는 것 같습니다. 평생을 살아도 얻기 어려운 이 겸손의 마음을 이 책을 통해 조금이나마 얻을 수 있다면 무한한 기쁨임에는 틀림없을 것입니다.

09. 돈만 있으면 결혼 준비가 끝났다고 생각하는 사람

돈만 있으면 결혼 준비가 끝났다고 생각하는 사람이 있습니다. 그런데 이런 사람 중에 결혼 후 몇 년 안에 이혼을 하게 되는 사람이 상당히 많은 것 같습니다. 왜 일까요? 여러 가지 이유가 있겠지만, 그중에 가장 큰 이유는 바로 성격 차이를 극복하지 못했기 때문입니다. 다시 말해 상대방의 성격을 이해하고 포용하지 못했기 때문에 결국 이혼을 하게 되는 것입니다. 그러면 상대방의 성격을 이해하고 포용하기 위해서는 어떻게 해야 할까요? 바로 넓은 마음을 가져야 하는 것입니다. 그러면 넓은 마음은 어떻게 해야 가질 수 있을까요? 넓은 마음은 상대방이 나와 다름을 인정하고 상대방의 생각을 받아들여야 가질 수 있습니다.

보통 남자들 중에는 자신의 어머니 같은 부인을 원하는 경우가 있고,

여자들 중에도 자신의 아버지 같은 남편을 원하는 경우가 많습니다. 즉, 배우자를 선택하는 기준이 자신의 이성 부모가 되는 경우가 꽤 많은 거죠. 그런데 실제로 결혼한 자신의 배우자가 그 기준에서 많이 벗어난다고 생각되어지면 불평불만이 쌓이게 되는 것입니다.

예를 들면 남편 A의 어머니는 항상 아버지에게 순종적이었습니다. 그러다보니 A는 자연스럽게 부인은 남편에게 순종적이어야 한다고 생각했지만, 정작 자신의 부인은 순종적이지 않고, 할 말 다하는 사람이다보니 용납이 안 되는 것입니다. 다른 예로 부인 B의 아버지는 매우 가정적이기 때문에 B는 자연스럽게 남편은 가정적이어야 한다고 생각했지만, 정작 자신의 남편은 가정적이기보다는 밖으로 많이 돌아다니는 성격이다보니 용납이 안 되는 것입니다. 결국 자신의 배우자에 대한 정해진 기준이 있는데, 배우자가 그 기준에서 벗어나다보니 용납이 안 되어서 충돌이 일어나게 되는 것입니다. 하지만 그런 기준조차도 다 버려야 하는 것입니다.

상대방을 내 기준에 맞추려고 하면 상대방은 압박감 때문에 더욱더 그 기준에서 벗어나려고 하게 되어 있습니다. 상대방을 있는 그대로 봐주고 오히려 내가 상대방의 기준에 맞추어야 합니다. 상대방이 먼저 내 기준에 맞춰주기를 기다리다가는 평생 걸려도 안 될 수 있습니다. 하지만 내가 상대방의 기준에 맞추고자 하면 조금만 노력하면 맞출 수 있고, 그러면 자연스럽게 상대방도 내 기준에 서서히 맞춰주는 면이 분명히 있습니다.

그런데 여기서 중요한 것은 내가 상대방의 기준에 맞췄다고 해서 상대방도 당장에 내 기준에 맞춰주는 것은 아닙니다. 그러다보니 "나는 너의 기준에 맞췄는데, 너는 왜 내 기준에 안 맞추냐?"라고 트집을 잡을 수도 있지만, 이건 너무 조급한 생각입니다. 이런 조급한 성격을 가진 사람은 마음을 누그러뜨리고 기다릴 줄 알아야 합니다. 부부관계는 거래가 아닙니다. 정말 아무것도 바라지 않고, 그냥 상대방의 기준에 맞춰주어야 합니다. 결혼이라는 것은 자신의 행복만을 위해서 하는 것이 아닙니다.

결혼을 하는 진짜 이유는 진정한 어른이 되기 위해서입니다. 진정한 어른은 자기 마음대로 살거나 자기 고집을 부리지 않습니다. 진정한 어른은 상대방의 입장도 잘 생각합니다. 진정한 어른은 자기를 버릴 줄도 알고, 희생할 줄도 압니다. 그렇게 남편과 부인 서로가 서로를 위해서 고집을 버리고, 상대방의 입장을 생각하고 희생할 수 있다면 진정한 가정의 화목이 이루어질 것입니다.

10. 잘난 체하는 사람

잘난 체하는 사람이 있습니다. 남들은 뭐 그리 잘났다고 잘난 체하냐고 뒷담화를 할 수도 있지만, 실제로 당사자는 스스로 누구보다 잘났다고 생각하기 때문에 잘난 체를 합니다. 그런데 이런 사람과 같이 있으면 뭔가 모르게 부담감이 느끼지기도 합니다. 참고로 앞에서 말한 자기 자랑을 잘하는 사람과는 약간 느낌이 다릅니다. 자기 자랑을 좋아하는 사람은 꼴불견같이 보이긴 하지만, 그나마 아이가 엄마에게 칭찬받고 싶어서 자랑하는 것처럼 순수해보이기도 합니다.

그런데 잘난 체하는 사람은 왠지 모르게 자기보다 못한 사람을 보면 깔아내리는 듯한 말을 하고 기본적으로 표정부터가 거만하게 인상을 쓰고 있는 느낌이 강한 것 같습니다. 이런 사람은 인간관계를 원활히 하고자 하는 마음이 그다지 없는 것 같은 생각도 듭니다. 인간관계에서 가장 기본이 되는 것은 상대방을 편안하게 해주는 것입니다. 그런데 같이 있으면 불편하고 속이 거북해진다면 좀 문제가 있는 것 아닐까요?

그런데 이런 사람들이 잘난 체하는 속 깊은 이유를 들여다보면 자신이 과거에 잘나지 못해서 상처를 받았고 그것에 대한 보상 심리가 작용하는 것 같습니다. 예를 들면 과거에 앞집에 살던 친구가 자신보다 훨씬 똑똑하고 부잣집 아이여서 상대적 박탈감을 심하게 느낀 사람 중에는 그 상처를 간직한 채 복수심이 점점 커져서 결국 자신도 독기를 품고 그런 잘난 위치에 서고자 부단히 노력하게 되고 그 결과 그런 잘난 사람이 되는 경우가 있습니다. 그렇게 되면 과거의 피해의식에 의해 자신도 누군가에게 상대적 박탈감을 느끼게 해서 자신의 오랜 세월 동안 맺혀 있던 원한을 풀고자 하는 심리가 강한 것 같습니다. 결국 잘난 체하는 사람은 알고보면 과거에 큰 상처를 받아서 그것에 대한 복수심리가 작용한다고 볼 수도 있겠습니다. 그렇기 때문에 오히려 자존감이 낮다고 볼 수도 있습니다.

자존감이 높은 사람은 설령 과거에 상대적 박탈감을 느꼈다 하더라도 그것에 대해 크게 마음에 담아두거나 하지는 않습니다. 과거의 상처가 있다 하더라도 복수심을 가지고 똑같이 상대방에게 상대적 박탈감을 느끼게 하기보다는 오히려 자신이 과거에 상대적 박탈감을 느꼈을 때의 괴로운 심정을 나로 인해 상대방도 똑같이 느낄 수 있겠다고 생각해서 상대방이 상처를 받지 않도록 위로해줘야 합니다. 그래서 오히려 상대적 박탈감으로 인해 자존감이 낮아진 사람들에게 격려를 해주고, 나중에 꼭 성공할 수 있도록 희망과 용기를 주어야 합니다. 그러면 그런 사람들은 나중에 성공한다 하더라도 잘난 체하지는 않을 것입니다.

11. 피해의식이 많은 사람

피해의식이 많은 사람이 있습니다. 예를 들어 어린 시절 아버지로부터 수시로 폭행을 당한 아들이 있습니다. 이 아들은 5살 때부터 아버지의 폭행을 받기 시작해서 25살까지 20년 동안 아버지의 폭행에 시달렸습니다. 그래서 어릴 때는 아버지를 너무 무서워했지만, 성인이 되고나서는 아버지에 대한 무서움은 서서히 사라졌지만, 반대로 힘으로 자신을 누르려는 윗사람에 대한 강한 반항심이 생기기 시작했습니다.

그래서 어디를 가든 조금이라도 강압적으로 자신을 누르려고 하는 사람에 대해서는 엄청난 반항심과 함께 살기를 드러내는 것입니다. 그러다 보니 폭력적인 성향까지 생겨서 사람들과 쉽게 어울리지 못하는 것입니다. 남들이 생각하기에는 그렇게 강압적인 사람이 아닌데도 이런 피해의식이 있는 사람은 상대방이 몇 배 이상으로 강압적인 사람으로 느껴져서 과민 반응을 보이게 되는 것입니다.

이런 사람은 대개 강압적으로 느껴지는 사람과 허심탄회한 대화를 제대로 해보지 못했기 때문에 자기만의 생각으로 상대방을 판단해버리기도 합니다. "자기가 뭔데 나보고 이래라저래라 하는거야? 내 나이가 이제 30이 넘었는데 내가 애로 보여?"라고 화를 내면서 조금만 자신을 건드리면 감정 폭발을 해버리는 것입니다. 이런 사람은 부모에게 따뜻한 사랑을 받아야 하는 중요한 시기에 폭행을 당했기 때문에 애정 결핍으로 인한 세상에 대한 증오심과 함께 생존 본능을 위해서라도 자신을 강하게 만들어야 한다는 의식을 가지게 된 것 같습니다.

이런 사람은 누군가로부터 따뜻한 사랑을 받아서 결핍된 애정을 충족

시켜야 합니다. 또한 세상 모든 어른들이 폭력을 행사하지 않으며, 아직도 이 세상에는 따뜻한 마음을 가진 사람이 많다는 것을 경험해야 합니다. 그래서 그런 따뜻한 마음을 가진 사람들을 많이 만나봐야 합니다. 20년 동안 그런 고통스러운 삶을 살았기 때문에 세상에 대한 나쁜 인식이 쉽게 바뀔 수는 없지만, 세상의 밝은 면을 계속 접해야 합니다.

이런 마음의 병을 종교를 통하거나 인생의 멘토를 만나서 치유하는 경우도 있습니다. 하지만 단시간에는 치유가 불가능하며, 최소 3년은 걸립니다. 하지만 이건 오직 저자의 생각일 뿐 훨씬 더 빨리 치유가 될 수도 있습니다.

12. 자신감이 너무 강한 사람

자신감이 너무 강한 사람이 있습니다. 사실 자신감이 강하다는 것은 자존감이 높은 것이기 때문에 큰 장점이 될 수 있습니다. 하지만 지나친 자신감은 자칫 방심을 해서 실수를 하게 될 수도 있습니다. 주변 사람들에게 쉽게 자신감을 표출하는 사람이 있는데, 꼭 실수를 하게 되는 경우가 많습니다. 어떤 사람은 자신이 누군가에게 "자신 있다. 이 정도는 충분히 할 수 있다." 이런 자신감 있는 말을 하게 되면 꼭 생각지도 못한 실수를 하게 된다고 말한 적이 있습니다.

그래서 그 사람은 이런 일이 10번 이상 반복되면서 더 이상 자신 있다는 표현을 입 밖으로 꺼내지 않게 되었다고 합니다. 그런 말뿐만 아니라 그런 생각조차도 하는 게 두려워서 안 하게 되었다고 합니다. 그랬더니 더 이상 실수를 안 하게 되었다고 합니다. 실제로 여러 스포츠 경기에서도 자신만만하게 승리를 확신하는 사람들이 어이없는 실수를 하는 경우를 많이 보았습니다. 너무 자신감이 강하다보면 긴장감이 사라지다보니 순간적으로 방심을 하게 되고 그것이 결정적인 실수로 이어지게 되는 것입니다.

운전하는 사람들이 보통 처음 운전을 할 때는 긴장을 하기 때문에 사고가 나는 경우가 비교적 적지만, 점점 운전 실력이 좋아지게 되면서 자신감이 서서히 강해지다보면 긴장이 풀리게 되어 사고로 이어지는 경우가 많습니다. 자신감이 서서히 강해진다고 생각할 때는 큰 실수를 할 수도 있는 때라는 것을 명심해야 합니다. 그래서 어떤 사람은 "아무리 생각해도 나는 진짜 운전을 잘해."라고 생각이 들 때마다 블랙박스 사고 동영상을 2시간 동안 본다고 합니다. 그걸 보고나면 교만한 마음이 싹 사라지고 다시 초심으로 돌아가서 안전 운전을 필수로 생각하게 된다고 합니다.

사람의 마음은 수시로 지나치게 자신감이 강해질 수 있기 때문에 항상 최악의 상황을 생각해서 다시 긴장감을 되찾을 필요가 있다고 생각합니다. 자신감이 너무 없는 사람은 자신감을 가져야겠지만, 자신감이 너무 강한 사람은 자신감을 없애고 긴장감을 가져야만 실수를 안 하게 된다고 생각합니다.

13. 참견을 잘 하는 사람

참견을 잘 하는 사람이 있습니다. 예를 들면 배드민턴을 배우는 곳에서 자기 실력보다 훨씬 잘 하는 고수가 와서 자세라든가 동작에 대해 충고를 하면 이건 참견이라기보다 가르침이라고 받아들여져서 감사한 마음이 들 수도 있습니다. 하지만 자기와 그다지 실력 차가 나지도 않는 사람이 와서 자세, 동작에 대해서 아는체하면서 얘기를 하게 되면 이것이야말로 쓸데없는 참견이라고 보지 않을 수 없습니다. 참견당하는 사람은 거의 대부분 "너가 뭔데 참견이야? 너나 나나 거기서 거기구만. 너나 똑바로 해라." 이런 생각을 할 수도 있습니다. 아마 참견한 사람은 막 누군가에게 올바른 자세와 동작을 배워서 그걸 아는체하면서 가르치고 싶었을 수도 있습니다.

하지만 참견당한 사람은 분명히 참견한 사람과 실력 차가 거의 나지 않는다는 것을 알고 있기 때문에 자존심이 상하고 짜증만 날 뿐입니다. 참견이라는 것은 잘 알지도 못하면서 끼어들어서 아는체하면서 가르치려고 하는 것입니다. 중요한 것은 상대방이 가르쳐달라고 요구를 하지도 않았는데, 아는체하면서 가르쳐주려는 것이기 때문에 오지랖이 넓은 처사인 것입니다. 이렇게 참견을 많이 하는 사람은 설령 좋은 마음으로 가르쳐주려고 했다 하더라도 결국 상대방에게 좋은 소리를 듣지 못하게 되는 경우가 많습니다. 그렇기 때문에 이런 사람은 항상 상대방으로부터 가르쳐달라는 요구를 받기 전까지는 절대로 먼저 가르쳐주려고 해서는 안 됩니다. 그냥 자기 할 일에만 충실하면 됩니다. 그러다가 누군가로부터 가르쳐달라는 요구를 받았을 때는 자신도 배우고 있는 입장이라서 잘은 모르지만, 배운 만큼 가르쳐드리겠다고 겸손하게 대한다면 상대방에게 정말 좋은 이미지를 풍기게 될 수 있습니다.

왜냐하면 대부분의 사람들은 겸손한 사람을 아주 좋아하기 때문입니다. 인간관계에서는 겸손이 미덕입니다. 아는체하면서 참견하는 사람은 반드시 상대방으로부터 무시를 당하게 되어 있습니다. 절대로 아는체하면서 참견하지 말고 있는 그대로의 솔직한 자신의 모습을 겸손하게 보여준다면 훨씬 상대방으로부터 큰 호감을 얻게 될 것입니다.

14. 공과 사의 구분을 잘못하는 사람

공과 사의 구분을 잘못하는 사람이 있습니다. 예를 들면 사업을 하는 A가 있었는데, A의 친구인 B가 갑자기 실직을 해서 실업자로 몇 달 동안 지내다가 A에게 "나 너 회사에서 일할 수 있을까?"라고 얘기를 했습니다. A는 내심 걱정이 되었습니다. 친구와 같이 일을 하게 되면 인간적인 정 때문에 공과 사의 구분이 흐려지게 될 수 있기 때문이었습니다. 하지만 친구 B가 간절히 부탁을 했기 때문에 안쓰러운 마음에 자기 밑에서 일을 할 수 있도록 허락했습니다.

그런데 친구 B는 A의 예상대로 지각도 자주하고, 시킨 일을 깜빡하기도 하고, 그러면서 오히려 월급을 미리 줄 수 없냐는 등 공과 사의 구분을 전혀 못 하는 것이었습니다. A는 참다 참다 B에게 따끔하게 한마디를 했는데, 그 말에 B는 서운해 해서 회사를 뛰쳐나갔고 결국 A는 마음은 아프지만, B를 해고시켜버렸습니다.

이렇듯 공과 사의 구분을 못하게 되면 아끼는 친구에게도 버림을 받을 수밖에 없습니다. 사실 이건 A가 B를 버린 것이 아니라 B가 A로부터 버림받을 짓을 한 것입니다. 다른 예를 들면 C는 중소기업 여사장님입니다.

그런데 C의 친여동생 D는 오랜 세월 무직으로 살아서 C는 안타까운 마음에 자신의 회사에서 간단한 업무를 할 수 있도록 취직을 시켜줬습니다.

그런데 D는 자신이 사장님인 C의 친여동생이라는 자격을 이용해서 직무에 충실하지도 않고, 업무 시간에 핸드폰만 보고 있는 것입니다. 그러다가 사장님이 오시면 "언니! 어디 갔다 왔어? 보고 싶었잖아."라고 말하면서 공사 구분을 전혀 하지 못하는 것입니다. 이렇게 처신을 하니 당연히 다른 직원들은 눈쌀을 찌푸릴 수밖에 없고 결국 회사 전체를 위해서 D는 한달만에 퇴사 처리되었습니다.

아무리 가까운 사이라 하더라도 공은 공이고, 사는 사입니다. 아무리 사적인 친구 사이, 가족 관계라 하더라도 같이 일을 하게 되면 사적인 관계는 용납될 수 없는 것입니다. 일을 할 때는 친구도 아니고 언니도 아닌 엄연한 사장님인 것입니다. 결국 공적인 관계를 명확히 해야만 사적인 관계도 원활해지는 것입니다.

15. 모든 조건이 갖춰져야 일을 추진하는 사람

모든 조건이 갖춰져야 일을 추진하는 사람이 있습니다. 당연히 어설프게 시작하는 것보다는 모든 조건이 완벽하게 갖춰졌을 때 일을 추진하는 것이 좋다고 생각합니다.

그런데 이런 생각이 자칫하면 생각만 하고 실천하지 않는 우유부단한 성격으로 변질될 수도 있습니다. 왜냐하면 모든 조건이 완벽하게 갖춰지기란 상당히 어렵기 때문입니다. 예를 들면 A는 현재 다니고 있는 직장을 그만두고 영어 강사가 되고 싶어합니다.

하지만 영어 강사가 되기 위해서는 일을 그만두고 최소 1년은 영어 공부를 해야만 합니다. 그런데 경제적인 어려움도 있기 때문에 당장 일을 그만두기는 힘든 상황입니다. 이런 상황에서 A 자신은 영어 공부를 할 수 있는 조건이 아직 제대로 갖춰져 있지 않다고 생각해서 전혀 영어 공부를 하고 있지 않습니다. 이런 때에서 A의 친구인 B가 A에게 물었습니다. "영어 강사 준비는 잘 되고 있어?" A는 답합니다. "아직 일을 그만둘 상황이 아니라서 조건이 갖춰질 때 하려고 때를 기다리고 있어." 제 개인적인 생각에서는 A는 평생 영어 강사를 하기는 힘들 것입니다.

왜냐하면 A의 말 속에는 능동적으로 해나가려는 의지보다는 수동적으로 그런 때가 오기를 기다리고 있을 뿐이기 때문입니다. 일이라는 것은 모든 조건이 갖춰져 있을 때 추진하는 것이 아니라 일을 추진하다보면 모든 조건이 갖춰지게 되는 것입니다. A가 마음만 먹으면 퇴근 후 아니면 주말에도 충분히 영어 공부를 할 수 있습니다. 그런데 A는 퇴근 후나 주말에만 영어 공부를 해서는 너무 부족하다고 생각하기 때문에 아예 완전히 일을 그만두고 영어 공부에만 전념할 수 있는 때를 기다리고 있을 뿐 정작 영어 공부를 전혀 안 하고 있는 것입니다.

말하자면 할려면 제대로 하자 이런 생각인 것입니다. 거기에 막상 영어 공부를 하려고 하니까 귀찮기도 하고 피곤하기도 해서 생각만 하고 있지 전혀 실행을 못하고 있는 것입니다. 모든 것은 마음에 있습니다. 정말로 A가 영어 강사가 되고 싶다면 잠자는 시간, 친구랑 노는 시간, 밥먹는 시간을 줄여서라도 어떻게든 일심으로 영어 공부를 하게 되어 있습니다. 결국 모든 조건이 갖춰지면 일을 추진하겠다는 말은 안 하겠다는 말과도 같다고 볼 수 있습니다.

　가장 중요한 것은 목표가 있어도 정말 그 목표를 진심으로 이루고 싶어하는 일심을 가지고 있는지 아니면 그냥 생각만 하면서 자연스럽게 그 일을 할 수 있는 조건이 갖춰지기를 기다리고만 있는지 자신의 마음속을 잘 드려다봐야 합니다. 목표가 있다면 원을 품고 반드시 이루겠다는 의지부터 갖추어야 합니다. 그러면 모든 조건이 갖춰져 있지 않아도 무조건 일을 추진할 수 있습니다. 일을 추진하면서 일어나는 문제점은 그때그때 고쳐나가면서 보안해나간다면 반드시 목표를 이루게 될 것입니다.

　또한 한번 일을 추진하기 시작했지만, 도중에 여러 가지 상황에 의해 그 일을 잠시 중단한다면 이건 차라리 시작하지 않은 것보다도 못한 일이 되고 맙니다. 왜냐하면 완벽히 끝내지 못하고 중도에 일시 중단을 해버리면 맥이 끊어지기 때문에 그때까지 들인 시간과 돈, 노력이 허사가 되어버리기 때문입니다.

　일시 중단한 다음 3개월만 지나도 이전에 했던 것이 완전히 머릿속에서 사라지기 때문입니다. 그러면 다시 시작해도 처음부터 해야 되는 것입니다. 그렇기 때문에 목표를 세워서 시작을 했다면 중도에 그만두지 말고 끝까지 해내야 합니다.

01. 뒤통수치는 말을 하는 사람

뒤통수를 치는 말을 하는 사람이 있습니다. 예를 들어 A와 B가 대화를 하고 나서 A가 B에게 "혹시 내가 한 말에 대해 서운한 것이 있어요?"라고 물어봤을 때 B는 전혀 서운한 게 없다고 얘기했지만, 나중에 B가 C한테 는 A가 한 말에 대해 엄청 서운했다는 얘기를 하는 경우가 있습니다. 이 사실을 우연히 알게 된 A는 당혹감을 감추지 못 할 것입니다.

분명히 그때는 전혀 자신에게 서운함이 없었다고 얘기했는데, C한테 이런 사실을 듣게 되니 화도 나고 억울하고 뒤통수를 맞은 느낌도 들 것 입니다. 당장이라도 B에게 전화를 해서 왜 뒤통수를 치냐고 따지고 싶은 심정일 것입니다. 하지만 그렇게는 하지 말아야 합니다. C의 체면도 있기 때문입니다. 그렇다면 왜 B는 A앞에서 한 말과 C앞에서 한 말이 다를까 요? 이건 무조건 A가 뒤통수를 맞았다고 화를 낼 것이 아니라 A의 어떤 면때문에 B가 A의 면전에서 솔직한 심정을 말하지 못했을까를 생각해야 합니다. B는 뒤통수를 친 것이 아니라 A앞에서 도저히 솔직한 심정을 말할 자신이 없었던 것일 수도 있습니다.

왜냐하면 A의 너무나도 강한 성격 때문일 것입니다. A는 성격이 너무 강해서 A앞에서 솔직한 심정을 얘기하면 크게 화를 낼 것 같고, 다시 B의 잘못된 생각을 바꾼답시고 한참을 더 강하게 얘기할 것이기 때문에 그냥 피하고 싶은 마음에 괜찮다고 포장을 하고 자리를 떠난 것일 수도 있습니다. 보통 뒤통수를 치는 말을 하는 사람은 의도적으로 어떤 이익을 위해 그런 행위를 하기도 하지만 꼭 그런 것만은 아닙니다. 상대방의 기가 너무 세서 솔직한 심정으로 말이 안 나오는 사람이 있습니다. 그렇기 때문에 대화를 할 때는 상대방이 어떤 얘기라도 할 수 있는 분위기를 만들어 주어야 합니다. 그래야만 앞에서 하는 말과 뒤에서 하는 말이 같아질 수 있습니다.

물론 다른 예로 이간질을 시켜서 모든 사람의 사랑을 독차지할 목적으로 말을 바꿔서 뒤통수를 치기도 하지만, 의도적으로 뒤통수를 치는 경우 결국 다 들통이 나기 때문에 비참한 결과를 초래하게 되어서 절대로 하지 않는 것이 좋습니다. 이간질의 가장 전형적인 예로 A에게는 B가 A를 싫어한다고 하고, B에게는 A가 B를 싫어한다고 얘기해서 A와 B가 서로 인연을 끊게 만드는 것입니다. 하지만 이런 편법이나 술수로 사람의 마음을 얻으려고 하면 결국 대부분 들통이 나고 결과적으로는 모든 사람이 등을 돌리게 되어버립니다.

의도적으로 남의 뒤통수를 치는 말을 하는 것은 아주 나쁜 행위이지만, 의도치 않게 뒤통수를 치는 말을 하게 되는 경우도 있기 때문에 이런 부분은 어느 정도 이해심이 필요합니다.

02. 확실하지 않은 것을 확실한 것처럼 얘기하는 사람

확실하지 않은 것을 확실한 것처럼 얘기하는 사람이 있습니다. 그 이유는 여러 가지가 있겠지만, 뭔가 자신만이 엄청난 사실을 알고 있다는 듯이 말해서 주목을 받고 싶어하기 때문이라고 생각합니다. 평소 사람들로부터 주목을 받고 싶어하지만, 잘 되지 않는 경우 확실하지 않은 얘기를 확실한 것처럼 얘기해서 관심을 얻고 싶어하는 사람이 있습니다. 그렇지만 진실이 밝혀지게 되면 오히려 신뢰만 잃게 되는 경우가 많습니다.

이런 습관을 고치지 못하면 결국 아무도 자신의 말을 믿지 않게 되고 거짓말쟁이라는 별명만 얻게 됩니다. 나중에는 무슨 말만 하면 "너, 그거 확실한 거야? 너의 말은 믿을 수가 없다."라는 말을 듣게 되는 것입니다. 순간적으로라도 관심을 받고 싶어하는 마음은 충분히 이해되지만, 결국 완전히 믿음을 잃어버린다면 외톨이가 되고 맙니다. 절대로 일시적인 관심을 얻기 위해서 없는 말을 지어내지 말아야 합니다. 신뢰는 한번 잃게 되면 되돌리기가 너무 힘듭니다. 정말 주목을 받고 싶다면 발 빠르게 정확한 뉴스를 찾아서 빠르게 주변 사람들에게 알려주면 어떨까 합니다.

03. 약속을 잘 지키지 않는 사람

약속을 잘 지키지 않는 사람이 있습니다. 우리는 살면서 누군가와 많은 약속을 합니다. 약속에는 여러 가지가 있겠죠? 시간 약속도 있고 금전관계의 약속, 비밀을 지켜달라는 약속 등등 여러 가지가 있을 겁니다. 그런데 이런 약속을 하면 잘 지키는 사람이 있고, 잘 지키지 않는 사람이 있습니다. 약속을 잘 지키는 사람은 신뢰와 믿음이 형성되기 때문에 계속 약속을 하게 되어 믿을 만한 사람이란 이미지를 얻게 됩니다. 특히 아주머니들이 계를 하는 것은 정말 약속 하나 믿고 하는 것입니다. 그래서 20년 이상 계를 하는 아주머니들도 많은데 그들은 약속 하나만 믿고 그 계를 지켜왔던 것입니다. 그러다가도 한 사람이 곗돈을 들고 사라진다거나 하는 일이 있게 되면 약속은 순식간에 깨져버리는 것입니다.

이렇게 되는 이유는 바로 자신의 욕심때문이겠죠. 한번 약속을 깨버리면 신뢰는 순식간에 바닥으로 떨어지게 되고 회생 불가능한 상태가 되어버립니다. 약속이라는 것은 한번 어겨지게 되면 돌이킬 수 없게 관계가 되어버리는 것입니다. 그래서 특히 금전 약속을 했으면 무슨 일이 있더라도 지켜야 합니다. 그 약속을 어기게 되면 사회적으로도 신용불량자가 되어버리는 것입니다.

금전 약속이 아니라도 특히 우리가 가장 많이 하는 약속이 바로 시간 장소 약속입니다. 그런데 이 시간 약속을 정말 지키지 않는 사람이 있습니다. 일단 약속을 해도 약속 시간 하루 전에 갑자기 문자가 와서 시간 변경 가능하냐고 하는 것입니다. 어쩔 수 없이 시간 변경을 해줍니다. 그런데 만날 때마다 시간 변경 아니면 장소 변경을 수시로 하니까 나중에는 이 사람과는 시간 장소에 관한 약속을 해도 믿을 수가 없게 되는 것입니다. 아니면 약속 시간이 다 되었는데, 아예 전화기를 꺼놓는 사람도 있습니다. 이런 사람과는 더 이상 약속을 잡기도 힘들겠죠. 아예 관계를 갖는 것조차 하기 싫어질 것입니다.

이 사회는 약속이 생명인 사회입니다. 약속을 어기게 되면 이 사회에서 살아가기 힘듭니다. 모든 것이 약속으로 이루어져 있기 때문입니다. 비밀을 지켜주는 약속도 마찬가지입니다.

A는 B에 대한 마음의 문이 열려서 자신의 숨기고 싶은 비밀을 털어놓았습니다. 꼭 비밀 지켜달라는 약속과 함께요. 그런데 어느 날 보니 자신과 그다지 친하지도 않은 C가 그 비밀에 관한 얘기를 하는 것이었습니다. 결국 비밀이 세어나간 것이지요. A의 심정이 어떻겠습니까? 엄청난 배신감과 함께 B에 대해 큰 실망을 하고 다시는 속 깊은 얘기는 안 하겠죠. 오랜 세월 동안 잘 쌓은 인연도 약속을 지키지 않음으로써 급격히 신뢰관계가 깨지게 되어 있습니다.

약속은 목에 칼이 들어와도 지키겠다는 신념을 가져야만 이 사회에서 살아남을 수 있습니다. 약속을 너무 쉽게 하는 것도 문제이기 때문에 지키지 못할 약속은 함부로 해서는 안 되지만, 약속한 것은 반드시 지켜야 합니다.

04. 자신과의 약속을 잘 지키지 못하는 사람

자신과의 약속을 잘 지키지 못하는 사람이 있습니다. 밤에 자기 전에 강한 의지를 가지고 정한 마음이 아침에 일어나면 온데간데 없이 사라져 버리는 경우가 있습니다. 이런 경우 스스로에게 묻게 됩니다. 도대체 어제 밤에 먹었던 마음은 누가 먹은 마음인 것인가? 이렇게 자신과의 약속을 깨는 횟수가 점점 늘어날수록 스스로도 자신을 믿지 못하게 됩니다.

결국 스스로와의 약속을 해도 얼마 안 가서 습관적으로 깨버리게 되어

나중에는 스스로를 아예 통제할 수 없는 상황까지 갈 수 있습니다.

예를 들어 내일부터 무조건 아침에 조깅을 하겠다고 마음을 먹었는데 막상 아침이 되면 "아이구, 모르겠다. 그냥 자자." 이렇게 되어버리는 것입니다. 자신과의 약속을 지키기 위해서는 많은 사람들에게 자신의 목표를 공포하는 것이 좋습니다.

예를 들면 "제가 오늘부터 아침마다 조깅을 하기로 했습니다."라고요. 주변 사람들에게 말을 다 해버렸기 때문에 지키지 않게 되면 신용불량자가 되겠죠. 그러니 어떻게든 지키려고 할 것입니다. 하지만 얼마 못 가서 다시 지키지 못하게 될 수도 있습니다. 오랜 습관이기 때문이지요. 그러면 주변 사람들로부터 무시도 받겠죠. "뭐야? 조깅한다더니 작심 3일인 거야? 그럴려면 차라리 말을 꺼내지 마라." 이렇게 계속 무시를 받다보면 자존심이 상해서 불굴의 의지가 생겨서 어떻게든 고치려고 할 것입니다.

그렇게 포기하지 않고 다시 자신과의 약속을 지키려고 애쓰다보면 조금씩 변화가 생깁니다. 저도 담배를 끊을 때 주변 사람들에게 계속 공포를 하고 다녔습니다. "저 이제 담배 끊었습니다." 이 말을 계속하고 다녔습니다. 그러다가 도저히 못 참고 담배를 피우고 나서는 사람들에게 "어제 담배를 피웠습니다. 그렇지만 오늘부터 다시 끊을겁니다."라고 얘기합니다. 그러면 당연히 사람들은 저를 무시하며 "지키지 못할 거면 그냥 담배 펴라."라고 얘기합니다. 그러면 저는 그 말에 자존심이 상해서 반드시 담배를 끊겠다는 의지가 솟아오릅니다. 그렇게 계속 끊었다. 피웠다를 반복하면서 결국 끊게 되었고, 현재는 담배를 끊은 지 7년이 되었습니다.

그리고 자신의 목표와 반대적인 사람들과는 최소 5년 동안은 멀리할 필요가 있습니다. 왜냐하면 전염이 되어버리기 때문입니다. 술을 끊으려고 하는 사람은 술을 좋아하는 사람을 멀리 해야 하고, 살을 빼려고 하는 사람은 먹는 걸 좋아하는 사람을 멀리해야 합니다. 사람은 환경의 영향을 받기 때문에 자신의 목표와 반대적인 환경에서는 최대한 벗어나야 합니다.

반대로 자신의 목표와 같은 목표를 가진 사람들과 가까이 하는 게 목표를 이루는 데 훨씬 효과적일 것입니다. 그래서 요즘에는 같은 목표를 가진 사람들끼리 모임을 많이 하는 것 같은데 아주 좋은 현상입니다. 그런 모임에 참여해서 같은 목표를 지향하는 사람들과 함께하게 되면 서로 힘이 될 수도 있기 때문에 목표를 이루기가 훨씬 쉬워집니다. 사실 자신과의 약속을 지키는 것이 가장 힘듭니다. 하지만 그만큼 어렵기 때문에 그 가치는 무엇보다 큰 것입니다.

05. 말부터 내세우고 정작 실천을 안 하는 사람

말부터 내세우고 정작 실천을 안 하는 사람이 있습니다. 말은 청산유수처럼 뭐든지 도와줄 것처럼 뭐든지 잘 할 것처럼 얘기하지만, 막상 상황이 닥치면 온갖 변명을 늘어놓으면서 하기 힘들다는 식으로 얘기를 합니다. 그러면 이런 사람들은 왜 그때 그렇게 자신 있게 도와줄 것 처럼 말을 한 걸까요? 여러 가지 이유가 있겠지만, 제 생각에는 관심을 받고 싶어서인 것 같습니다. 그렇게 자신 있게 얘기하면 대부분의 사람들이 관심을 가져줄 수밖에 없습니다.

어떤 대가도 받지 않고 자신을 도와준다는데, 관심을 안 가질 사람이 어디 있겠습니까? 이런 상황은 사람들이 많이 모여 있을 때 더 강하게 나타나는 것 같습니다. 자신 있는 듯이 도와주겠다고 얘기하면 많은 사람들이 관심을 가져주면서 대단하다고 할 것이기 때문에 더더욱 관심을 모으기 위해서 책임지지 못할 말들을 하게 될 수도 있습니다.

그렇지만, 막상 상황이 닥치면 말을 바꾸기도 하고, 기억이 안 난다는 식으로 회피하는 경우가 있습니다. 이렇게 되면 이 사람에 대해서는 신뢰를 완전히 잃게 되고 앞으로는 이 사람의 어떤 말도 믿지 않게 될 것입니다. 정말 진심으로 도와주려는 마음이 있다면 말로 내세우거나 허풍스런 말을 하지 않아야 합니다. 진지하게 도와줄 수 있는지 생각해보고 할 수 있다면 티나지 않게 조용히 말을 하되 반드시 한 말을 지켜야 합니다.

믿을 신(信)자라는 한자가 있습니다. 이 한자의 뜻은 사람 인(人)자와 말씀 언(言)자가 합해진 한자입니다. 결국 믿을 신자의 뜻은 사람의 말을 믿는다는 뜻이 됩니다. 그런데 그 말이 계속 바뀌면 그 사람을 믿기는 힘들 것입니다. 지키지 못할 말을 함부로 해서는 안 됩니다. 또한 기억해야 하는 것이 상대방은 자신이 지키지 못할 약속을 했는지 또 말을 바꾸었는지 전부 기억하고 있다는 것입니다.

그래서 "내가 언제 해준다고 했냐? 나는 그런 말 한 적 없어."라고 변명해도 이미 신뢰는 깨진 것입니다. 그러면 상대방은 이렇게 얘기하겠죠. "와! 너 진짜 웃기다. 너가 분명히 도와준다고 얘기했잖아. 이제 너 말은 못 믿겠다." 결국 상대방의 입에서 이런 말까지 나오지 않도록 자신 스스로가 내뱉은 말은 어떻게든 지킨다는 마음을 가져야 할 것입니다. 그리고 사정이 너무 좋지 않아서 도와줄 수 없다면 "정말 미안하다. 내가 이전에 도와준다고 얘기는 했는데, 지금 상황이 어려워서 도와주기가 좀 힘들 것 같다. 정말 미안하다."라는 식으로 정중히 용서를 구한다면 상대방도 이해할 것입니다.

그래서 정말 자신이 할 수 있고 책임질 수 있는 말만 해야 할 것입니다. 결국 말 한 마디도 심사숙고해서 해야 합니다.

06. 지키지 못할 다짐을 습관적으로 하는 사람

지키지 못할 다짐을 습관적으로 하는 사람이 있습니다. 이렇게 헛말을 하게 되면 신뢰가 점점 깨지게 되어 있습니다. 그런데 신기한 것은 이런 사람일수록 변명도 정말 많다는 것입니다. 그 다짐을 지키지 못한 수십 가지의 변명이 있는 것입니다. 예를 들어 절대로 과식을 안 하겠다고 다짐을 했지만, 일주일도 안 되서 과음에 과식을 해버리는 사람이 있습니다.

그런데 과식을 할 수밖에 없는 이유가 너무 많은 것입니다. 회사 회식에 가족 모임에 결혼식에 계모임에 너무 많은 이유로 과식을 할 수밖에 없었다는 것입니다. 그런데 이것은 전혀 이유가 될 수 없습니다. 그런 곳에 가서도 음식 조절을 해서 충분히 적당히 먹을 수 있습니다. 모든 것은 자신의 의지에 달려 있는 것입니다. 주변 상황을 탓해서는 안 됩니다.

수시로 입버릇처럼 "내일부터 다이어트할 거야."란 말을 하는 사람이 있습니다. 이런 사람은 다이어트를 생각만 하고 있는 사람이지 마음을 먹은 사람이 아닙니다. 그냥 다이어트는 희망 사항일 뿐입니다. 그렇기 때문에 다이어트를 하겠다고 마음을 굳게 먹기 전까지는 "내일부터 다이어트"란 말을 입 밖으로 내뱉어서는 안 됩니다. 실없는 사람이 될 뿐입니다. 실천을 하기 위해서는 마음을 먹어야 합니다. 그러나 사실 마음을 먹는 것은 그다지 어렵지 않습니다. 자신의 뱃살을 보면 바로 마음이 먹어집니다. 마음을 먹기보다 더 어려운 것은 먹은 마음을 꾸준히 지키는 것입니다. 먹은 마음을 최소 100일 이상은 지켰을 때 비로소 변화가 시작됩니다.

함부로 지키지도 못 할 다짐을 입 밖으로 내뱉어서 안 됩니다. 하지만 다른 측면에서 보면 "내일부터 다이어트할 거야."와 같이 지키지 못할 다짐을 계속 입 밖으로 내뱉어서 신뢰를 잃어버린다 하더라도 결국 언젠가는 다짐을 이루어낸다면 신뢰는 다시 찾을 수 있게 됩니다. 그렇기 때문에 자신과의 다짐이 있다면 많은 사람들에게 알리는 것도 좋습니다.

처음에는 그 다짐을 지키지 못해서 무시도 당하고, 신뢰도 낮아지겠지만, 오히려 그것으로 인해 자존심이 상해져서 독하게 노력해서 언젠가는 그 다짐을 지킬 날이 올 수도 있기 때문입니다. 아직 정신력이 약해서 다짐을 지키지는 못 하고 있지만 언젠가는 반드시 다짐을 이루겠다는 마음을 가지고 입 밖으로 내뱉는다면 일순간은 신뢰를 잃을 수도 있겠지만, 언젠가는 신뢰를 되찾게 될 것입니다.

07. 한 입으로 두말하는 사람

한 입으로 두말하는 사람이 있습니다. 이렇게 말하는 이유는 결국 자신의 이익을 위해서인 것 같습니다. 상대방을 통해서 자신이 어떤 이익을 얻기 위해서는 당장에는 상대방의 마음을 사야 하기 때문에 임시방편으로 달콤한 약속을 하는 것입니다. 하지만 자신의 목적이 이루어지게 되면 본심을 드러내면서 내가 언제 그랬냐는 식으로 시치미를 떼는 것입니다.

그나마 양심이 있는 사람은 뻔뻔하게 시치미를 떼지는 않지만, 조금만 더 기다려달라는 식으로 아니면 갑자기 상황이 안 좋아졌다는 식으로 약속을 미루기도 합니다.

특히 돈을 빌리는 사람이 이런 식으로 한 입으로 두말하는 경우가 많습니다. "친구야. 정말 내가 지금 너무 급해서 그런데 1000만 원만 빌려주면 다음 달에 꼭 갚을게."라고 하지만 거의 약속이 지켜지는 경우는 없다고 봐야 합니다. 아니면 "이번에 너가 밥을 사면 다음에는 내가 꼭 밥을 사겠다"라고 약속을 했지만, 그 뒤로는 연락이 안 되거나 연락이 되어도 바빠서 다음에 보자는 식으로 말을 돌리는 경우가 많습니다. 이런 식으로 인간관계를 하면 당장에는 자신에게 이득이 있는 것처럼 보이지만, 5년 안에 주변에 아무도 없는 처량한 신세가 되고 말 것입니다. 아무도 이런 사람을 믿지 않게 되고, 외톨이가 될 것입니다.

인간관계에서 가장 중요한 것은 일관성이고 신뢰인데, 이것이 깨져버리면 더 이상 인간관계를 지속한다는 것은 불가능하겠죠. 그래서 반드시 자신이 한 말에 대해서는 책임을 져야 하고 기억을 잘 해야 합니다. 주변 사람들과 사소하게 한 약속도 잘 지켜야 합니다. 간혹 약속한 것을 잊고 있었는데, 약속한 사람이 약속 안지키냐고 하면 놀라는 액션이라도 하면서 약속을 지키기 위한 행위를 즉각 시행해야 합니다. 그렇게라도 해야 신뢰가 유지됩니다.

예를 들면 "너 저번에 너희 팬션에 한번 놀러 오라고 해서 계속 기다리고 있는데, 언제 되는 거냐?"라고 물으면 "아! 정말 미안하다. 내가 너한테 받은 은혜가 많은데, 진작 보답을 했어야 했는데 정신이 없었네. 이번 달 마지막 토요일 어떠냐?" 이런 식으로 즉각적인 행동을 취해야 합니다.

08. 같이 정한 약속이나 계획을 수시로 변경하는 사람

 같이 정한 약속이나 계획을 수시로 변경하는 사람이 있습니다. 예를 들어 A와 B는 오늘 저녁 7시에 커피숍에서 만나기로 했는데, A에게 갑자기 중요한 약속이 생겨버려서 B에게 혹시 시간을 오후 4시로 좀 앞당길 수 있냐고 물었습니다. 그렇지만 B도 다른 약속이 있는데, 그 약속이 저녁 6시에 끝나기 때문에 시간을 앞당기기는 힘든 상황인 것입니다. 그래서 좀 힘들다고 하니까 그러면 다음에 보자는 것입니다.

 결국 어쩔 수 없이 저녁 7시 약속은 다음으로 연기되었습니다. 그런데 A는 이런 식으로 수시로 약속을 변경하거나 연기하는 일이 아주 잦다보니 B는 A와 약속을 해도 A가 약속 당일에 약속 변경을 할 수도 있다는 불안감을 가질 수밖에 없는 것입니다. 그렇기 때문에 A와 약속을 잡고 싶은 마음이 서서히 사라지게 되는 것입니다. 결국 한번 약속을 했으면 장례식장을 가는 일이 아니고서는 웬만하면 지켜야 하는 것입니다. 약속을 자주 변경하는 사람 중에는 이미 약속을 했지만, 좀 더 기대되거나 재미있는 약속이 생기면 그 전의 약속을 쉽게 취소하거나 연기해버리는 사람이 있습니다. 이런 식으로 수시로 약속을 변경해버리면 결국 신뢰를 완전히 잃게 되어 아무도 이 사람과 약속을 안 하게 될 것입니다.

 또한 같이 세운 계획을 수시로 변경하게 되면 상대방은 매우 당황스러워집니다. 예를 들면 부인이 일주일 전부터 오늘은 아침 10시에 구청에 같이 가서 볼 일을 보고 낮 12시에 보건소에 같이 가서 애들 독감 주사 맞히고, 오후 4시에 같이 서점에 갔다가 저녁에 같이 외식을 하기로 계획을 다 세웠는데, 갑자기 당일 아침에 그냥 집에서 쉬자고 하는 것입니다. 남편은 사실 오늘 중요한 약속이 있었는데, 부인이 부탁을 해서 약속을 연기하고 집안 일을 우선적으로 하려고 했는데, 갑자기 당일 아침에 그냥 집에서 쉬자고 하니까 너무 당황스러운 것입니다.

이와 같이 일방적으로 약속이나 계획을 변경해버리면 상대방은 허탈감에 빠져버릴 수밖에 없습니다. 물론 부인도 갑자기 당일 몸 상태가 좋지 않아서 그런 말을 할 수도 있겠지만, 이런 상황이 계속 반복되면 나중에서 약속이나 계획을 잡아도 믿지 않게 되는 것입니다. 결국 서로간의 신뢰에 금이 가기 때문에 인간관계가 안 좋아질 수밖에 없습니다. 그렇기 때문에 한번 약속을 한 것은 어떤 일이 있더라도 지키겠다는 습관을 가져야 합니다. 약속은 크든 작든 약속입니다. 반드시 지켜야 합니다.

09. 사람을 너무 잘 믿는 사람

사람을 너무 잘 믿는 사람이 있습니다. 요즘 세상에 이런 사람은 정말 순수한 사람입니다. 그러다보니 교활하게 사기를 치는 사람들은 이런 순수한 사람을 만나게 되면 월척이라도 잡은 것처럼 신이 나게 됩니다. 교활한 사람은 처음에는 정말 진실한 듯이 다가옵니다. 그래서 순수한 사람에게 간 쓸게 다 빼줄 것처럼 정성을 쏟아붓습니다. 그러면 대부분의 순진한 사람들은 이런 사람을 믿어버립니다.

하지만 주변 사람 중에 사람의 속마음을 좀 볼 줄 아는 사람은 "저 사람 좀 수상한 것 같으니까 조심해라."라고 당부을 합니다. 이런 말을 듣고 그나마 신경을 쓰는 사람은 다행이지만, 오히려 "걱정하지 마라. 믿을 만한 사람이다."라고 말하면서 주변 사람의 당부를 아예 무시해버리는 사람도 있습니다. 이런 사람은 사기를 당할 가능성이 매우 높습니다. 무조건 사람을 의심하는 것도 좋지 않지만 이런 사람이 특히 금전적인 부탁을 하는 경우 거의 돈을 받지 못할 가능성이 높습니다. 요즘 사기당하는 사람들이 엄청나게 많은 것을 봤을 때 보통 이상으로 친하게 다가오는 사람을 의심하지 않을 수가 없습니다.

특히 친구가 그다지 없는 사람인 경우 외롭다보니 자신에게 잘 해주는 사람의 금전적인 부탁을 더더욱 거절하기 어려운 것도 사실입니다. 부탁을 거절했을 때 자신을 떠나가지 않을까 하는 불안감에 무리한 부탁인데도 거절하지 못하는 경우가 있습니다. 하지만 아무리 친구가 없어서 외롭다 하더라도 사람은 아닌 것에 대해서는 맺고 끊는 것이 분명해야 합니다. 그렇기 때문에 누구를 만나든 상대방을 믿어주되 무리한 금전적인 부탁을 할 때는 단호히 거절할 필요가 있습니다.

거절을 하는 방법은 여러 가지가 있지만, 미혼인 경우 "사실 작년에 거액을 사기당해서 모든 돈 관리를 부모님께서 하고 있다. 그래서 도저히 빌려줄 수가 없다."라고 하면 좋고 기혼인 경우 똑같이 얘기하되 돈 관리를 배우자가 하고 있다고 하면 될 것입니다. 돈 빌리는 것은 한번 부탁을 들어주면 그 다음에 또 다시 부탁을 하게 됩니다. 그러면 돈을 돌려받지도 못한 상황에서 또 다시 돈을 빌려주게 되어 돌이킬 수 없는 지경까지 가버리게 되는 것입니다. 나중에는 빌려준 돈을 못 받을까봐 독촉도 못하게 되는 상황이 옵니다.

괜히 사람 믿었다가 온갖 스트레스는 다 받고 결국 상대방을 위하는 마음으로 돈을 빌려줬지만, 돈도 못 받고 법정까지 가서 사이가 완전히 틀어져버리는 경우가 많습니다. 차라리 돈을 빌려주지 않았다면 원수가 되는 지경까지는 가지 않았을 것입니다.

돈거래의 핵심은 믿음에서 시작되는 것인데, 결국 그 믿음을 저버리는 사람이 너무 많다보니 사람을 믿을 수가 없는 것입니다. 아예 진심으로 위하는 마음으로 돈을 빌려주고 싶다면 안 받겠다는 마음으로 그냥 주는 것이 마음 편합니다.

10. 분위기에 이끌려 지키지도 못할 약속을 하는 사람

분위기에 이끌려 지키지도 못할 약속을 하는 사람이 있습니다. 예를 들면 "이번 주 토요일에 저희 집 이사하는데 혹시 도와주실 분 계신가요? 맛있는거 많이 대접하겠습니다."라고 부탁을 받았는데, 그 자리에 꽤 많은 사람들이 있었습니다. 그때 왠지 모를 영웅 심리가 발동해서 A는 자신이 도와줘야겠다는 생각이 들어서 "제가 도와드리겠습니다. 제가 이삿짐 나르는 건 전문입니다."라고 말해버린 것입니다. 이렇게 말을 하니까 그 자리에 같이 있던 많은 사람들이 일제히 "오! A씨 대단하시네요. A씨는 이삿짐 나르는 것도 잘 하시나보네요. 진짜 멋있어요."이런 칭찬들을 하는 것입니다.

그런데 만약 그 자리에 다른 사람들이 없었다면 선뜻 도와주겠다는 얘기를 안했을 수도 있습니다. 도와주겠다고 한 이유가 알고보니 그 자리에 많은 사람들이 있었고, 그 사람들에게 주목을 받고싶고, 자신은 멋진 사람이라는 인식을 심어주어서 인정을 받고싶은 마음에 도와주겠다고 얘기를 한 것이었습니다. 그런데 막상 이사 전날이 되고보니까 갑자기 도와주고 싶은 마음이 생기지 않는 것입니다. 귀찮기도 하고, 혹시 다치지 않을까하는 걱정도 되고 그러다보니 내가 왜 도와준다고 했지? 하는 생각마저 들게 되고 그냥 갑자기 일이 생겨서 못 갈 것 같다고 얘기해버릴까 하는 생각까지 드는 것입니다. 거기에 알고 봤더니 그날이 가족끼리 어디 가기로 한 날이기도한 것입니다. "어떻게 생각하니까 차라리 잘 됐네. 어차피 가기 싫어 죽겠는데, 가족 약속 있었다는 거 핑계삼아 못 가겠다는 식으로 말해버리자."라고 결론을 지어버린 것입니다.

결국 전화로 "정말 미안한데요. 알고봤더니 내일 가족끼리 어디 가기로 했는데, 내가 깜빡하고 잊고 있었네요. 이사는 못 도와줄 것 같아요. 미안해요."라고 얘기한 것입니다. 상대방은 이 황당한 얘기를 듣고 다음과 같이 말했습니다. "무슨 소리예요? 진짜 당황스럽다는 말밖에 안 나오네요. A씨가 자신있게 도와준다고 해서 인부도 안 불렀는데, 이제와서 갑자기 못 도와준다니 정말 무책임하시네요."라고 한 것입니다. A가 잘못한 것은 여러 사람들 앞에서 그 사람들에게 주목받고 인정받고 싶어서 지키지도 못할 약속을 한 것입니다. 또한 약속을 잡을 때는 미리 스케줄표를 보고 그날 다른 약속은 없는지 확인을 했어야 하는데, 전혀 하지 않았다는 것입니다. 결국 A는 말과 행동이 일치하지 않는 사람이 되어버렸고, A의 신뢰도는 완전 바닥으로 떨어지게 되어버렸습니다. 또한 이 일은 당연히 소문이 나게 되었고, 그 자리에 있던 많은 사람들이 이 사실을 알게 되어서 A는 정말 이상한 사람이 되어버렸습니다. 그렇기 때문에 절대로 분위기에 이끌려 지키지도 못할 약속을 해서는 안 됩니다.

06

사람이 너무 냉정해도 좋지 않지만,
냉정이 필요할 때도 있습니다

01. 자신이 좋아하지 않는 것을 상대방이 줬을 때 괜찮다고
사양하는 사람

자신이 좋아하지 않는 음식을 상대방이 줬을 때 괜찮다고 사양하는 사람이 있습니다. 사양하는 사람은 어차피 좋아하지 않는 음식이기 때문에 받아봤자 버릴 거니까 차라리 안 받는 게 낫겠다고 생각하고 받지 않는 경우가 많습니다. 충분히 일리있는 말이고 타당하다고 생각합니다. 어차피 버릴 건데 받아봤자 짐만 될 것이고, 오히려 이 음식을 좋아하는 누군가가 있으면 그 사람에게 주는 게 훨씬 더 합리적이라고 판단한 결과일 것입니다.

하지만 상대방은 서운함을 느끼게 됩니다. 사실 자기가 먹고 싶지만, 어렵게 용기내서 상대방을 생각하는 마음으로 진심을 담아서 줬는데, 한방에 거절을 당했을 때는 서운함을 느낄 수밖에 없고, 앞으로는 맛있는게 있어도 절대로 안 주려는 마음이 생길 것입니다. 그러니까 좋은 감정이 반대로 증오의 감정으로 변질될 수도 있다는 것입니다. 마음 써서 덕을 베풀었는데, 한 방에 거절당한다면 미운 감정이 생기기 마련입니다. 내가 좋아하지 않는 음식이나 물건을 누가 준다 하더라도 그 순간에는 정말 감사한 마음으로 받아야 합니다. 그러면 상대방도 나에게 고마운 마음을 가지면서 관계는 훨씬 더 깊어집니다. 받은 음식이나 물건이 나에게 필요가 없다면 다른 사람에게 줄 수도 있는 것입니다.

단 음식이나 물건을 준 사람과 친분이 없는 사람에게 주는 것이 좋습니다. 왜냐하면 혹시라도 내가 음식이나 물건을 준 사람이 나에게 음식이나 물건을 준 사람과 아는 사이이라면 왜 너가 이걸 가지고 있냐는 식으로 말이 나올 수 있기 때문입니다. 자기가 정성스럽게 준 음식이나 물건을 다른 사람이 가지고 있으면 또 배신감 같은 느낌을 받을 수도 있기 때문입니다. 인간관계라는 것이 이렇게 쉽지가 않습니다. 속에 있는 진심을 그대로 얘기했다가는 오히려 상대방에게 서운한 마음이 들게 만들어서 사이가 악화되는 경우가 있기 때문에 무조건 솔직한 것이 옳은 것은 아닙니다. 때론 하얀 거짓말이 더욱 인간관계에서 큰 역할을 할 때가 있습니다.

02. 상대방이 전에 했던 얘기를 반복했을 때
"그 얘기 전에 들은 얘기잖아."라고 말하는 사람

상대방이 전에 했던 얘기를 또 반복해서 했을 때 "그 얘기 전에 들은 얘기잖아."라고 말하는 사람이 있습니다. 틀린 말은 아닙니다. 전에 들었던 얘기를 또 다시 들을 이유는 없기 때문입니다. 하지만 상대방은 서운함을 느끼게 됩니다. 상대방은 아직 그 얘기를 또 다시 하고 싶어 합니다. 왜 일까요? 이유는 두 가지가 있습니다. 첫째는 자신이 얘기했다는 것을 기억하지 못하는 경우가 있기 때문입니다. 기억력이 감퇴되어서 이 사람에게 했던 얘기인지 안 했던 얘기인지 기억이 나지 않아서 하는 경우도 있고, 앞의 이야기의 부연 설명을 하기 위해서는 이 이야기를 한 번 더 해줘야 더욱 이해하기 쉽기 때문에 하는 경우가 있습니다.

그런데 상대방이 중간에 이야기를 끊으면서 그때 들었던 얘기라고 말하면 순간 엄청 서운해집니다. 그러면서 갑자기 말문이 막히고 대화를 하고 싶은 마음까지 사라지는 경우도 있습니다. 그냥 좀 지루하긴 하지만, 상대가 전에 했던 얘기를 다시 해도 처음 듣는 것처럼 얘기를 들어주면 상대방이 아주 좋아합니다. 사소한 것처럼 보이지만, 그렇게 말을 끊는 것이 점점 쌓이게 되면 상대방의 서운함이 폭발하게 되는 경우도 있습니다. 했던 얘기 좀 더 듣는다고 큰 일 나는 것 아닙니다. 상대방이 이 얘기를 참 좋아하는구나 하고 자연스럽게 넘어가면 되는 것입니다. 상대방도 어느 정도는 알고 있을 겁니다. "이 친구는 내가 맨날 했던 얘기 또 해도 잘 들어주네. 참 좋은 친구야."라고 생각하며 신뢰가 아주 커집니다. 그런 신뢰감이 큰 친구는 주변 사람으로부터 도움도 많이 받을 수 있게 됩니다.

두 번째로는 이전에 뭔가 누군가에게 크게 서운한 일이 있었는데, 그 얘기를 한 번으로는 풀리지 않아서 계속 반복해서 얘기하는 경우가 있습니다. 상대방이 "그 얘기는 전에도 했잖아? 내가 미안하다고 했는데 또 그 얘기를 꺼내냐?"라고 말할 수도 있지만, 자신은 너무 맺혀 있기 때문에 한두번 얘기해서는 풀리지가 않는 것입니다. 설령 한 번만 얘기했어도 상대방이 진심으로 용서를 구한다면 더 이상 얘기를 안 할 수도 있지만, 건성으로 미안하다고 한다면 아마 계속 같은 얘기를 하게 될 것입니다. 그렇기 때문에 상대방이 뭔가 나에게 크게 서운한 얘기를 한다면 건성으로 미안하다고 하면서 대충 넘기지 말고 정말 진심으로 너무 미안하다고 표현을 해야 합니다. 그렇게 진심으로 표현해도 서너 번은 더 얘기를 들을 수 있지만, 그때마다 처음 듣는 얘기처럼 진심으로 용서를 빌면 그 이상은 같은 얘기를 하지 않게 될 것입니다. 왜냐하면 맺힌 게 풀리게 되니까요.

03. 상대방이 잘못을 했을 때 위로와 격려를 해주기보다 잘잘못을 따져서 올바른 이치를 가르쳐주는 사람

상대방이 잘못을 했을 때 위로와 격려를 해주기보다 잘잘못을 따져서 올바른 이치를 가르쳐주는 사람이 있습니다. 예를 들면 A는 B의 식당의 종업원입니다. 그런데 A는 3번 테이블에 나가야 할 손님의 음식을 실수로 5번 테이블 손님에게 드린 것입니다. 5번 테이블 손님은 그냥 서비스라고 생각하고 맛있게 먹었는데, 3번 테이블 손님이 왜 음식을 안 주냐고 해서 A는 그제서야 3번 테이블에 가야 할 음식이 5번 테이블에 갔다는 사실을 알게 되었습니다.

그래서 5번 테이블로 갔지만, 이미 5번 테이블 손님은 그 음식을 맛있게 먹고 있는 중이었습니다. 게다가 이건 종업원의 실수이기 때문에 5번 테이블 손님에게 그 음식값을 받을 수 있는 입장도 아닌 것입니다. 이런 상황에서 B는 A에게 얘기했습니다. "정신 안 차려? 너가 음식값 물어낼 거야? 너가 실수해서 5번 테이블 손님한테 음식이 갔기 때문에 음식값을 받을 수 있는 입장도 아니잖아! 너 어떻게 할 거야? 장사 망칠려고 왔어? 우리는 장사에 도움이 되는 사람을 원하지, 장사에 피해를 줄 사람을 원하지는 않아."

B의 발언이 올바른 처사일까요? 어떻게 보면 올바르다고도 볼 수 있습니다. 잘못을 했을 때는 올바른 이치를 가르쳐주어야 두 번 다시 실수를 안하기 때문이겠죠. 그런데 잘못을 했을 때 대부분의 사람은 자신이 잘못했다는 것을 이미 알고 있는 경우가 많습니다. 그래서 충분히 반성을 하고 있습니다. 그런데 표정만 봐서는 반성하고 있다는 생각이 들지 않을 수도 있습니다. 그렇다보니 반성을 하고 있지 않다고 생각해서 잘잘못을 따져 올바른 이치를 가르치게 되는 경우가 많습니다. 그런데 이런 상황이 되면 대부분 잘못을 한 사람은 기분이 상하게 되는 경우가 많습니다.

이미 나도 잘못한 것을 알고 있는데 거기에 또 찬물을 끼얹으면서 질책을 하니까 마음의 문이 닫히면서 화가 나게 되는 것입니다. 그런데 오히려 이런 상황에서 "괜찮아. 힘내. 오늘 5번 테이블 손님 대박이네. 다음부터 좀 더 신경쓰자. 밝게 해."와 같이 위로와 격려를 해준다면 이건 잘못한 사람 입장에서는 놀라운 반전인 것입니다.

이런 마음이 넓은 사장님을 악용하는 종업원도 아주 가끔 있긴 하지만, 대부분의 잘못한 사람은 정말 의외라고 느끼면서 깊은 감사함을 느끼게 될 것입니다. 혼날 거라고 생각했는데, 반대로 위로와 격려를 해주시니 몸둘 바를 모를 정도로 감사한 마음이 생기게 되지 않을까 합니다. 그래서 죄송한 마음에 더 정신을 차리고 열심히 하려는 마음이 생기게 될 수도 있습니다. 상대방에게 질책을 하고 혼내는 것은 일시적으로 상대방을 정신차리게 하는 효과는 있지만, 장기적으로 봤을 때는 권위적으로 느껴져서 마음의 벽이 생기고 신뢰가 깨지게 되어 소통이 안 되는 결과를 초래하기도 합니다. 상대방을 강하게 대하는 것은 반드시 부작용이 따라오게 됩니다. 상대방을 부드럽게 대하면서도 충분히 상대방의 잘못을 고칠 수 있다는 것을 알아야 합니다.

04. 상대방의 험담을 하는 사람에게 직설적으로 "남의 험담을 하지 마라."라고 말하는 사람

상대방의 험담을 하는 사람에게 직설적으로 "남의 험담을 하지 마라." 라고 말하는 사람이 있습니다. 물론 당사자가 없는 자리에서 남의 험담을 하는 것이 좋은 일은 아닙니다. 하지만 남의 험담을 하는 그 사람은 분명 당사자에 대한 원망이나 서운함을 가지고 있기 때문에 험담을 하는 것이고, 그 험담을 자신에게 하는 이유는 위로를 받고 싶기 때문인 경우가 많습니다. 그런데 위로는커녕 직설적으로 "다른 사람 험담하는 거 아니야." 라는 식으로 말도 못하게 하는 사람이 있습니다.

나름 정의를 지키고 올바르지 않은 험담은 듣지 않겠다는 정신으로 얘기했을지 모르지만, 상대방은 마음의 상처를 크게 입게 될 수도 있습니다. 그나마 자기를 위로해줄 거라고 믿고 속얘기를 했는데, 바로 퇴짜를 당해버리니까 더 큰 상처를 받게 되고 결국 더 이상 이 친구에게 속얘기를 하지 않게 될 것입니다. 친했던 사이도 당연히 멀어지겠죠. 인간관계에서 가장 많이 사이가 멀어지는 경우가 마음의 문을 열고 다가갔는데 퇴짜를 당하게 되는 경우가 많습니다. 그러면 어떻게 해야 할까요? 상대방이 다른 사람의 험담을 하면 잘 들어주어야 합니다. 오히려 같이 동조를 하면서 내가 더 상대의 욕을 하는 것도 좋습니다. 그렇게 하면 어느 정도 양심있는 사람은 "나도 사실 잘 한 건 없지." 하면서 자기를 반성하기도 합니다. 그러면서 남의 험담을 하는 친구에게 상대방이 왜 그렇게 행동하고 말했는지 상대방의 입장도 대변해주면서 너무 미워하지 말라는 식으로 얘기하면 남의 험담을 했던 친구도 어느 정도는 자기 반성을 하면서 상대방을 미워하는 마음이 좀 풀리게 되는 경우가 있습니다.

그리고 상대방이 그런 단점도 있지만, 장점도 있으니까 이해하고 잘 지내보자는 식으로 다시 좋게 관계가 될 수 있도록 얘기하면 충분히 알아들을 것입니다. 그런데 같이 상대방의 욕을 했더니 오히려 자기 반성보다 더욱더 확신을 가지고 상대방의 험담을 하는 사람도 있습니다.

이럴 경우에는 어느 정도 제재가 필요하긴 합니다. 물론 상대방의 행동에는 확실히 문제가 있긴 하지만, 인간관계라는 것이 무조건 한 사람만 잘못했다고 보기는 힘들고 어느 정도는 쌍방에 조금의 문제가 있을 수 있으니까 한 발 뒤로 물러나서 왜 이런 상황까지 왔는지 잘 생각해보자는 식으로 타이르는 수밖에 없습니다.

그렇게 얘기해도 받아들이지 않는다면 그건 어쩔수 없는 것입니다. 시간을 두고 스스로 반성할 때까지 기다리는 수밖에 없습니다. 어쨌거나 무조건 상대방이 남의 험담을 하는 것에 대해 올바르지 않다는 이유로 차단을 한다면 인간관계마저 차단될 수 있기 때문에 각별히 주의해야 할 것 같습니다.

05. 따뜻한 말 한마디 못하는 사람

따뜻한 말 한마디 못하는 사람이 있습니다. 사실 따뜻한 말 한마디는 돈도 들지 않고 마음만 쓰면 되는 것입니다. 그런데도 그 따뜻한 말 한마디가 입에서 나오질 않는 것입니다. 따뜻한 말 한마디만 잘 해도 복이 굴러들어오는데, 왜 그 말이 입에서 안 나올까요? 원인은 그런 따뜻한 말을 들어본 적이 거의 없기 때문입니다. 사랑은 받은 만큼 주게 되어 있습니다. 그런데 어린 시절부터 부모로부터 따뜻한 말 한마디 들어보지 못한 사람들은 이 말이 잘 나오지 않는 것입니다.

지금의 60대 이상 어르신들 중에는 어린 시절 살기가 워낙 힘들어서 부모로부터 그렇게 따뜻한 말 한마디를 들어보지 못한 사람이 굉장히 많습니다. 또한 그 시절에는 대가족으로 사는 경우가 많았는데, 부모 앞에서 자식을 애지중지하는 모습을 보이는 것이 예가 아니라는 관습이 있었던 시절이라 자식이 사랑스럽지만, 표현을 하기도 쉽지 않은 시대였던 것입니다. 그렇다보니 그 시대에 어린 시절을 보낸 사람은 자신도 따뜻한 말 한마디를 들어보지 못했기 때문에 어른이 되어서도 자식이나 부인에게 쉽게 따뜻한 말 한마디가 나오지 않는 것 같습니다.

하지만 그렇다 하더라도 인간관계에서 성공하고 싶다면 따뜻한 말 한마디를 해봐야 합니다. 상대방이 잘 했을 때는 칭찬의 따뜻한 말 한마디, 잘못했을 때는 위로의 따뜻한 말 한마디, 아플 때는 걱정의 따뜻한 말 한마디를 해보세요. 하지만 평소 그런 표현을 해본 적이 거의 없기 때문에 입에 배어 있지 않아서 쉽게 나오지 않고, 뭔가 오글거리고 닭살 돋는 느낌이 들어서 잘 안 될 것입니다. 그러면 혼자서 연습을 해보는 것입니다.

"정말 대단하네. 역시 우리 아들 최고야.", "힘내. 기회는 얼마든지 있으니까. 그래도 아빠는 우리 딸이 가장 자랑스러운데.", "아이고, 많이 아프겠다. 병원가야되겠는데. 큰 일이네." 이런 따뜻한 말 한마디를 혼자서 계속 입으로 내뱉으면서 연습을 해보세요. 그러다보면 점점 말문이 트이고 자연스럽게 실제 대화에서 말로 나오게 됩니다. 특히 "사랑해"라는 말은 정말 닭살이 돋아서 잘 안 나오는 말입니다.

하지만 계속 입으로 연습을 하다보면 나옵니다. 부끄러워도 한번 말해보세요. 100번 이상 하다보면 자연스럽게 나옵니다. 또한 처음에는 진심없이 말로만 따뜻한 말 한마디를 했지만, 일단 말로 계속 내뱉다보면 점점 마음에서도 진심이 생겨납니다. 그러니 포기하지 말고 실천해봅시다. 중요한 건 그런 따뜻한 말 한마디를 했을 때 상대방의 반응이 달라진다는 것입니다.

상대방이 환한 미소와 함께 행복한 표정을 지으며 감동받을 것입니다. 실제로 따뜻한 말 한마디를 하는 사람과 듣는 사람 모두 몸이 건강해집니다. 공짜로 몸도 건강해지는 이런 좋은 것을 안 할 이유가 있겠습니까? 특히 여성분들이 이런 따뜻한 말 한마디에 진한 감동을 받게 됩니다. 부인에게 이런 따뜻한 말 한마디를 해보세요. 그러면 아침 식사가 달라집니다. 말 한마디로 아침 식사가 달라진다면 해볼 만한 것 아니겠습니까?

06. 맺고 끊는 것을 잘못하는 사람

맺고 끊는 것을 잘못하는 사람이 있습니다. 보통 잔정이 많은 사람이나 세상 물정을 잘 모르는 사람이 맺고 끊는 것을 잘못하는 것 같습니다. 그러다보니 사람들로부터 이용을 당하기도 하는 것 같습니다. 아는 사람 중에 니무도 마음이 착한 사람이 있습니다. 거절도 잘못하다보니 주변 사람들의 잔심부름 부탁도 많이 들어주는 편입니다. 그래서 한번은 안타까운 마음에 왜 이렇게 남의 부탁을 잘 들어주냐고 물어봤더니 "다들 바쁘다보니 제가 도와줘야 할 것 같아서요."라는 대답을 들었습니다.

　그 말도 틀린 말은 아닙니다. 사람들이 이 친구에게 부탁을 할 때 엄청 다급하게 부탁을 하니까 이 친구는 거절을 못하고 도와주는 것입니다. 하지만 이런 일이 계속 되다보니 사람들은 이 친구는 시키면 무조건 하는 사람이 되어버렸고 이 친구도 맺고 끊는 것을 잘못하기 때문에 거절도 못하고 그냥 시키는 대로 하는 것입니다. 남을 도와주는 것도 참 좋은 일이긴 합니다. 하지만 이건 완전히 좋이나 마찬가지인 것입니다. 아닌 것은 아닌 것입니다. 사람들 중에 거절을 잘못하는 사람이 있습니다. 상대방이 서운해할 것 같기 때문입니다.

　하지만 정중히 거절하면 상대방도 충분히 이해합니다. 웃으면서 "아이고, 죄송합니다. 제가 도와드려야 하는데, 지금 급한 일이 있어서 도와드리기가 좀 힘드네요."라고 얘기하면 아무런 문제가 없습니다. 이 말이 입에서 잘 나오지 않으면 혼자서 연습을 수시로 하면 쉽게 나올 수 있습니다. 뭐든지 한번 말로 뱉기가 어렵지 몇번 하다보면 입에서 잘 나옵니다. 특히 돈을 빌려달라고 하는 부탁을 많이 받는 사람이 있습니다. 보통 돈을 빌려달라고 하는 경우 대부분 다급하게 절실하게 돈이 필요하다면서 애원을 합니다. 도저히 빌려주지 않으면 안 되게끔 얘기를 하죠. "정말 부탁인데 아버지가 갑자기 교통 사고가 나셔서 급하게 돈이 필요한데 제발 부탁인데, 2000만 원만 빌려줄 수 있냐?"라는 식으로 거짓말까지 하면서 돈을 빌려달라고 애원하는 사람이 있습니다. 그러면 많은 사람들이 마지 못해 빌려주는 경우가 있습니다. 그런데 대부분이 제대로 돈을 받지 못하는 경우가 많습니다. 결국은 돈도 잃고 친구도 잃게 되는 경우가 대부분 입니다. 아예 애초부터 받을 생각없이 돈을 준다면 이건 다른 얘기가 되겠지만, 대부분의 사람들은 돈을 받을 목적으로 차용증까지 씁니다. 그렇지만, 결과적으로 돈을 갚지 않고 연락두절이 되는 경우가 많습니다. 차용증도 큰 의미가 없게 되는 거죠. 그러면 이런 상황에서 어떻게 처신을 해야 할까요?

저 같으면 "미안하다. 너의 사정은 충분히 알겠지만, 내 입장도 한번 생각해줬으면 좋겠다. 돈은 전부 내 아내 아니면 내 어머니가 관리하기 때문에 그만한 돈은 빌려줄 수가 없다. 사실 내가 작년에 5000만 원 빌려줬다가 떼인 적이 있어서 모든 돈 관리는 아내 아니면 어머니가 하고 있어서 큰 돈을 빌려줄 수가 없다."라고 단호하게 얘기를 할 것입니다. 그래도 계속 빌려달라고 하면 미안하다고 하면서 전화를 끊겠다고 할 것입니다. 친구를 돕지 못한 마음은 안타깝지만, 냉정해야 될 필요가 있습니다. 사실 친구에게 돈을 빌린다는 것 자체도 쉬운 일이 아니지만, 나에게까지 돈을 빌리려고 전화를 한다는 것은 그만큼 급박한 상황임에는 틀림없습니다.

하지만 한번 돈을 빌린 사람은 설령 돈을 갚는다 하더라도 또다시 돈을 빌리게 되고 돈을 빌려준 사람은 돈을 갚기 전까지는 항상 불안감에 시달려야 합니다. 그리고 대다수의 사람들이 돈을 빌리기 전과 빌리고 난 후의 모습이 극명하게 달라지는 경우가 상당히 많습니다. 결국 마음이 안정이 안 되니 즐겁게 생활하기도 힘들고 혹 아내가 어머니에게 사실을 숨기고 빌려줬다가 받지 못하게 되면 가족간에도 신뢰가 깨지게 됩니다. 결국 돈, 친구, 가족간의 신뢰도 다 잃게 됩니다. 친구에게 이렇게 얘기해보십시오. "지금은 너가 나에 대해 서운해할 수 있지만, 나는 너를 잃고 싶지 않기 때문에 이렇게 하는 거니까 이해해라."라고요.

많은 경우 돈을 빌려주지 않았을 때 결국 나중에는 친구 사이가 멀어지지는 않게 되는 경우가 많습니다. 하지만 돈을 빌려주고 받지 못했을 때는 단순히 멀어지는 차원이 아니라 원수가 되어버리는 경우가 있습니다. 차라리 원수가 되기보다는 멀어지는 게 낫겠죠. 저는 개인적으로 정말 소중한 친구라고 생각하는 사람이 있다면 돈거래만큼은 안 하고 싶습니다.

오해하지 마세요

01. 평소 혼자 짐작해서 오해를 자주하는 사람

평소 혼자 짐작해서 오해를 자주하는 사람이 있습니다. 이렇게 오해를 하는 이유는 솔직하고 진솔한 대화를 하지 않았기 때문입니다. 솔직하고 진솔한 대화를 하면 서로간의 생각을 충분히 이해할 수 있습니다. 예를 들어 "내가 사실 궁금한 게 있어서 그런데 혹시 너가 그때 나보고 먼저 가라고 말을 한 이유가 나한테 서운한 게 있어서 그랬던 거야?"라고 물어보면 상대는 "아니야. 그런 의미로 얘기한 게 아니라 너가 많이 피곤해보여서 일찍 가서 쉬어라는 뜻으로 얘기한 거였는데."라고 말하면서 오해는 금방 풀리게 됩니다.

그런데 사실 그런 질문을 하는 것조차 자존심이 상할 수도 있고, 괜히 서로간에 민감해질 수 있다고 생각해서 안 하게 되는거죠. 그렇게 되면 점점 골은 깊어지고 결국 상대의 모든 말과 행동을 오해하면서 자기 식대로 판단하게 될 수 있습니다. 그래서 평소 조금이라도 오해를 할 것 같은 상황이 되면 반드시 사소한 것이라도 상대에게 자신이 오해하고 있는 것은 아닌지 꼭 물어봐야 합니다. 이것은 습관입니다. 습관을 고치기란 쉽지 않지만, 마음을 먹고 바꾸기 시작하면 금방 바꿀 수 있습니다. 또한 반드시 내 생각이 옳지만은 않고, 오해할 수도 있다는 가능성을 두고 대인관계를 하시는 것이 좋습니다. 자신은 100퍼센트 그럴 거라고 생각했지만, 상대는 전혀 다른 생각을 하고 있는 경우가 많거든요.

02. 같은 말을 들어도 전혀 다르게 해석하는 사람

같은 말을 들어도 사람에 따라서는 전혀 다르게 해석하는 사람이 있습니다. 예를 들면 A씨는 B양이 오늘따라 너무 이뻐보여서 "오늘따라 너무 예쁘신데요. 나이보다 훨씬 어려 보이세요."라고 얘기했습니다. 이 말은 그냥 듣기에도 그렇게 상대방을 기분 나쁘게 할 말이 아님도 불구하고 B양은 이 말에 너무 기분이 상해버린 것입니다.

그 이유는 B양은 자기 스스로 자신은 너무 못생겼고, 거울을 보면 마치 50대 아줌마 같다는 생각이 들어서 스트레스가 너무 쌓여 있는데, 그때 그런 말을 들으니까 속으로 "장난치냐? 안 그래도 얼굴 다 뜯어고치고 싶어 죽겠구만, 불난 집에 기름 붓는거야! 뭐야! 짜증나게." 이런 생각을 해버린 것입니다. 그래서 좋은 마음으로 한 얘기인데도 전혀 다르게 해석해서 반감을 사게 되어 결국 말실수가 되어버리는 경우가 있습니다.

그렇기 때문에 정말 말조심을 해야 합니다. 하지만 위와 같은 경우는 말한 사람이 잘못이라기보다는 이상하게 꼬아서 들은 B양도 문제라고 생각합니다. A씨는 신이 아니기 때문에 B양의 속마음을 알 수가 없는 것입니다. A씨는 정말 순수한 마음으로 B양에게 좋은 말을 했을 뿐인데 B양이 자기 생각대로 받아들인 것입니다. 그래서 결국은 B양이 마음을 바꿔야 한다고 생각합니다. B양은 A씨가 어떤 마음으로 자신에게 얘기를 했는지를 잘 생각해봐야 합니다. 그 마음은 분명 B양을 위하는 마음이었을 것이고, A씨는 B양의 속마음을 전혀 모르고 한 얘기이기 때문에 A씨의 그 좋은 마음에 감사함을 가지면 될 것입니다.

어떤 말을 했냐가 중요하기보다 어떤 마음으로 말을 했냐가 중요한 것입니다. B양은 상대방이 하는 말을 왜곡해서 들을 수 있는 소지가 많기 때문에 항상 상대방으로부터 어떤 말을 들었을 때 어떤 마음으로 얘기한 건지를 잘 생각한다면 왜곡해서 듣지 않게 될 것입니다.

03. 자기는 그런 의도로 얘기한 것이 아니었다고 말하는 사람

자기는 그런 의도로 얘기한 것이 아니었다고 말하는 사람이 있습니다. 그런데 실제로도 그런 의도로 얘기한 것이 아닌 경우가 많습니다. 결국 상대방이 오해해서 듣는 거죠. 예를 들면 살이 좀 찐 여자에게 진짜 걱정스러운 마음에 저녁 6시부터는 안 먹는 게 좋겠다고 했을 때 상대방은 "너 나 살쪘다고 무시하는 거야?"라고 말할 수 있습니다. 정말 그냥 걱정스러운 마음에 얘기한 것뿐인데 상대방은 살에 대해 콤플렉스가 있기 때문에 살에 관한 모든 얘기에 민감하게 반응할 수 있습니다.

다른 예로 직장을 구하지 못한 친구에게 친구를 위로하는 마음에서 "니가 부럽다. 아침에 늦잠 자도 되잖아. 나는 직장이 멀어서 새벽 5시에 일어나야 해서 진짜 힘들어."라고 했을 때 상대방은 "너 나 직장 없다고 우습게 보이냐?"라고 말할 수도 있습니다. 전혀 그런 의도로 얘기한 것이 아니라 그냥 위로하는 마음과 함께 긍정적으로 생각하라는 뜻에서 얘기한 건데 전혀 다른 뜻으로 받아들일 수 있다는 것입니다.

아니면 A씨의 부모님이 갑자기 암에 걸리셔서 입원을 했을 때 걱정스러운 마음에 B씨가 "병원비가 많이 들겠네요."라고 말했을 뿐인데, A씨는 느닷없이 "사람의 생명이 중요하지 그까짓 돈이 중요합니까?"라고 말할 수도 있습니다. B씨는 너무 당황스러워서 나는 그런 의도로 얘기한 게 아니라 그냥 걱정스러워서 얘기한 것이라고 말해도 이미 늦었습니다. 상대방은 이미 기분이 상해져 있습니다. 나는 전혀 그런 의도로 얘기한 것이 아닌데도 불구하고 이런 오해를 받는 이유는 무엇일까요? 정답은 상대방의 민감한 부분을 건드렸기 때문입니다. 살찐 사람에게는 살에 관한 모든 이야기가 민감하게 느껴질 수밖에 없고, 무직인 사람에게는 직장에 관한 모든 얘기가 민감할 수밖에 없고, 병에 걸린 부모가 있는 사람에게는 병원비에 관한 모든 얘기가 민감하게 느껴지게 마련입니다.

그래서 상대방이 처한 상황을 어느 정도 알고 있다면 그 상황에 관한 얘기는 되도록 삼가는 것이 좋습니다. 아예 그쪽에 관해서는 얘기를 안 하는 게 가장 좋습니다. 자신은 전혀 나쁜 의도로 얘기한 것이 아니라 하더라도 상대방의 민감한 부분에 관해서 얘기를 꺼내는 것만으로도 오해를 살 수 있기 때문입니다. 우리는 항상 말조심을 해야 합니다. 하지만 아무리 말조심을 해도 생각지도 못하게 의도치 않는 말실수를 할 수도 있기 때문에 어쩔 수 없는 부분도 있지만, 어쨌거나 최대한 주변을 살피면서 할 말 안 할 말을 잘 구분해서 말해야 할 것 같습니다. 특히 상대방이 민감하게 느낄 만한 화제에 관해서는 되도록 얘기를 안 하는 게 좋습니다. 하지만 꼭 얘기를 하고 싶다면 상대가 오해하지 않도록 말하기 전에 "절대 오해 안 했으면 좋겠는데요. 사실…" 이런 말을 먼저 하고 얘기하는 것도 좋은 방법입니다. 그렇게 얘기를 하면 상대는 어쨌거나 나를 위해서 하는 말이라는 것을 느끼기 때문에 좋게 받아들일 수도 있습니다.

04. 한 사람 말만 듣고 100퍼센트 믿어버리는 사람

한 사람 말만 듣고 100퍼센트 믿어버리는 사람이 있습니다. 예를 들어 A가 B에게 C의 험담을 했을 때 A의 말을 그대로 받아들이는 경우가 있습니다. 그런데 절대 그렇게 하면 안 됩니다. 왜냐하면 A는 자신의 개인적인 감정을 넣어서 C의 험담을 할 가능성이 매우 높기 때문입니다.

그렇기 때문에 일단 A의 얘기를 들어보고 난 후 C에게도 A에 관한 얘기를 물어보는 것이 좋습니다. 물어볼 때는 A가 C에 대해서 험담을 한다는 얘기를 해서는 안 되고, 자연스럽게 A에 관한 얘기를 했을 때 C의 반응을 보면서 C가 하는 얘기를 들어보면 서로의 입장에 차이가 있다는 것을 알게 될 수 있습니다. 그러니까 C에게 들은 얘기와 A에게 들은 얘기의 내용이 많이 다르다는 것을 알게 됩니다. 사람이란 결국 자신에게 유리한 쪽으로 얘기를 하기 마련입니다. 보통 남의 험담을 하는 사람은 상대방에 대해 응어리가 진 것이 있어서 하소연하는 마음으로 얘기하는 경우가 있거나 아니면 이간질을 시키려고 험담을 하는 경우가 있습니다.

그런데 A의 말을 그대로 받아들여서 C와는 대화도 안 해보고 인연을 끊어버리는 과오를 범하는 사람이 있습니다. 같은 상황을 보고도 자신이 가지고 있는 기본적인 편견, 고정관념에 의해서 전혀 다르게 보이기도 하고 같은 말을 들어도 자신이 듣고 싶은 말만 듣게 되는 사람의 속성이 있기 때문에 어떤 말은 들리지도 않아 기억도 못하는 경우가 있습니다. 또한 같은 말을 들어도 오해해서 받아들이기도 하기 때문에 한 사람만의 말만 듣고 상대방을 판단해서는 안 됩니다. 그리고 여기에서 더 나아가서 A가 C에 대해서 오해하는 부분이 있을 수 있다는 것을 A가 기분 나쁘지 않게 잘 타이르는 큰 덕의 마음도 발휘한다면 진정한 지도자가 될 수 있다고 생각합니다.

05. 남들에게는 아주 친절한데 정작 가족은 냉대하는 사람

남들에게는 아주 친절한데 정작 가족은 냉대하는 사람이 있습니다. 이런 사람들은 가족들로부터 이런 말을 자주 듣게 됩니다. "남들한테 하는 것 반만이라도 가족에게 해봐라." 하지만 이 사람은 가족의 이런 말을 아예 무시해버립니다.

하지만 이런 사실을 전혀 모르는 남들은 그저 착하신 분이라고만 알고 있지요. 그렇다면 이렇게 착하신 분이 왜 가족에게는 그렇게 냉대할까요? 원인은 여러 가지가 있겠지만, 대표적인 원인은 가족으로부터 오랜 세월 동안 상처를 받아오면서 마음의 벽이 생겨버린 것입니다.

가족으로부터 상처를 받았기 때문에 다시 가족들에게 냉대하는 식으로 상처를 주는 것입니다. 결국 서로 상처 주고 서로 상처 받는 것입니다. 그

로인해 가족간에 따뜻한 정이라고는 없게 된 것입니다. 가족간의 따뜻한 정을 되찾기 위해서는 한 사람만의 노력으로는 부족합니다. 서로가 같이 노력해야 합니다. 일단은 서로가 한 발 뒤로 물러나서 우리 가족이 왜 이런 지경까지 왔는지 각자 자기 반성을 해야 합니다. 상대방의 탓을 해서는 절대로 문제가 해결되지 않습니다.

서로 탓하려고 하면 차라리 대화를 안 하는 게 낫습니다. 서로의 잘못된 점을 파헤쳐서 가해자가 피해자 앞에서 무릎 꿇고 용서 빌게 하는 것이 목적이 아닙니다. 그렇게 되지도 않고요. 가장 중요한 것은 허심탄회한 대화입니다. 처음으로 돌아가서 어디서부터 잘못 되었는지 무엇이 문제였는지부터 대화를 해야 하고 그때 서로간의 심정이 어땠는지도 알아야 합니다. 예를 들면 아버지는 오래전부터 가지고 있는 최대의 단점이 변덕이 심한 것과 남의 일에 참견을 많이 한다는 것입니다. 그런 걸 계속 지켜본 어머니는 아버지의 변덕스럽고 오지랖이 넓은 성격을 무시해왔고, 아버지는 자존심이 상해져서 어머니와 점점 마음의 벽이 생기기 시작했습니다.

또 아버지는 아들이 학교에서 아무리 좋은 성적을 받아와도 일체 칭찬을 하지 않아서 아들은 아버지에게 매번 서운한 마음이 생겼고, 아들은 아버지에 대해 마음의 벽이 점점 생기기 시작했습니다. 결국 아버지는 어머니와 아들로부터 외면당하기 시작했습니다. 그때부터 아버지는 가족보다는 남들에게 마음이 가기 시작했고, 점차적으로 가족에게는 냉대하면서도 남들에게는 더욱더 친절해지기 시작한 것입니다.

이렇게 근본적인 원인을 알았다면 이제는 가족 구성원 전체가 다 같이 변화를 해야 할 것입니다. 아버지는 변덕이 심한 것과 오지랖이 넓은 것을 고쳐야 할 것입니다. 설령 당장 고치지 못한다 하더라도 항상 고치고자 애를 써야 합니다. 어머니는 아버지의 변덕스럽고 오지랖이 넓은 성격을 무조건 무시하기보다는 이해해주고, 아버지의 부족한 면을 채워주려고 노력을 해야 합니다. 또한 아버지의 장점을 보려고 해야 합니다. 분명히 아버지의 장점도 많을 것입니다.

그리고 아버지는 아들이 좋은 성적을 받아오면 칭찬을 해줘야 합니다. 자식은 부모의 칭찬이 어느 누구의 칭찬보다 값진 것이기 때문입니다. 그리고 아들도 아버지의 은혜를 절대 잊어서는 안 됩니다. 이때까지 아버지가 키워주신 은혜는 평생 갚아도 못 갚는 것입니다. 그런 소중한 아버지를 외면한다면 그건 패륜입니다. 이렇게 가족 모두가 자신이 고쳐야 할 점만 생각해서 반성하고 고쳐나간다면 가족간의 따뜻한 정이 다시 생겨나고 아버지가 더 이상 가족에게 냉대하지는 않을 것입니다.

06. 상대방의 표정만 보고 짐작으로 함부로 말하는 사람

상대방의 표정만 보고 짐작으로 함부로 말하는 사람이 있습니다. 사람마다 성격이 다르기 때문에 그 성격이나 심경에 맞는 표정이 누구나 다를 수 있습니다. 그런데 특히 오해를 잘 하는 사람 중에 자기가 보기에 뭔가 상대방의 표정이 좋아보이지 않으면 "너 나한테 기분 나쁜 거 있어?"라고 함부로 얘기하는 사람이 있습니다. 그렇지만 상대방은 전혀 그런 것이 아니라 원래 잘 웃지 않는 성격이다보니 시무룩해보이는 것뿐이지 기분이 나쁜 것은 아니었던 것입니다.

절대로 사람의 표정만 보고 그 사람의 마음을 짐작해서 함부로 말해서는 안 됩니다. 상대방은 아주 억울해할 수도 있습니다.

특히 내성적인 사람은 자신의 감정 표현을 잘 하지 않기 때문에 오해를 잘 하는 사람은 내성적인 사람의 표정만 보고 자신에게 기분이 나쁘냐고 오해할 수도 있습니다. 그래서 혹시 나 때문에 기분이 나쁜 건가 하는 생각이 들 때에는 다짜고짜 "나한테 기분 나쁜 거 있냐?"라고 말하기보다 "오늘 기분은 좀 어떠세요?"라고만 물어봐도 충분히 상대방의 심정을 알 수 있다고 생각합니다. 또한 다음과 같이 상대방의 심정을 함부로 짐작해서 말하는 경우가 있습니다.

예를 들어 " 과장님! 아직도 부장님에 대해 서운한 감정을 가지고 계신 것 같은데 이제 그만 마음 푸세요."라고 말했는데, 과장님은 "니가 뭘 안다고 내 마음에 대해 함부로 얘기하냐?"라고 생각할 수 있기 때문에 다음과 같이 물어보는 게 좋습니다. "과장님. 혹시나 해서 여쭤보는데요. 아직도 부장님에 대해 안 좋은 마음을 가지고 계신가요?"라고 물어보면 "사실 좀 남아 있다."아니면 "이제는 많이 사라졌다."라고 하면서 자연스럽게 대화가 될 것입니다.

사람들 중에는 함부로 자신의 속마음에 대해 다 알고 있다는 듯이 얘기하는 사람을 싫어하는 사람들이 꽤 많은 것 같습니다. 내가 신이 아닌 이상 상대방의 마음을 100퍼센트 안다고 착각해서는 안 됩니다. 그건 실례입니다. 설령 상대방의 마음을 정확히 파악해서 맞췄다 하더라도 자신의 속마음을 들킨 상대방은 오히려 더 기분이 나빠져서 화를 내기도 합니다. 그렇기 때문에 상대방의 심경에 대해서는 찍어내듯이 말하기보다 정중히 물어보듯이 얘기하는 것이 중요합니다.

07. 깊은 내막은 알지도 못하면서 겉으로 보이는 모습만 보고 상대를 이상하게 보는 사람

깊은 내막은 알지도 못하면서 겉으로 보이는 모습만 보고 상대를 이상하게 보는 사람이 있습니다. 우리가 겉으로 봐서는 전혀 이해가 안 되는 일들이 많습니다. 예를 들어 어떤 젊은 20대 중반의 여자가 50대 아저씨랑 결혼을 했습니다. 이런 경우 일반적으로 50대 아저씨가 돈이 아주 많겠구나 생각을 할 수 있지만, 이 아저씨는 돈이 많지도 않고 외모가 출중하지도 않습니다. 그냥 평범한 아저씨인데, 어떻게 이 두 사람이 결혼을 할 수 있었을까요? 알고 봤더니 20대 중반의 이 여자는 10살 때 너무나도 사랑했던 아버지를 잃고 말았습니다. 그 충격에 거의 10년 이상을 정상적인 삶을 살 수 없었던 것입니다.

아버지를 너무 사랑한 나머지 아버지를 따라가고 싶어 자살도 수 차례 생각했습니다. 그렇지만 15년 정도 시간이 흘러 이제 정신을 차리고 열심히 인생을 살아보려고 회사에 취직했는데, 회사 사람 중에 자기 아버지랑 너무도 닮은 아저씨를 보게 된 것입니다. 순간 너무 놀라 "아빠!" 하고 뛰어가서 안고 싶을 정도였습니다. 하지만 아버지는 아니었습니다. 그런데 아버지만큼이나 자상함이 느껴지고 말을 걸어봤더니 너무 이 여자에게 친절한 것이었습니다. 자연히 가까워질 수밖에 없었습니다.

이 여자는 그 아저씨를 아빠처럼 느끼게 된 것이고, 마치 돌아가신 아버지가 다시 환생하신 것 같아 영원히 함께하고 싶어했습니다. 결국 두 사람은 결혼을 하게 된 것입니다. 이와 같이 겉으로 봐서는 도저히 이해가 안 되는 상황도 깊이 들어가 그 사정을 알게 되면 이해가 되는 것입니다. 사람들이 하는 행동은 전부 나름 이유가 있기 때문에 하는 것입니다. 그렇기 때문에 나 자신의 잣대로 세상을 보지 말고 이해가 안 되는 상황을 보게 되면 그 내막에 대해서 깊이 깊이 사정을 알지 못한다 하더라도 뭔가 이유가 있을 것이라고 이해를 하게 되면 생각의 폭이 아주 넓어질 것입니다. 자녀 교육에서도 자녀가 부모의 생각과 다른 생각을 할 경우 무작정 너는 이해가 안 된다고 하거나 그건 안 돼 하면서 단정적으로 대화를 끊기보다는 자녀가 왜 그런 생각을 하게 되었는지 깊이깊이 대화를 해보면 그럴 수밖에 없는 이유를 알게 될 것입니다.

상대방의 입장이 되어서 생각해보려고 노력해야 합니다. 나는 쉽게 잘되는 것이지만, 상대방은 정말 하기 어려운 것일 수도 있습니다. 대화를 안 하면 오해가 되지만, 진심 어린 대화를 하면 이해가 됩니다. 형식적이고 일방적이고 강압적인 대화가 아니라 허심탄회하게 어떤 말이라도 할수 있는 대화는 모든 오해를 이해할 수 있는 열쇠가 됩니다.

08

남 탓하지 말고 자기 잘못을 인정합시다

01. 평소에 자주 남을 탓하는 사람

평소에 자주 남을 탓하는 사람이 있습니다. 남을 탓하는 사람은 어떤 문제가 생겼을 때 이 문제가 일어난 모든 원인이 상대방에게 있다고 생각합니다. 설령 자신의 잘못을 인정한다고 해도 5퍼센트 정도이고 95퍼센트가 상대방의 잘못이라고 합니다. 그런데 중요한 것은 상대방도 자신의 잘못이 5퍼센트이고 상대방의 잘못이 95퍼센트라고 생각한다는 것입니다. 결국 자신이 그렇게 상대방을 탓하다보니 상대방도 똑같이 자신을 탓하는 것입니다.

결과적으로는 서로 상대방 탓을 계속하다가 목소리가 크거나 기가 센 사람이 이기겠죠. 그렇게 되면 말다툼은 종료되겠지만, 서로의 관계는 극도로 안 좋아질 것입니다. 보통 이런 상태가 계속 지속되면 인연을 끊든지 이혼을 하게 됩니다. 만약 인연을 끊어도 괜찮다고 한다면 그렇게 해도 되겠지만, 관계를 회복하고 싶다면 어떻게 해야 할까요? 계속 남을 탓하기보다는 나를 탓하는 상대방의 얘기에 귀를 기울여야 합니다. 상대방이 나의 어떤 행동 때문에 나를 탓하는지 잘 들어보고 맞는 말이면 인정해야 합니다. 그리고 상대방이 원하는 대로 맞춰줘야 합니다. 상대방이 원하는 것이 내가 생각하는 것과 좀 맞지 않는다 하더라도 국법에 어긋나는 일만 아니라면 맞춰줘야 합니다. 그래서 하나의 방향으로 가야 합니다. 그래야만 서로 탓하는 일들이 사라질 수 있습니다.

다시 말해 한 마음 한 뜻이 되어야 한다는 것입니다. 가족이나 단체의 구성원들이 한 마음 한 뜻이 되어야 합니다. 그래서 생각이 하나로 맞춰져야만 서로 탓하는 일이 없어지게 되어 있습니다. 어떻게든 서로가 서로에게 맞추려고 해야 합니다. 그러려면 누군가는 조금 희생을 해야 하는 면도 있습니다. 그렇지만 전체가 하나가 될 수 있기 때문에 그들은 큰 힘을 발휘할 수 있게 됩니다. 그런데 반대로 나는 상대방을 탓하지 않아도 상대방은 나를 계속 탓하는 경우가 있습니다. 그 상태가 계속 간다 하더라도 나는 상대방을 탓해서는 안 됩니다.

왜냐하면 상대방은 나에 대해 맺힌 게 많은 상태이기 때문에 일단은 상대방의 나로 인해 맺힌 감정부터 풀어줘야 합니다. 그래서 더 이상 상대방이 내탓을 안 할 때까지 계속 나를 탓하는 얘기를 들어줘야 합니다. 그런데 참다 참다 못 참고 "이제 그만 좀 해라. 도대체 언제까지 내 탓만 할거야? 했던 말만 계속하고 이제 지겹다." 이런 식으로 화를 내버리면 상황은 원점으로 돌아가게 됩니다. 그렇기 때문에 인내심을 가지고 상대방의 탓하는 얘기를 끝까지 들어줘야 합니다.

그리고 진심으로 상대방에게 용서를 구해야 합니다. 그런 마음으로 용서를 계속 빌면 어느 순간 상대방도 맺혔던 감정이 풀리게 되어서 이런 말을 하게 됩니다. "사실 나도 잘 한 건 없지. 나 때문에 당신도 고생이 많왔네." 이런 식으로 위로의 말을 듣게 될 것입니다. 그러면 이제 서서히 풀리기 시작하는 것입니다.

한 사람이 상대방을 계속 탓한다 하더라도 마음이 더 넓은 다른 사람만이라도 상대방의 얘기를 불평불만 안 하고 잘 받아들인다면 금새 맺혔던 감정이 풀리게 됩니다. 그리고 상대방이 내 탓을 할 때는 하나의 사건으로 인해 탓을 하는 것이 아니라 그 이전부터 계속 맞지 않았던 것들이 쌓여서 폭발해서 탓하는 것이기 때문에 앞으로는 더 이상 상대방이 감정이 쌓이지 않도록 상대방이 무엇을 원하는지 잘 맞춰나가야 합니다.

02. 사람들과 말다툼을 할 경우 너가 그렇게 하니까 내가 화가 날 수밖에 없다는 식으로 얘기하는 사람

사람들과 말다툼을 할 경우 '너가 그렇게 하니까 내가 화가 날 수밖에 없다'는 식으로 얘기하는 사람이 있습니다. 물론 맞는 말입니다. 상대방에 나한테 좋지 않게 대하는데 내가 상대에게 좋게 대하기는 힘들 것입니다. 하지만 가만히 생각해보면 그 상대가 모든 사람에게 좋지 않게 대하는 것은 아닙니다. 어떤 사람과는 아주 다정하게 지냅니다.

그렇다면 왜 저 사람은 나한테만 좋지 않게 대하는 것일까요? 사람들은 이것은 잘 생각하지 않는 것 같습니다. 그냥 '나한테 왜 그러냐' 이것만 생각하는 것 같고 나한테 그렇게 하는 그 근본적인 이유가 무엇인지는 생각하지 않는 것 같습니다. 그러면 그 근본적인 이유는 무엇일까요? 바로 나 역시 상대를 좋지 않게 대하기 때문입니다. 가는 말이 고와야 오는 말이 곱다는 속담처럼 오는 말이 곱지 않은데 가는 말이 고와질 리가 없습니다. 그런데 많은 사람들이 자기가 상대에게 함부로 대하거나 상처 주는 말을 한 것은 기억하지 못하는 경우가 많습니다.

특히 상대에게 기분 나쁜 농담을 자주하는 경우 그냥 넘어가긴 하지만 은근히 기분이 나쁘고 그것이 계속 쌓이는 경우가 있습니다. 예를 들면 이런 표현이 있겠습니다. "너 그 옷 진짜 안 어울린다. 입지마!"아니면 "너 주제 파악 좀 해라."와 같이 계속 기분 나쁜 농담을 하는데 상대가 좋은 말이 나갈 리가 없죠. 그런데도 자기는 그것이 상대에게는 기분 나쁜 농담이라는 것조차 모르는 경우가 많습니다. 아니면 자기가 한 말은 상처를 준 것이 아니라 상대방을 위해서 한 말이라고 합리화를 합니다.

결국 자신이 한 말이 상대에게 얼마나 상처를 주는 말인지 구분을 잘 못한다고 볼 수 있습니다. 가해자는 피해자의 심정을 잘 모르듯이 자신이 무심코 한 말이 상대에게는 크나큰 상처가 될 수도 있다는 것을 알아야 합니다. 하지만 정말 자신이 한 말이 상대에게 상처를 줬는지 모를 때도 있기 때문에 항상 대화가 끝나고 나서는 혹시 내가 한 말에 기분이 나빴던 것이 있냐고 되물어봐야 합니다. 나는 그냥 한 말이지만, 상대에게는 상처가 될 수도 있기 때문입니다.

03. 자기 잘못을 잘 인정하지 않는 사람

자기 잘못을 잘 인정하지 않는 사람이 있습니다. 잘못을 인정하지 않는 이유로는 여러 가지 이유가 있겠지만, 첫째로는 자신은 잘못한 것이 없다고 생각하기 때문인 것 같습니다.

　예를 들면 A는 C에 대한 험담을 자주 하기 때문에 그 험담을 만날 때마다 듣는 B는 괴로운 것입니다. 그래서 B가 A에게 "제발 나랑 있을때 C에 대한 험담 좀 안 했으면 좋겠다."고 얘기를 했는데, A는 "이건 험담이 아니고 그냥 있는 사실을 얘기했을 뿐이야. 왜 화를 내? 그냥 그렇구나 하고 들으면 되지."라고 반문하는 것입니다.

　결국 A 자신은 자신이 하는 행동이 잘못된 행동이라는 것조차 모르고 있기 때문에 잘못을 인정조차 할 수도 없고 그렇기 때문에 고칠 수조차 없는 것입니다. 그래서 무엇보다 중요한 것은 자신이 잘못했다는 것을 인정하는 것입니다. C가 없을 때 C에 대한 단점이나 고칠 점을 얘기할 수는 있지만, 그렇게 얘기하는 A의 마음이 C가 정말 안타깝고 잘 되었으면 하는 마음에서 얘기하는 것인지 단순히 밉고 짜증나기 때문에 얘기하는 것인지에 따라서 듣는 B는 정반대의 반응을 보이게 되는 것인데, A는 C가 짜증나고 싫은 마음에서 B에게 얘기한 것이기 때문에 B는 듣기가 싫었던 것이고, 이것은 결국 C에 대한 험담이 되는 것입니다.

　또한 만약 C가 A와 B가 대화하는 자리에 있다면 어떤 기분이 들지 생각해보면 해도 되는 말인지 해서는 안 될 말인지 답이 나옵니다. 원래 C에 대한 얘기를 하고 싶다면 C가 있는 자리에서 직접 얘기하는 것이 좋고, 그렇게 얘기할 자신이 없으면 아예 얘기를 하지 않는 것이 좋습니다. 입장을 바꿔서 내가 없을 때 누군가가 나의 대해서 이러니저러니 얘기를 하게 되면 좋아할 사람이 어디 있겠습니까?

　정말 다른 사람들과 소통하고 싶다면 평소 자신의 생각이 틀릴 수도 있다는 생각을 항상 가지고 있어야 하고, 항상 자신을 고치고자 하는 마음을 가져서 어느 누가 자신의 잘못에 대해 얘기한다고 하더라도 기분 나빠하지 말고 열린 마음으로 받아들일 준비를 하고 있어야 합니다.

물론 나의 잘못에 대해 얘기하면 순간적으로는 인정하기 싫고 남 탓을 하고 싶겠지만, 감정적으로가 아니라 이성적으로 생각해서 상대방의 말에 일리가 있다면 인정을 하고 받아들여서 고쳐야 합니다. 내 생각은 무조건 옳고 나를 틀렸다고 하는 사람의 말을 아예 받아들이지도 않고 무시해버리면 결국 소통이 불가능한 사람이 되어버리는 것입니다. 특히 부부간이나 부모자식간과 같이 가까운 사이에서 문제가 생겼을 때 각자가 자신의 잘못을 인정하지 않으면 깊은 골이 생겨 대화가 단절되는 일들이 많습니다. 하지만 서로간의 자존심을 빨리 버리고 잘못을 인정하고 서로가 같이 고쳐나간다면 거기서부터 가족의 행복은 시작될 것입니다.

두 번째로 자신의 잘못을 인정하지 않는 이유로는 제 생각에는 상대방이 무조건 자기만 잘못했다고 하니까 반발심이 생겨서 인정이 안 되는 것 같습니다. 예를 들어 A는 운전을 하고 B는 조수석에 타고 있었는데, B가 계속 옆에서 "왼쪽 봐봐요! 단풍이 너무 예뻐요." 하면서 계속 A의 운전을 방해하고 있었습니다. A는 약간 불안했지만, 보고 싶은 마음에 왼쪽을 힐끔 보기도 하면서 운전을 했습니다. 그런데 B는 계속 왼쪽으로 보라는 얘기를 했고, A는 좀 불편하긴 했지만, 그만 하라는 얘기는 차마 하지 못하고 있다가 전방 주시 태만으로 결국 속도를 줄이고 있는 앞 차를 인식하지 못하고 앞차의 뒤 범퍼를 박고 말았습니다.

이 상황에서 A와 B는 싸움이 붙었습니다. A는 "운전하는데 계속 옆에서 왼쪽 보라고 하면 어떻게 해요? 이렇게 될 줄 알았다니까요. 그렇게 하는 행동이 얼마나 운전자한테 방해되는지 아세요?"라고 얘기했고, B는

"아니. 내가 운전을 해본 적도 없고, 나는 그냥 단풍이 예뻐서 얘기한 것 뿐인데, 왜 나한테 다 뒤집어 씌워요? 내가 그렇게 얘기한다 한들 안 보면 되잖아요." 이렇게 두 사람은 한치의 양보도 없이 서로의 탓을 하면서 자기 잘못을 인정하지 않는 것입니다. 이렇게 싸우면 해답은 없습니다.

하지만 대화의 스타일을 바꿔서 A가 "다치진 않으셨어요? 죄송합니다. 제가 전방 주시 태만을 했네요. B씨가 왼쪽 보라고 해도 제가 안 봤어야 되는데, 정말 죄송합니다." 이렇게 상대방 탓을 하지 않고, 자신의 잘못을 인정하면 B도 "아니예요. 제가 생각없이 계속 왼쪽 보라고 한 게 화근이지요. 제가 미쳤어요. 너무 죄송합니다."와 같은 대화가 될 것입니다.

마지막으로 자기 잘못을 인정하지 않은 세 번째 이유를 생각해보면 어린 시절의 트라우마가 있었던 것 같습니다. 잘못을 인정하면 크게 야단을 맞았던 기억이 여러 번 있을 경우 잘못을 인정하면 큰 일이 날 것 같은 두려움 때문에 어떻게든 자신은 잘못이 없다고 발뺌을 하는 것 같습니다.

충분히 그 심정을 이해할 수는 있지만, 이제는 트라우마에서 벗어나야 합니다. 계속 과거 속에서 살아서는 안 됩니다. 습관을 고쳐야 됩니다. 용기를 가지고 잘못한 것은 당당히 인정하고 다시는 같은 실수를 하지 않겠다고 다짐을 하고 고쳐나가면 됩니다.

04. 어떻게든 자기 합리화를 하는 사람

어떻게든 자기 합리화를 하는 사람이 있습니다. 다른 말로 변명을 잘하는 사람이라고도 할 수 있겠죠.

예를 들면 "여보 회사 또 그만뒀어요? 도대체 왜 회사만 들어가면 1년을 못 버텨요? 지금 돈 들어갈 곳이 얼마나 많은데요."라고 질문했을 때 "회사 시스템에 문제가 많아. 나도 웬만하면 다니려고 했는데. 체계도 제대로 정립되어 있지 않고, 근본적으로는 직원들의 정신 상태에도 문제가 많더라고. 다들 책임감이 없어."라고 답을 하는 것입니다. 이 사람이 회사를 그만둔 이유는 전부 회사와 다른 직원 때문인 것입니다.

이런 사람은 자기 합리화가 습관이 되어 있기 때문에 자신의 행위에 대해 거의 생존본능적으로 합리화하는 얘기를 합니다. 모든 상황에서 자기가 그렇게 할 수밖에 없었던 이유를 조목조목 이야기합니다. 상대방이 이해가 안 돼서 몇 마디 더하면 더욱더 상대방을 설득시키기 위해 자기의 행위를 합리화합니다. 그러면 결국 상대방은 그냥 알겠다고 하면서 대화를 끝내버리거나 합리화하지 말라고 싸우기도 할 것입니다.

차라리 자신의 문제를 인정하고 반성하면 대화도 금방 끝나고 상대방도 이해를 하게 될 것인데, 어떻게든 자신의 잘못이 아니라 상황이나 다른 사람을 탓하면서 자신의 과오를 인정하지 않는 것입니다. 사실 자기가 자기의 잘못을 인정하기는 쉽지 않습니다. 자신의 잘못을 인정하게 되면 자존심도 상하게 되고 주변 사람들의 질타를 받게 될 것 같고 무시당할 것 같아서 인정하기 싫어하는 것은 이해할 수 있습니다. 그렇지만 변명이나 자기 합리화도 한두 번이지 매번 습관적으로 하게 되면 주변 사람들의 생각 속에 이런 사람은 변명과 자기 합리화를 생활화하는 사람으로 낙인이 찍혀버리게 될 것입니다. 그렇게 되면 이런 사람을 대하는 사람이 두 가지 부류가 생길 것입니다. 아예 대화를 포기하고 안 하는 부류와 어떻게든 변명과 자기 합리화로 일관하는 이런 사람의 생각을 고치려고 달려

드는 부류입니다.

그렇지만 후자도 어느 순간 지쳐서 포기하게 될 수도 있습니다. 그렇게 되면 그냥 "너 알아서 해라"라는 식으로 관심조차 끊어버리게 될 것입니다. 뒤에서 이런 사람에 대한 험담도 하겠죠. 잘못한 것이 있으면 당당히 인정하고 질책을 받고 고치는 사람이 정말 멋있는 사람입니다. 어떻게든 질책을 피하기 위해서 온갖 변명과 합리화를 하면 점점 비굴하고 비겁한 사람이 되어버리는 것입니다. 자신의 잘못을 인정해야만 자신의 단점을 고칠 수 있습니다. 잘못을 인정한다고 죽지 않습니다.

자존심이 상하는 것도 아닙니다. 잘못을 인정하고 반성하면 오히려 인격적으로 성숙해 있다고 느껴져서 자존심은 더 세워집니다. 누구나 완벽하지 않기 때문에 잘못을 여러 번 할 수 있습니다. 잘못을 통해서 배우는 것도 많기 때문에 감추려 하지 말고 떳떳하게 드러내서 질책을 받되 반드시 고쳐나가겠다는 의지를 가지면 오히려 주변 사람들의 칭송을 받을 수도 있습니다.

보통 어린아이들이 부모에게 혼날까봐 변명이나 자기 합리화를 하기도 하지만, 어른이 되어서도 혼나는 게 무섭고 또 자기를 고치기 싫어서 솔직히 잘못을 인정하지 않는 경우가 많은 것 같습니다. 그렇지만 잘못을 숨긴다고 해결되는 것이 아닙니다. 오히려 드러내서 반드시 고치겠다는 의지를 가지는 게 발전적이라고 생각합니다. 또한 잘못을 인정하게 되면 자기 자신에 대한 실망감이 너무 커져서 자존감이 떨어지게 되는 경우도 있지만, 앞에서 얘기했듯이 인간은 누구나 자신의 잘못을 고쳐나가면서 성장하기 때문에 자신의 잘못을 싫어하지 않아야 합니다. 1000가지의 잘못을 한 사람은 어떻게 보면 1000가지의 하면 안 되는 잘못을 배운 것이 되기 때문에 그 잘못은 자신이 크게 성공하기 위한 밑거름이 되는 것입니다. "아! 왜 또 잘못을 했지?"가 아니라 "아! 이렇게 하면 안 되겠구나. 앞으로는 이런 잘못은 안 해야지."라고 생각한다면 그 잘못이 크나큰 재산이 되는 것입니다. 그래서 잘못을 했을 때는 당당히 잘못을 인정하고 고쳐나가야 합니다. 실제로 잘못에 대해 변명하는 사람보다 인정하는 사람이 더 빨리 똑같은 잘못을 안 하게 되는 경우가 많은 것 같습니다.

05. 자기가 잘못했으면서 오히려 상대방의 잘못을 탓하는 사람

자기가 잘못했으면서 오히려 상대방의 잘못을 탓하는 사람이 있습니다. 예를 들면 A가 B에게만 자신의 비밀을 얘기했는데, B가 어쩌다가 실수로 C에게 그 비밀을 얘기했고, 그게 소문이 퍼져서 A의 귀에도 들어가게 되었습니다. 그래서 A가 B에게 "왜 C에게 비밀을 얘기했어?"라고 따졌는데, B는 처음에는 미안하다고 얘기했지만, A가 "너한테는 불안해서 무슨 말을 못하겠다. 이래서야 어떻게 너를 믿을 수 있겠냐? 너를 믿은 내가 바보지. 근데 넌 입이 왜 그렇게 싸니?"라고 했더니 대뜸 B도 화를 내면서 "뭐라고? 내가 입이 싸다고? 말 다 했냐? 그러는 너는 얼마나 잘났는데?"라고 하면서 말다툼이 일어나기 시작하는 것입니다.

사실 분명히 B가 약속을 어겼기 때문에 잘못한 것인데, A가 말을 좀 심하게 했더니 말꼬리를 잡고 같이 싸우기 시작한 것입니다. 사실 B는 할 말이 없는 것입니다. A의 심정을 이해한다면 이건 어떻게 보면 믿는 사람에게 배신당한 느낌이 들 수도 있습니다. 그렇기 때문에 약속을 지키지 못한 B가 분명히 잘못했고, A가 어떤 심한 말을 한다고 하더라도 B는 잘못했다고 해야 A와 B의 관계는 다시 좋아질 수 있습니다. 이번 기회로 B가 A와 절교를 하고 싶다면 말꼬리를 물고 싸워도 되겠지만, 그것이 아니라면 B는 A가 어떤 말을 하더라도 무조건 잘못했다고 용서를 빌고 식사 대접이라도 해줘야 A의 맺힌 한이 풀려 용서를 받을 수 있게 됩니다.

이런 식으로 잘못한 사람이 오히려 적반하장으로 상대를 몰아붙여 절교를 하게 되는 사례가 굉장히 많습니다. 자신이 잘못한 것은 인정을 하고 어떻게든 상대방의 원한이 풀릴 수 있도록 물심양면으로 사죄를 해야 다시 좋은 관계를 만들 수 있고 잘못한 자신도 반성을 하여 새롭게 자신을 고쳐나갈 수 있는 것입니다. 사람은 누구나 실수를 할 수 있습니다.

다만 실수를 했을 때는 그것을 감추려 하기보다 인정하고 받아들여 상대방에게 진심으로 용서를 빌고 고치겠다는 의지를 가지고 반드시 고쳐야 합니다. 그리고 하나 더 덧붙이자면 A도 B에게 얘기할 때 굳이 B의 심기를 건드리지 않는 선에서 얘기한다면 A가 경우와 이치에 맞게 처신했기 때문에 B는 말꼬리를 잡지도 못하고 자신의 잘못을 인정할 수밖에 없습니다. 예를 들어 A가 "혹시나 해서 물어보는데, 내가 그때 너한테만 얘기했던 비밀을 C가 알고 있던데 어떻게 된 일인지 알고 있어?" 라고 얘기한다면 B는 꼼짝없이 자신의 잘못을 인정할 수밖에 없습니다.

사람의 인격이라는 것은 태어날 때부터 갖춰지는 것이 아니라 계속 실수와 반성을 통해서 형성되는 것입니다. 실수를 두려워하거나 감추려하지 말고 있는 그대로 받아들여 하나하나씩 반성하고 고쳐나갈 때 비로서 성숙된 인격체가 될 수 있는 것입니다.

09

권위의식을 갖지 맙시다

01. 아랫사람이 대들면 못 참는 사람

아랫사람이 대들면 못 참는 사람이 있습니다. 특히 권위적인 사람일 수록 더욱더 이런 경향이 강한 것 같습니다. 한국의 영화나 드라마에서도 아랫사람이 윗사람에게 대들면 거의 대부분의 윗사람이 "너가 감히 어느 안전이라고 버릇없이 함부로 그런 말을 내뱉어!"라는 식의 대사가 많이 나옵니다. 아랫사람이 아무리 바른말을 했다고 하더라도 그 내용이 중요하기보다 그런 말을 감히 했다는 그 자체만 가지고 시비를 논하는 것을 많이 볼 수 있습니다.

사실 우리나라는 예로부터 상하의 위계질서를 중시하다보니 아랫사람이 윗사람에게 대드는 것을 용납하지 않는 사회적인 분위기가 있었던 것 같습니다. 그렇지만 시대가 변하면서 서양의 평등 사상이 들어오면서 누구나 자유롭게 자신의 의사를 표현할 수 있는 분위기가 형성되다보니 아랫사람도 당당하게 윗사람에게 바른말 옳은 말을 할 수 있게 된 것 같습니다. 사실 윗사람이라고 무조건 옳다고 볼 수는 없습니다. 아랫사람이지만, 윗사람보다 지혜로운 사람이 있을 수 있습니다. 그렇기 때문에 옳지 않은 일이라면 윗사람의 말이라고 무조건 따를 수는 없는 것입니다. 아랫사람이 윗사람에게 대드는 대표적인 이유가 윗사람의 이기적인 행동이나 독단적인 행동일 것입니다. 또한 아랫사람을 무시하는 말과 행동이 결국 아랫사람이 대들게 만드는 원인이 될 것입니다. 결국 아랫사람이 대든다고 무조건 화를 낼 것이 아니라 윗사람 자신이 어떻게 처신을 했길래 아랫사람이 대들 정도인지 자신을 뒤돌아볼 수 있어야 합니다. 아랫사람은 웬만해서는 윗사람에게 대들지 않습니다. 정말 참다 참다 도저히 못 참고 대드는 것입니다. 그렇기 때문에 윗사람 스스로가 심각성을 느끼고 나의 무엇 때문에 아랫사람이 대들었는지 깊이 생각을 해야 합니다.

그리고 자신의 문제점을 고쳐야 합니다. 뭘 고쳐야 할지 모르겠다면 자존심을 버리고 아랫사람과 허심탄회한 대화를 하면서 물어봐야 합니다. 그렇게라도 해서 자신을 변화시켜야 합니다. 윗사람은 아랫사람이 있기 때문에 비로소 윗사람의 자리에 있을 수 있는 것입니다. 아랫사람을 소중히 여기지 않으면 윗사람도 설 자리를 잃게 됩니다. 윗사람은 윗사람으로서의 권위의식만 주장할 것이 아니라 아랫사람이 존경할 수 있는 인격을 갖추는 것이 우선이라고 생각합니다.

02. 권위적인 사람

권위적인 사람이 있습니다. 권위적인 성격은 사람마다 다르지만 어릴 때부터 드러나는 것 같습니다. 자신보다 약자 앞에서 특히 강하게 드러나는 것 같습니다.

특히 의식이 완전히 성장하지 않은 청소년기에 더더욱 드러나는 것 같고, 성인이 되어서도 회사와 같은 조직 내에서도 강하게 드러나는 것 같습니다. 자신의 윗사람이 권위적인 경우도 있고, 자신 역시 아랫사람을 대할 때 권위적인 경우가 있습니다. 권위는 힘이라고 표현할 수 있습니다. 상대를 제압하는 힘이죠. 그런데 권위적인 사람을 좋아하는 사람은 그다지 없는 것 같습니다. 권위적인 사람에 대한 이미지는 강하고 무섭고 다가가기 힘든 이미지인 것 같습니다. 권위적인 사람 앞에서는 조심스럽고 실수를 해서는 안 될 것 같고 같이 있는 것 자체가 부담스럽습니다. 또한 많은 사람들이 권위적인 사람 앞에서 속마음을 숨기고 잘 보이기 위해 아부를 하는 경우도 있습니다.

그렇다면 권위적인 성격은 그다지 좋은 성격은 아닌 것 같습니다. 또한 권위적인 사람은 주변 사람들과 편안한 관계가 되기는 힘들 것 같습니다. 보통 권위적인 사람 앞에서는 잘 보이기 위해 속마음을 감추고 잘 하려고 하지만, 권위적인 사람이 없는 상황에서는 오히려 그 권위적인 사람의 험담을 하는 경우가 있습니다. "자식, 돈 좀 있다고 엄청 고개 뻣뻣하게 들고 다니네. 잘 나봤자 얼마나 잘 났다고." 이런 식으로 험담을 하겠죠.

사람들은 권위적인 사람을 부러워하면서도 험담을 하기도 합니다. 험담을 한다는 것은 확실히 권위적인 성격은 좋지 않은 성격이라는 것인데, 또 그런 권위적인 사람을 부러워하기도 하는 것 같습니다. 부러워하는 이유는 그 성격을 부러워한다기보다는 그 권력과 재력을 부러워하겠죠. 그러면서 자신은 그런 권력과 재력을 얻는다 하더라도 권위적인 사람은 안 되어야지라고 다짐을 하지만, 결국 그런 위치에 가면 자신도 모르게 그런 권위적인 사람이 되는 경우가 있습니다. 권력과 재력을 가지고도 권위적이지 않고 겸손하게 살기란 결코 쉽지 않습니다.

그렇지만 나의 권위적인 성격 때문에 누군가 뒤에서 나의 험담을 한다면 사실 반성해야 하고 부끄러운 일인 것입니다. 겉으로 보이는 권력이나 재력은 뛰어나지만, 인격이 안 갖춰지면 권위적인 사람이 되어버리는 것 같습니다. 자신이 권위적이라는 것은 그만큼 마음이 교만하고 자아도취에 빠져 있다는 것을 만천하에 알리는 부끄러운 일이 되는 것입니다. 또한 권위적인 사람은 누구를 만나도 권위적이어야 하는데 자기보다 더 권력이나 재력이 뛰어난 사람을 만나면 갑자기 겸손한 척해지는 경우가 있습니다. 이건 일관성이 없는 이중인격자이기 때문에 주변 사람들에게 실망감을 줄 수밖에 없습니다.

방금 전까지 자기가 마치 최고인 것처럼 하더니 갑자기 더 권위적인 사람을 만나니까 주인에게 충성하는 개처럼 사람이 변하니 이건 충격적인 일인 것입니다. 앞에서도 얘기했듯이 사람은 누구를 만나든 어떤 상황에서든 일관성이 있는 성격을 보여야만 사람들로부터 신뢰를 얻을 수 있습니다. 그런데 카멜레온처럼 수시로 사람이 변하면 신뢰는 점점 떨어지게 되어 있습니다.

또한 권위적인 사람은 아랫사람의 의견을 잘 수용하지 않는 경우가 있습니다. 그래서 소통이 잘 되지 않는 경우가 많습니다. 대화도 일방적인 통보식 대화가 많습니다. 그러니 아랫사람의 불평불만은 더더욱 커지게 되고, 참다 못해 아랫사람이 한마디 하면 주체하지 못할 정도로 화를 내는 경우가 있습니다.

이런 사람은 윗사람의 자격이 없고 독재자와 다름없습니다. 이런 존재가 되어서야 되겠습니까? 사람들이 나라는 사람을 생각할 때 독재자, 고집불통, 권위주의자, 이중인격자라는 단어를 떠올린다면 얼마나 부끄러운 일인가요? 독재자, 고집불통, 권위주의자, 이중인격자는 마음이 좁아서 상대방을 배려할 줄 모르는 사람입니다. 이기주의자이며, 자기밖에 모르는 사람입니다.

어렵게 태어난 이 세상에서 이런 사람이 되어서는 안 될 것입니다. 누구나 조직에 들어가서 시간이 지나면 지도자가 될 수 있습니다. 아랫사람을 이끌어 나갈 때 강압적이고, 일방적으로 다스리면 반드시 나중에 아랫사람에게 배신당하는 일이 생깁니다. 아랫사람의 의견을 묵살해버리면 점점 원망의 마음만 커지게 되고 나중에 그것이 폭발해버리면 큰 화를 당하게 됩니다.

또한 서로 화합이 안 되기 때문에 일의 성과도 좋아질 리가 없습니다. 결국은 덕으로 다스리는 것만이 바른 처사입니다. 권위적인 자세를 버리고, 겸손한 마음으로 아랫사람이 힘든 것이 무엇인지 살피면서 상생의 마음으로 해나가는 것이 진정한 지도자의 삶인 것입니다. 그렇게 진심으로 아랫사람과 소통해 나가면서 일을 하게 되면 엄청난 힘이 생겨 똘똘 뭉칠 수 있게 되어 몇 배 이상 좋은 결과를 낼 수 있습니다. 아랫사람이 누구라도 어떤 얘기라도 할 수 있는 분위기를 만들어주면 불평불만도 많이 나오겠지만, 지도자는 그것마저도 잘 수용해서 단계적으로 고쳐나가야만 발전이 되어 더 좋은 결과를 낼 수 있습니다.

03. 아랫사람이라고 함부로 대하는 사람

아랫사람이라고 함부로 대하는 사람이 있습니다. 어딜 가나 윗사람은 있습니다. 그런데 자신이 윗사람이기 때문에 아랫사람을 함부로 대하는 경우가 있습니다. 특히 신입 사원이 들어오면 유난히 기를 잡기 위해 강하게 함부로 대하는 경우가 있습니다. 그렇게 하면 신입 사원은 처음에는 겁을 먹고 정신을 집중해서 일을 할 것입니다. 그렇지만 서서히 시간이 지남에 따라 그 상사에 대해서 반항심이 싹트기 시작하게 될 수 있습니다. 존경심 역시 생기지 않을 것입니다. 오히려 무시하는 마음마저 생기게 될 것입니다.

강한 것은 부러지기 쉽습니다. 누구를 대하든지 그 사람이 자기보다 한참 아랫사람이라 하더라도 함부로 대해서는 안 됩니다. 왜냐하면 상사의 입장에서 신입 사원은 그냥 어리버리한 어린아이처럼 보일 수 있습니다. 하지만 그 신입 사원도 나름 성격이 있고, 판단력도 있습니다. 신입 사원이기 때문에 잠시 기를 죽이고 있는 것일 뿐입니다. 하지만 시간이 지남에 따라 그 신입 사원도 점점 기를 펴기 시작할 것입니다. 그러면서 자신을 함부로 대했던 상사에 대해 적개심을 가지기 시작할 수도 있습니다.

신입 사원이 언제까지나 신입 사원은 아니니까요. 상사가 아랫사람을 함부로 대하는데 존경심으로 상사를 대하는 경우는 없습니다. 존경하는 척만 할 뿐이지 진심으로 존경하는 마음은 생기지는 않게 될 것입니다. 그러면 회사에 대한 애착도 점점 사라지게 될 것이고, 일의 결과도 그다지 좋지 않게 될 것입니다. 권위적인 분위기가 있고 아랫사람을 함부로 대하는 곳에서 화합이란 있을 수 없습니다. 월급을 받기 위해 어쩔 수 없이 일을 하는 것일 뿐 정말 회사를 위해 내가 조금이나마 도움이 되기 위해 헌신하고자 하는 주인 정신이 생기기는 어려울 것입니다.

그렇다면 상사는 왜 아랫사람을 함부로 대할까요? 상사도 윗사람에게 함부로 당하고 있기 때문일 수 있습니다. 보통 남에게 화풀이를 하는 사람은 자신도 누군가에게 욕을 들어 먹었기 때문에 그러는 경우가 많습니다. 그렇다고 하더라도 아무런 잘못도 없는 신입 사원이나 부하 직원에게 꼬투리를 잡아서 화풀이를 하는 것은 있을 수 없고, 윗사람에 대해 존경심만 없애게 되는 일이 될 뿐입니다.

어떤 상사는 아랫사람에게 따뜻하게 대해주면 기어올라서 함부로 대한다고 하는데요. 물론 너무 위아래 개념없이 친구처럼 대해버리면 일처리가 제대로 안 되기 때문에 문제가 생길 수는 있습니다. 당연히 위계질서는 필요합니다. 다만 그것이 너무 권위적이거나 아니면 반대로 너무 친구처럼 되어버리면 문제가 되기 때문에 공과 사의 구분을 명확히 해서 잘못한 것에 대해서는 그에 합당한 질책을 하되 다시 용기를 주고 자신감을 가질 수 있도록 격려도 하고, 잘 한 것에 대해서는 충분히 창찬을 해서 의욕 있게 일할 수 있는 분위기를 만들어줘야 합니다.

즉, 분위기가 너무 한쪽으로 치우치지 않도록 윗사람이 처신을 잘 해야 합니다. 윗사람은 윗사람으로서 아랫사람에 대한 예절을 지켜야 합니다. 예절이라는 것이 아랫사람이 윗사람에게만 지켜야 하는 것이 아니라 윗사람도 아랫사람을 대할 때 예의에 맞게 대해야만 아랫사람으로부터 합당한 대우를 받을 수 있는 것입니다.

아랫사람은 항시 윗사람의 행동을 예의주시하고 있습니다. 바르게 행동하는지 자기 성질대로 행동하는지 다 보고 있습니다. 작은 실수 하나도 다 보고 있습니다. 그렇기 때문에 아랫사람을 함부로 대하는 것은 자기 얼굴에 침뱉기이고, 존경심을 잃게 만드는 원인이 됩니다. 존경심을 잃게 되면 정작 도움이 필요할 때 도와주는 사람이 없게 되고 결국 고립될 수밖에 없습니다.

사실 아랫사람을 대할 때 더욱더 조심해야 합니다. 왜냐하면 윗사람도 아랫사람이 있기 때문에 존재할 수 있는 것이기 때문입니다. 아랫사람을 함부로 대하면 결국은 다 떠나가 버리게 되고 그러면 윗사람도 윗사람의 자리를 잃게 되는 것입니다. 아랫사람이 다 떠나가고 후회하지 말고 있을 때 예의를 갖춰서 존중하고 잘 대해야 합니다. 어느 누구든지 예의를 갖춰서 대하면 상대방도 예의를 갖춰서 대하고 무례하게 대하면 상대방도 무례하게 나오는 게 당연한 이치입니다.

04. 평소 미안하다, 죄송하다는 말을 잘못하는 사람

평소 미안하다, 죄송하다는 말을 잘못하는 사람이 있습니다. 그 이유는 여러 가지가 있겠지만 첫째로는 자존심 때문인 것 같습니다.

예를 들어 동생이나 부하 직원과 같이 자신보다 아래에 있는 사람과의 약속시간에 30분이나 늦게 도착했으면서도 미안하다, 죄송하다는 말이 나오지 않는 경우가 있습니다. 미안하다는 말 대신 "내가 좀 늦었네. 기다린다고 고생했다." 이런 식의 말이 나오는 것입니다. 이유는 자존심 때문이지요. "내가 어떻게 너한테 미안하다는 말을 할 수 있겠냐?"라는 생각을 하면서 그냥 넘어가려는 경우가 많은 것 같습니다. 아니면 그냥 진심 없이 짧게 "미안" 아니면 더 심하게는 영어로 "소리(Sorry)"라고 하면서 넘어가려는 경우가 많습니다. 이런 상황에서 아랫사람은 윗사람이기 때문에 참고 넘어가기는 합니다. 하지만 마음속에 응어리는 그대로 남아 있을 겁니다.

그리고 요즘 젊은 사람들은 나이나 직위를 앞세우는 권위적인 사람을 아주 싫어하기 때문에 진심없는 형식적인 사과는 더욱더 화가 치밀어오르게 만들 수 있습니다. 예전의 신분 차별은 사라졌지만, 아랫사람은 아직도 직위나 나이를 앞세운 또 다른 신분의 차별이 존재한다고 느낄 수 있고, 그로 인해 윗사람에 대한 존경심은 더더욱 사라질 수도 있습니다. 그렇기 때문에 윗사람은 권위를 앞세워서 상황을 회피하려고 하기보다는 아랫사람이라도 정중히 사과를 해야 합니다. "아! 정말 미안해요. 내가 늦었네요. 대신 내가 밥 맛있는 거 사줄게요. 약속 시간 지키는 게 중요한데, 정말 미안해요." 이렇게 정중하게 사과를 하면 오히려 아랫사람은 그런 권위를 부리지 않는 솔직한 모습에 더욱더 감동을 받고 존경심이 생기게 됩니다.

오히려 윗사람일수록 더욱더 아랫사람에게 모범을 보이기 위해서 처신 처세를 바르게 해야 하는 것입니다. 그런데 사실 윗사람과 아랫사람을 나누는 것도 있을 수 없습니다. 단지 일하는 영역이 다를 뿐이지 다 동등한 존재인 것입니다. 그렇기 때문에 잘못한 것에 대해서는 상대가 누구를 막론하고 정중히 사과를 해야합니다.

다음으로 잘못을 했을 때 미안하다, 죄송하다는 말을 잘못하는 두 번째 이유는 자신이 잘못했다고 얘기했을 때 상대방이 진심으로 사과하는게 아닌 것 같다는 말을 들을 것 같아서인 것 같습니다. 정말 크게 잘못했을 때는 아무말도 못하고 멍하게 있는 경우가 있습니다. 이런 상황에서 상대방은 미안하다는 말도 안 하냐고 타박을 줄 수도 있지만, 잘못한 사람은 미안한 마음이 없어서 말을 안 하고 있는 것이 아니라 너무 큰 잘못을 했다는 죄책감이 느껴지니까 단순히 미안하다, 죄송하다는 말로는 용서를 받을 수 없다고 느껴지기 때문에 아무말도 못하고 있는 경우가 많습니다. 그렇다 하더라도 상대방이 오해하지 않게끔 미안하다, 죄송하다는 말을 하는 게 중요합니다. 아니면 정말 마음속의 심정을 그대로 전하는 것도 좋습니다.

"지금 내가 너무 큰 잘못을 한 것 같아서 도저히 무슨 말을 해야 할지 모르겠네요." 이렇게 표현하면 좋을 것 같습니다. 아무리 내 본심에서는 진실로 죄송한 마음이 든다 하더라도 말로 표현하지 않으면 상대방은 오해를 할 수밖에 없는 것입니다. 그렇기 때문에 평소에 "미안합니다, 죄송합니다." 라는 말을 자주 해보는 것이 좋습니다.

10 자신감을 가집시다

01. 평소 남과 자신을 비교하는 사람

　평소 남과 자신을 비교하는 사람이 있습니다. 주변에 자신보다 훌륭한 사람이 있으면 그 사람과 자신을 비교하는 경우가 있습니다. "저 사람은 제자가 수십 명이나 있는데, 나는 고작 3명밖에 없네.", "저 사람은 정말 잘 생겼는데, 나는 왜 이렇게 못생겼지.", "저 사람은 1시간에 10만 원씩이나 버는데, 나는 하루 종일 일해야 10만 원을 버네." 그런데 이렇게 생각할 수록 자신의 마음만 어두워질 뿐입니다.

　하지만 이것은 어떻게 보면 상대방의 한 부분만 보고 판단한 것이기 때문에 어두워질 것이 없습니다. 제자가 수십 명 있는 저 사람은 알고봤더니 얼마 전 사랑하는 부인이 세상을 떠났습니다. 그리고 잘생긴 저 사람은 알고봤더니 너무나도 가난한 사람이었던 것입니다.

　그리고 1시간에 10만 원씩이나 버는 저 사람은 알고봤더니 빚이 10억 원이 있었습니다. 많은 사람들이 겉으로 보이는 한면만 보고 상대방을 부러워하면서 자신과 비교를 하는 경우가 있는데, 알고보면 그 상대방이 갖지못한 것을 자신이 가지고 있는 경우도 많기 때문에 부러워하며 비교할 필요는 없다고 생각합니다.

실제로 우리가 보기에는 정말 대단하다고 생각되는 훌륭한 사람 중에도 자살을 한 사람이 있는 것을 보면 겉으로 보여지는 모습이 다가 아니라는 것을 알 수 있습니다. 지금 자신이 가지고 있는 것에 감사하며, 현재의 자신의 삶에 충실하면서 조금씩 조금씩 발전적으로 나아가는 것이 중요하다고 생각합니다.

02. 남의 눈치나 시선을 많이 신경쓰는 사람

남의 눈치나 시선을 많이 신경쓰는 사람이 있습니다. 특히 하고 싶은 말이 있어도 남의 눈치를 보면서 말도 못 하는 경우가 있는데요, "내가 이런 말을 하면 남들이 나한테 뭐라고 할까? 이런 분위기에서는 이 얘기를 하면 안 될 것 같은데, 나보고 뻔뻔하다고 얘기하지 않을까?" 이런 생각을 하면서 결국 말도 못하고 마는 경우가 있습니다.

그런데 그 말이 꼭 해야 할 말이라고 한다면 눈치보지 말고 당당히 얘기해야 합니다. 이렇게 남 눈치를 보는 것도 습관입니다. 한번 남 눈치보는 습관을 가지기 시작하면 점점 고치기 힘들어져서 결국 평생 남 눈치보는 습관으로 갈 수밖에 없습니다. 예를 들어 사장님이 건의 사항이 있으면 언제든지 얘기하라고 했지만, 회사 실적이 좋지 않아 건의 사항을 얘기할만한 분위기가 아닐 때가 있습니다.

하지만 분명히 사장님이 건의 사항이 있으면 얘기하라고 했기 때문에 당당히 얘기해야 합니다. 실적이 좋지 않기 때문에 건의 사항도 말 못해서는 안 되는 것입니다. 실적은 실적이고, 건의 사항은 건의 사항인 것입니다. 실적과 건의 사항은 무관하기 때문에 직원으로서의 권리는 행사할 수 있는 것입니다. 대신 건의 사항을 얘기하는 만큼 최선을 다해 일을 열심히 해야 될 것입니다.

일을 열심히 하지도 않으면서 건의 사항만 많으면 뻔뻔한 사람이 될 것입니다. 실적이 좋지 않은 것에 대해서는 충분히 반성을 하고 고쳐나가도록 노력하되 그것때문에 의기소침해져서 할 말도 못 하는 사람이 되어서는 안 될 것입니다.

다른 예를 들면 A는 나비넥타이를 아주 좋아합니다. 그런데 평소에 나비넥타이를 하고 다니면 너무 튀어서 남들이 이상하게 생각할 것 같아서 항상 집 안에서만 나비넥타이를 합니다. 그렇지만 동시에 나비넥타이를 매고 당당하게 밖에 나가고 싶은 마음도 항상 있습니다. 그렇다면 망설이지말고 당당하게 나비넥타이를 매고 밖으로 나가야 합니다. 어차피 한번 사는 인생 후회 없이 살아야 하지 않겠습니까? 남들이 보면 어떻습니까? 오히려 나비넥타이를 봐주니까 감사하죠. 자유민주주의 국가에서 남에게 피해만 주지 않는다면 얼마든지 개성을 살려서 당당하게 멋지게 살 수 있는 것입니다.

인생은 당당하게 사는 것입니다. 남의 시선 눈치를 보면서 비굴하게 살아서는 안 됩니다. 내가 내 인생 마음껏 사는 것이기 때문에 남에게 피해를 주지 않는 선에서는 내가 누릴 수 있는 권리는 마음껏 누리시길 간절히 바랍니다.

03. 목표를 세워도 중도에 포기하는 사람

목표를 세워도 중도에 포기하는 사람이 있습니다. 그 이유는 한 번도 목표를 이뤄내본적이 없기 때문일 수 있습니다. 하나의 목표를 이루어내기 위해서는 보통 10번 이상의 갈등을 하게 됩니다. 내가 정말 이 목표를 이뤄낼 수 있을까 하는 의구심이 최소 10번 이상은 들게 됩니다. 빨리 포기하고 다른 목표로 바꾸는 게 어떨까 하면서 계속 고민을 하게 됩니다.

그 이유는 아무리 노력해도 변화가 느껴지지 않기 때문입니다. 예를 들어 영어 회화를 공부하는 사람이 아무리 공부를 해도 말문이 트이지 않는 경우 외국어는 나와 맞지 않는게 아닐까 하는 생각을 하게 될 수 있습니다. 그러다가 어느 순간 확신을 가지고, '나는 역시 외국어랑은 맞지 않아. 그만두자.'라는 결론에 도달하게 되고 중도 포기를 해버리는 경우가 있습니다. 이렇게 되면 다음 목표를 정해도 중도 포기를 하게 될 가능성이 더욱 높아지게 됩니다. 중도 포기를 한 횟수가 많으면 많을수록 중도 포기를 할 가능성이 높아집니다. 예전에도 실패했기 때문에 이번에도 실패하게 될 것이라는 막연한 불안감이 항상 존재하게 되기 때문입니다.

그런데 사실 목표라는 것은 포기만 안하면 10년 안에는 결국 웬만하면 다 이루어집니다. 보통 목표를 3개 이상 잡는 사람은 거의 실패하게 될 가능성이 많습니다. 정말 하고 싶은데 진짜 어려운 목표 1개, 어느 정도 하고 싶지만, 살짝 어려운 목표 1개, 그다지 하고 싶지는 않지만, 충분히 이뤄낼 수 있는 목표 1개 이렇게 3개의 목표를 세우는 경우 거의 대부분이 그다지 하고 싶지는 않지만, 충분히 이뤄낼 수 있는 목표로 가는 경우가 많습니다. 왜냐하면 정말 하고 싶은 목표는 너무 힘들기 때문에 계속 2번

째 목표를 떠올리게 되고, 2번째 목표도 좀 어렵기 때문에 안전하게 이뤄
낼 수 있는 3번째 목표로 계속 마음이 쏠리게 되는 것입니다.

결국 목표를 이뤄낸 사람들의 공통적인 특징은 목표를 하나만 정한다
는 것입니다. 그래서 이 목표 이외에 다른 목표는 없고, 10년이 걸리든 20
년이 걸리든 나는 이 목표 하나만 이루겠다는 의지를 가진다는 것입니다.
여러분도 원하는 목표가 있다면 그 목표 하나만을 생각하고 밀고 나가시
기 바랍니다. 반드시 결국에는 이루어집니다.

또한 하나의 목표를 이뤄내게 되면 다음 목표도 비교적 쉽게 이뤄낼 수
있습니다. 왜냐하면 어쨌거나 정말 힘들었지만, 목표를 이뤄낸 기억이 있
어서 자신감이 있기 때문에 다음 목표도 이뤄낼 수 있다는 확신을 더욱
가지게 되는 것입니다.

04. 항상 부정적인 성격을 가진 사람

항상 부정적인 성격을 가진 사람이 있습니다. 사실 부정적인 성격을 가
진 사람은 그 사람 혼자만의 잘못이라기보다 과거부터 살아온 가정 환경
이 많은 영향을 차지한다고 볼 수 있습니다. 좋지 않은 가정 환경에서는
의지를 가지고 뭔가에 도전을 하기도 힘들어지게 될 것입니다.

도전을 해본 적이 없으니까 성공도 해본 적이 없고, 성공을 해본 적이
없으니까 자신감도 없을 것입니다. 결국 부정적인 성격을 가지게 될 수밖
에 없는 것입니다. 아니면 유복한 가정에서 태어나긴 했지만, 부모가 이룬
업적이 워낙 크다보니 자식이 거기에 따라가지 못해서 부모로부터 질책

을 오랜 시간 동안 받아서 성격이 부정적으로 되는 경우 등 부정적인 성격을 가지게 되는 이유는 수없이 많습니다.

그런데 중요한 건 이유가 어떻다 하더라도 어쨌거나 부정적인 성격은 좋지 않기 때문에 바꾸어야 합니다. 그런데 이것이 정말 쉽지가 않습니다. 사람의 좋지 않은 여러 가지 성격 중에 가장 고치기 어려운 것이 바로 부정적인 성격을 긍정적인 성격으로 고치는 것입니다. 하지만 바꿀 수 있는 방법은 있습니다.

방법은 작은 목표부터 정해서 포기하지 않고 될 때까지 해나가는 것입니다. 일단 목표부터 정해야 합니다. 그 목표가 아주 작은 것이라도 좋습니다. 폭식 안 하기, 짜증 안 내기, 일주일에 한 번 집청소하기, 한 달에 한 권 책 읽기 등등 아주 작은 목표라도 좋으니까 목표를 세우고 그것만큼은 무슨 일이 있어도 포기하지 않고 꾸준히 하겠다는 의지를 가지고 실천해보면 서서히 긍정적인 자신감이 생깁니다.

그 목표를 이뤄나가면서 "안 될 것 같다."라는 부정적인 생각을 해도 괜찮습니다. 최소한 중도 포기만 안 하면 절반은 성공한 것입니다. 왜냐하면 부정적인 사람은 인내심이나 끈기가 약하기 때문에 목표를 세워도 하다가 힘들면 중도 포기를 잘 합니다. 중도 포기도 중독성이 있기 때문에 한 번 포기하면 습관적으로 계속 포기를 합니다. 결국 포기를 하면 할수록 인내심이나 끈기는 점점 약해지기 때문에 부정적인 성격이 강해질 수밖에 없습니다.

또한 중도 포기를 하게 되면 목표를 이루기 위해 들인 시간과 돈 그리고 노력이 허사가 되어버립니다. 그리고 부정적인 성격이 되어버리는 다른 이유로는 단 한 번도 목표를 이루어내 본 적이 없기 때문입니다. 단 한

번라도 목표를 이뤄낸 적이 있다면 부정적인 성격은 많이 사라질 수 있습니다.

그런데 보통 하나의 목표를 이뤄내기 위해서는 반드시 중간에 최소 10번 이상은 포기하고 싶은 마음이 들 수 있는데 여기에서 많은 사람들이 좌절을 하고 "역시 나는 안 되는구나."라고 생각하면서 포기를 해버리는 것입니다. 그렇지만 죽어도 이것만큼은 포기 안 하겠다는 마음으로 어찌되었건 그것을 잘 극복해나가서 목표를 이루게 되면 그때 비로소 자신감이라는 것이 생기게 됩니다. 그러면 그다음 목표를 이뤄나갈 때는 처음보다는 훨씬 강한 자신감과 긍정적인 생각을 가지게 됩니다.

그리고 그 목표를 이뤄나가면서 또 포기하고 싶은 생각이 들 때 자동적으로 이런 생각을 하게 됩니다. "그래. 그때도 지금처럼 여러 번 포기하고 싶어서 힘들었지만, 어쨌거나 결국 해냈잖아. 이번에도 될 거야."라고 생각하면서 강한 자신감을 가지게 됩니다. 그렇게 3개 정도의 목표만 이뤄내게 되면 긍정적인 마음이 아주 커지게 되고 부정적인 생각이 거의 사라지게 됩니다. 반대로 목표를 중도 포기해버리면 더욱더 부정적인 생각이 강하게 됩니다.

부정적인 생각이 많아지면 점점 어떤 목표조차도 시도하지 못하는 경우가 많습니다. "저번에도 안 되었으니까 이번에도 안 되겠지. 어차피 안 될거 시작을 말자." 이렇게 생각해버리는 것입니다.

인생은 선택의 연속입니다. 도전할 것이냐 현실에 안주할 것이냐. 그렇지만 현실에 안주하기에는 이 세상은 너무나도 많은 기회가 있습니다. 여러분도 긍정적인 마음으로 꿈을 이뤄보십시오.

11
서로 소통합시다

01. 상대방의 얘기에 공감을 안 해주는 사람

상대방의 얘기에 공감을 안 해주는 사람이 있습니다. 대화를 하다보면 자신의 고민을 얘기하는 경우가 많습니다. 보통 고민을 얘기하는 사람은 고민을 해결하고 싶은 마음에서 얘기하는 경우가 많지만, 설령 해결되지 않는다 하더라도 누군가가 자신의 고민에 공감해주기를 바라는 마음으로 얘기하는 경우가 많습니다. 그런데 그런 고민을 얘기했을 때 대뜸 "그건 니가 잘못한 거지. 그런 상황에서는 그렇게 하면 안 되지. 도대체 너는 왜 그랬냐?" 등등 상대방에게 비수를 꽂는 말만 하는 사람이 있습니다. 이렇게 되면 말한 사람은 큰 상처를 받고 마음의 문이 닫혀 더 이상 이 사람에게는 고민 얘기를 안 하게 될 것입니다.

다시는 만나지도 않게 될 수도 있고, 큰 말다툼을 할 수도 있습니다. 자신의 입장에서는 올바른 대로 얘기하는 것도 상대방 입장에서는 비수가 꽂히는 상처가 될 수도 있다는 것을 명심해야 합니다. 공감이라는 것은 상대방의 입장이 되어보는 것입니다. 경우와 이치를 얘기해서는 안 됩니다. 물론 상대방이 잘못 처신한 것이 맞다 하더라도 왜 그 사람이 그렇게 처신할 수밖에 없었는지 그 입장이 되어서 생각해봐야 합니다. 그렇게 공감해주고 위로해주어야 합니다. 그러면 상대는 눈물을 흘리면서 마음의 문이 활짝 열려서 크게 도움을 받을 수도 있습니다.

특히 고부갈등에 있어서 남편은 부인의 마음을 공감해줘야 합니다. 부인이 시어머니와 갈등이 일어나는 이유는 부인의 잘못도 있지만, 시어머니의 잘못도 있습니다. 그런데 남편은 혈육의 정 때문에 시어머니 편만 들고 부인만 계속 잘못했다고 하니까 부인은 속이 터지는 것입니다. 이것이 점점 깊어지면 결국 이혼을 하게 될 수도 있습니다. 남편은 부인의 심정을 들어줘야 합니다. 어디서부터 문제가 생기게 되었는지 자세하게 부인의 심정을 들어줘야 합니다. 그래서 받아들일 것은 받아들여야 하고 고칠 것은 고쳐야 합니다. 거기서부터 소통이 시작되는 것입니다.

다시 말하지만 공감은 상대방의 심정이 되어 상대방의 고통을 같이 느껴봐야 하는 것입니다. 처음에는 공감이 안 될 수도 있지만, 계속 반복해서 힘들었던 얘기를 들어본다면 점점 그 심정이 느껴지게 될 수도 있습니다. 그렇게 상대방의 심정을 느끼게 되면 진심 어린 사과를 할 수 있게 되고 그렇게 사과를 받으면 상대방도 스스로 반성하게 되어 다음과 같은 대화가 이루어집니다. "여보. 정말 미안해요. 여보가 그렇게 힘들었는지 몰랐어요."라고 얘기하면 부인도 "저도 사실 잘 한 것 없죠. 저도 잘못하게 많은걸요." 이런 대화가 이루어집니다. 공감해달라는 것은 문제를 해결해달라는 것이 아닙니다.

상대방의 심정을 이해만이라도 해달라는 것입니다. 그렇게만 해줘도 문제의 절반은 해결이 됩니다. 여자들이 남자에게 하소연을 할 때 남자들은 문제를 해결해달라고 얘기하는 거냐고 타박할 때가 있지만, 여자는 단지 공감을 해달라는 의미에서 얘기하는 경우가 많습니다. 해결이 안 되도 좋으니까 공감이라도 해주세요. 여자가 원하는 것 바로 그 공감이라는 것입니다.

02. 말을 너무 어렵게 하는 사람

말을 너무 어렵게 하는 사람이 있습니다. 이런 사람이 많지는 않지만 간혹 있습니다. 이런 사람과 대화를 하게 되면 웬만큼 집중하지 않고서는 무슨 말을 하는지 도무지 알아들을 수가 없습니다. 마치 이 사람이 하는 말은 전부 시를 쓰고 있는 것 같은 느낌을 받게 됩니다. 특히 이런 사람은 말을 할 때 직설적이라기보다는 은유적이고 비유적인 표현을 굉장히 많이 씁니다.

예를 들면 지금 자신의 심정을 표현하는 데 있어서 "지금의 제 심정은 열차가 떠났지만, 그리워하지는 않는 것 같습니다."라고 말하거나 자신의 여자 친구에 대해 어떻게 생각하냐고 물었더니 "그 친구는 저에게 있어서 아이스크림 위에 놓여 있는 딸기 같은 존재입니다."라고 표현을 합니다. 그러면 결국 다시 한번 더 물어봐야 합니다. "그게 무슨 말이냐? 쉽게 얘기해봐라."라고요. 그런데 쉽게 얘기하라고 하면 또 다시 은유적이거나 비유적인 표현으로 말을 합니다. 나중에는 지쳐서 그냥 "그래. 알겠다."라고 하면서 대화를 마치는 경우가 많습니다.

이런 사람 중에는 시 경시대회에 나가 상을 타는 사람도 많습니다. 하지만 대부분의 일반인들은 시를 읽어도 금방 이해가 안 되는 것처럼 은유적이거나 비유적인 표현을 잘 이해하지 못하는 경우가 많기 때문에 설령 그런 표현을 썼다면 다시 풀어서 이해하기 쉽게 말해줄 필요가 있습니다.

그런데 이런 사람 중에는 오히려 쉽게 풀어서 설명을 못하는 경우가 많아서 결과적으로는 소통이 안 되고 자기만의 세계에 살고 있는 사람이 간혹 있습니다. 이런 사람들은 자신의 표현을 쉽게 설명하는 연습을 할 필요가 있다고 생각합니다. 나중에 결혼해서 장인 장모께 이런 은유적이고 비유적인 표현을 쓸 수는 없으니까요.

03. 상대방의 얘기에 관심이 없는 사람

상대방의 얘기에 관심이 없는 사람이 있습니다. 이런 사람은 상대방이 얘기하고 있을 때 딴 생각을 하든지 핸드폰을 보든지 할 것입니다. 그래서 상대방으로부터 "내 얘기 듣고 있는거 맞아? 너 무슨 생각하는거야?" 이런 말을 자주 듣게 될 수도 있습니다. 하지만 이 사람도 상대방이 하는 얘기가 전혀 관심사가 아니다보니 억지로 얘기를 들어주기도 괴로운 일인 것입니다.

특히 애인 사이에서 처음에는 서로에게 호감이 있었기 때문에 관심사가 아니어도 재미있게 얘기를 들어주었지만, 이제는 만난 지도 몇 년 지나다보니 관심사가 아닌 얘기를 듣게 되면 지겹기도 하고 재미도 없다보니 차라리 핸드폰을 보는 게 더 재미있기 때문에 점점 더 상대방의 얘기에 관심이 사라지게 되는 것입니다.

그렇다고 만나서 핸드폰만 볼 거면 만날 이유가 없는데 그래도 계속 만나고 있기는 합니다. 하지만 이런 상황이 점점 더 계속되면 어떻게 될까요? 결국 상대방은 더 이상 만나고 싶은 마음이 생기지 않게 되고 말 것입니다. 결국 핸드폰이랑 사귀라는 이별 통보를 받게 되겠죠. 그제서야 상대방의 소중함을 느끼고 다시 만나줄 것을 간절히 애원해도 이미 때는 늦은 것입니다. 만약 가족 간에 이런 일이 일어난다고 한면 어떻게 될까요? 부인이 남편한테 얘기를 하는데 남편은 테레비만 계속 보고 있는 것입니다.

아니면 어머니가 아들에게 얘기를 하는데 아들은 게임만 하고 있는 것입니다. 이렇게 되면 점점 더 가족 간의 사이는 멀어지게 될 것입니다. 사람은 나이를 먹어도 남편에게 혹은 부인에게 그리고 자식이나 부모에게 사랑을 받고 싶어하는데, 가족 간의 얘기에 관심이 없으면 점점 대화가 단절되다보니 뭔가 소외감을 느낄 수도 있게 되고, 그런 상황이 지속되면 외도를 하거나 비행청소년이 될 수도 있어서 결국 가정 불화가 일어날 수도 있는 것입니다. 외도를 하거나 비행청소년이 되는 공통적인 특징이 바로 가족으로부터 관심을 받지 못한 경우가 아주 많은 것을 봐도 가족 간에 서로의 얘기에 관심을 가지는 것은 너무나도 중요하다고 생각합니다.

여기서 중요한 것은 관심이라는 것은 자연스럽게 생기는 것이 아니라 부단히 노력을 해야 생기는 것입니다. 애인에게, 부인에게 혹은 남편에게 그리고 자식에게 관심을 가지려고 노력해야 합니다. 서로가 어떤 부분에 관심이 있는지 또는 하는 일에 있어서 힘든 점은 없는지 세심하게 마음을 써서 관심을 가져야 합니다. 애인은 애인의 자리에서 부인은 부인의 자리에서 남편은 남편의 자리에서 자식은 자식의 자리에서 각자가 서로에게 관심을 가져야만 진정한 애인 사이가 되고 진정한 가족이 되는 것입니다.

애인으로서 남편으로서 부인으로서 자식으로서의 권리만 따질 것이 아니라 해야 할 의무도 생각해야 하는 것입니다. 그 의무는 다시 얘기하지만 상대방의 얘기에 관심을 가지는 것입니다.

04. 무조건 화가 나도 참는 사람

무조건 화가 나도 참는 사람이 있습니다. 하지만 화를 참으면 나중에 감정 폭발을 합니다. 그렇게 되면 큰 싸움이 일어나서 서로에게 불행을 초래하게 됩니다. 그렇기 때문에 뭔가 상대방에게 불합리한 대우를 받았을 때에는 참고 쌓아두지 말고 반드시 그때그때 얘기를 해서 풀어내야 합니다. 예를 들어 상습적으로 은근히 상대방을 무시하는 사람 아니면 적은 돈을 수시로 빌리고 갚지 않는 사람 아니면 시간 약속을 하면 항상 30분 늦게 오는 사람 아니면 매번 밥을 사달라고 하는 사람이 있는데, 이런 사람과 계속 교제를 하게 되면 점점 화가 쌓이게 될 수 있습니다.

이렇게 화가 계속 쌓이는 속에서도 참기만 하고 불편한 얘기를 하지 않게 되면 성인군자가 아니고서는 대부분 화병에 걸려 감정 폭발을 하게 됩니다. 어떤 사람은 이런 사람과는 그냥 인연을 끊으면 된다고 하지만, 꼭 그렇지는 않다고 생각합니다. 이런 사람 중에도 몇 가지의 단점만 고치면 괜찮은 사람이 많이 있기 때문에 무작정 인연을 끊기 보다는 그때그때 경우가 아닌 것에 대해서는 바로바로 얘기를 해서 알려줄 필요가 있습니다. 자신도 자신의 잘못을 전혀 인식하지 못하는 경우가 있기 때문에 알려주면 빨리 고치는 사람도 많이 있습니다.

또한 참다참다 감정 폭발을 하게 되면 오히려 감정 폭발한 사람이 이상한 사람 취급을 받게 되는 경우가 있습니다. 예를 들어 A와 B는 친구 사이인데, A는 옛날부터 B를 은근히 무시하는 농담을 해왔습니다. B는 처음에는 그냥 농담이겠지 하면서 참았지만, 점점 더 자신을 무시하는 농담이 반복되다보니 B는 어느 순간 감정이 폭발해버린 것입니다. 그래서 A에게 "너 내가 우습게 보이냐? 넌 뭐가 그리 잘 났냐? 니가 나를 무시할 자격이 된다고 생각해? 한 번만 더 무시하면 가만 안 놔둘거야!"라고 말해버린 것입니다. A는 너무 당황스러워 하면서 "너 왜 그래? 별것도 아닌 일가지고 왜 그러는 거야?"라고 말하는 것입니다.

그런데 자신의 잘못을 전혀 인식하지 못하는 A의 입장에서는 B의 행동은 도저히 이해가 안 될 수도 있습니다. A는 자신이 상대방을 무시하는 농담을 한다는 생각조차 못 할 수도 있습니다. 그렇기 때문에 오히려 참다 참다 화를 낸 B가 더 이상한 사람 취급을 받을 수도 있습니다. 그렇기 때문에 불합리한 대우를 받았을 때 바로 다음과 같이 얘기하는 것이 좋습니다. "근데 내가 오해하는 건지 모르겠지만, 방금 나한테 얘기할 때 은근히 나를 무시한다는 생각이 드는데, 내 착각이겠지? 넌 어떻게 생각하냐?"라고 둘러대지 말고 명확하게 얘기하는 것이 좋습니다.

그러면 상대방도 자신의 속마음을 얘기할 것이고, 이런 허심탄회한 대화를 자주 하면 서로의 심정을 알게 되서 더 이상 함부로 대하지 않게 될 것입니다. 또한 일전에 적은 돈을 빌리고 갚지 않는 사람이 또 급하게 적은 돈을 빌리려고 하면 "지난번에 빌린 돈은 언제 갚을 거냐? 미안한데 니가 급한 건 알겠지만, 나도 그때 너한테 빌려준 돈이 급하니까 그것부터 갚아라. 그리고 미안한데 앞으로는 더 이상 친구 간에 돈거래는 안 했으면 좋겠다. 아닌 건 아니니까 서운해하지는 마라." 이렇게 경우가 아닌 것에 대해서는 명확하게 얘기를 할 필요가 있다고 생각합니다. 이렇게 얘기하면 그 순간에 상대방은 서운하겠지만, 친구의 나쁜 습관을 고치기 위해서는 냉정도 필요하다고 생각합니다. 이렇게 경우가 아닌 것에 대해서는 그때 그때 얘기를 해서 고쳐나가면 화가 쌓이지 않게 되어서 감정 폭발을 하는 일도 거의 없게 될 것입니다.

05. 자신의 의사 표현을 잘 하지 않는 사람

자신의 의사 표현을 잘 하지 않는 사람이 있습니다. 이런 사람은 남으로부터의 부탁에 대해 거절을 잘못합니다. 그래서 남의 부탁을 많이 들어주는 편입니다. 어떻게 보면 착한 사람의 이미지가 있습니다. 그래서 같이 있으면 편하기도 합니다. 왜냐하면 상대방에게 잘 맞춰주기 때문입니다. 하지만 속마음을 잘 알 수 없다는 단점이 있습니다. 그냥 다 괜찮다고만 하니까 마음속에 무슨 생각을 하고 있는지 알 수가 없으니까 상대방을 답답하게 만들 수도 있습니다.

이런 사람은 약간 바보 취급을 받을 수도 있어서 사람들이 함부로 대할 수도 있습니다. 왜냐하면 만만하게 느껴질 수도 있기 때문입니다. 이런 사람은 오히려 반대로 자기의 의사를 적극적으로 표현해야 합니다. 이런 사람 중에는 괜히 자신이 싫다는 표현을 했다가 자신을 나쁘게 보거나 떠나가지 않을까 하는 불안감 때문에 싫어도 싫다는 표현을 하지 않는 사람도 꽤 있는 것 같습니다. 그렇지만 설령 내가 한 말에 상처를 받아 떠나간다 하더라도 어느 정도의 의사 표현은 해야 합니다. 그래야만 서로 간의 오해가 풀리게 됩니다. 부당한 대우를 받았지만, 의사 표현을 전혀 하지 않게 되면 상대방도 자신의 잘못을 전혀 인식하지 못할 수 있기 때문에 더욱 더 이 사람에게 부당한 대우를 할 가능성이 높습니다. "이 친구는 이렇게 해도 괜찮은가보다."라고 생각해버릴 것입니다. 하지만 이 사람도 감정이 있고, 점점 부당한 대우를 받게 되면 스트레스가 쌓여갈 것입니다.

그러다가 어느 순간 폭발하게 되면 극단적인 복수를 할 수도 있습니다. 그렇기 때문에 평소 상대방으로부터 부탁이라든가 부당한 대우를 받게 되면 반드시 자신의 감정을 충분히 표현해야 합니다. 그래야만 상대방도 오해하지 않게 됩니다.

또한 반대로 자신이 상대방에게 부탁을 하게 될 때에도 상대방의 의사를 자세히 물어볼 필요가 있습니다. 이렇게요. "혹시 지금 시간 괜찮으시면 짐 좀 같이 내려주시면 안 될까요? 혹시 시간 안 되시면 꼭 안 도와주셔도 되고요." 스스로는 의사 표현을 잘못하지만, 상대방이 물어보면 어느 정도는 의사 표현을 하는 사람이 있기 때문입니다. 그리고 "사실 좀 지금 중요하게 해야 될 일이 있어서요."라고 거절하면 더 이상 부탁을 하지 않는 것이 좋다고 생각합니다.

06. 자신의 감정을 솔직하게 표현하지 못한 사람

자신의 감정을 솔직하게 표현하지 못한 사람이 있습니다. 예를 들면 A는 평범한 직장인인데 하루는 길을 가다가 갑자기 누군가로 부터 "연예인

이시죠? 혹시 사인 좀 부탁드려도 될까요?"라는 얘기를 들었습니다. A는 약간 황당스럽긴 했지만, 은근히 기분은 좋았습니다. 그와 동시에 A는 속으로 "사실 난 연예인이 아닌데, 어쩌지? 아니라고 말할까? 근데 아니라고 말하면 상대방이 무안해할 수도 있으니까 그냥 연예인 맞다고 하고 사인해주고 가자."라고 생각하고 사인을 해주고 헤어졌습니다. 그날 저녁에 이 얘기를 친구 B한테 했더니 B가 "너 기분 좋았겠네."라고 하는데, A는 "기분 좋긴. 쪽팔려 죽는 줄 알았는데."라고 하는 것입니다. 그랬더니 B는 더욱더 "에이, 뭐가 쪽팔려. 기분 엄청 좋아했겠는데."라고 했고, A는 살짝 화가 나서 "아니라니까!"라고 말해버린 것입니다.

그런데 사실 A는 기분이 좋았습니다. 그렇기 때문에 그냥 "응, 기분 좋았지. 한때 연예인이 꿈이었던 적도 있었는데, 순간 연예인된 기분이었어."라고 솔직히 얘기했어도 좋았을 텐데 왜 솔직한 자신의 감정을 얘기하지 못했을까요? A는 자신이 기분 좋았다고 솔직하게 얘기하는 게 부끄러웠던 것입니다. 사람들 중에는 자신의 솔직한 감정을 들키게 되면 굉장히 부끄러워하는 사람이 있습니다. 그렇지만 인간은 누구나 어떤 상황에서 여러 가지 감정을 가질 수 있고, 또 자유롭게 자신의 감정을 표현할 수 있는 것입니다. 전혀 부끄러워할 필요가 없습니다.

오히려 그 감정을 계속 숨기다보면 의사 표현도 제대로 못하게 되는 것입니다. 솔직한 감정 표현도 습관이라서 연습이 필요합니다. 사소한 감정이라도 어떤 감정이 들었을 때는 솔직하게 표현을 하는 연습을 평소부터 해야 합니다. 그래야만 상대방과도 소통이 잘 되고 오해도 안 생깁니다. 예를 들면 "방금 그 말 들으니까 울컥하네." 아니면 "그때 사실 좀 미안한 감정이 들었어."와 같이 솔직한 감정 표현을 하는 연습을 많이 하게 되면 인간관계에서의 마음의 벽도 많이 사라지게 될 것입니다.

07. 말실수를 자주하는 사람

　말실수를 자주하는 사람이 있습니다. 말실수를 자주하는 사람은 할 말 안 할 말에 대해 구분을 잘못하는 것 같습니다. 그런 경우 차라리 입을 닫고 정말 필요한 말만 하면 되는데도 입이 근질근질해서 참지를 못하고 결국 하고 싶은 말을 해버리는 것입니다. 예를 들면 신랑 신부의 상견례에 갔는데, 신랑 아버지가 사돈 어른에게 "근데 어디서 많이 본 적이 있는 것 같은데요. 아! 개그맨 누구 닮았는데, 기억이 안 나네요. 그... 완전 웃긴데." 이런 말을 해버린 것입니다. 상견례라는 자리는 정말 엄숙한 자리이고 조심스러운 자리인데도 불구하고 아무 생각없이 함부로 입을 놀려서 해서는 안 될 말을 해버리는 경우가 있습니다.

　아마 신랑 아버지는 평소에도 말실수을 자주 해서 주변 사람들로부터 말조심하라는 얘기를 많이 들을 가능성이 높습니다. 습관이 어디 안 가기 때문입니다. 말의 습관을 언습이라고 합니다. 말이라는 것은 때와 장소 그리고 상황에 맞게 조심스럽게 해야 하는 것입니다. 평소부터 언습을 고치지 않으며, 정말 조심스러운 자리에서도 말로 큰 실수를 할 수 있습니다. 일단 가장 중요한 것은 말실수를 많이 하는 분들은 자신 스스로 말실수를 많이 한다는 것을 자각해야 한다는 것입니다. 그래서 스스로 심각성을 느끼고 고치고자 하는 마음을 가져야 합니다.

　그런 의지가 생겼다면 최대한 말을 하지 말아야 합니다. 정말 하지 않으면 생활 자체가 안 되는 말을 제외하고는 아예 말을 안 해야 됩니다. 그렇게 100일 이상 지나면 서서히 언습이 고쳐집니다. 그렇게 고쳐지면 지난 날 자신의 과오를 깊이 반성하고 새로운 사람으로 재탄생하게 됩니다.

하지만 방심하면 다시 과거로 돌아갈 수 있기 때문에 항상 자신이 말실수를 하지 않았나 체크를 해야되고 혹시 잘 모르겠다면 상대방에게 자신이 말실수를 하지는 않았는지 물어봐야 합니다. 그렇게 3년 이상 꾸준히 노력하면 더 이상 말실수를 하지는 않게 될 것입니다. 그리고 마지막으로 말을 하기 전에 최소 3번 이상은 다시 생각을 해봐야 합니다. 이 말이 할 말인지 하면 안 될 말인지 생각해서 약간이라도 하기 좀 그렇겠다고 생각되면 안 하는 게 좋습니다.

12

집착하지 맙시다

01. 상대를 믿지 못하고 계속 감시와 간섭을 하는 사람

　상대를 믿지 못하고 계속 감시와 간섭을 하는 사람이 있습니다. 특히 직장 상사나 부모가 부하 직원이나 자식에 대해 믿지 못하는 마음에 계속 수시로 감시하고 간섭을 하는 경우가 있습니다. 그렇게 되면 부하 직원이나 자식은 엄청난 부담감과 함께 계속 상사나 부모의 눈치를 볼 수밖에 없게 됩니다. 그러다가 조금만 실수를 해도 달려와서 왜 이렇게 했냐고 야단을 치기 때문에 엄청난 스트레스를 받게 되어 제대로 실력을 발휘할 수 없게 됩니다.

　처음이라 약간 실수를 하는 것이 당연한데도 불구하고 이것을 상사와 부모가 너무 불안해하기 때문에 이것은 상사와 부모부터가 마음을 안정시키고 부하 직원과 자식을 믿고 조금 실수를 해도 지켜봐주고 어느 정도 기본은 알려주되 더 이상 감시나 간섭을 하지 않고 부하 직원이나 자식이 스스로 연구해서 터득할 수 있도록 기다려줄 필요가 있습니다. 그렇게 스스로 할 수 있도록 기다리다보면 어느새 실력이 늘어서 능숙해지는 것입니다. 자신도 처음 초보였을 때를 되돌아보면서 자신이 초보였을 때 누군가가 계속 옆에서 감시하고 간섭했다면 잘 할 수 있었겠는지를 돌이켜 생각해보면서 부하 직원과 자식의 입장이 되어서 생각해볼 필요가 있다고 생각합니다.

입장을 바꿔서 내가 뭔가 새로운 것을 배우려고 하는데, 옆에서 계속 누군가가 눈 무릎 뜨고 틀리나 안 틀리나 감시하고 있으면 제대로 실력을 발휘할 수 있겠습니까? 눈치보느라 실수만 계속할 것입니다. 부하 직원이나 자식이 내가 생각하는 것처럼 못 믿을 만큼 어리석지는 않습니다. 나름대로 다 생각이 있기 때문에 믿어주고 기다려주면 됩니다. 실수를 해도 됩니다. 앞에서도 얘기했듯이 실수를 통해 하면 안 되는 방법을 터득하니까요. 우리들도 다 실수를 하면서 이렇게 커왔지 않습니까?

02. 평소 걱정이 너무 많은 사람

평소 걱정이 너무 많은 사람이 있습니다. 사실 이해 못하는 것은 아닙니다. 이 세상에는 걱정하려고 하면 걱정할 일이 한도 끝도 없기 때문입니다. 보이스피싱을 당할 수도 있고, 교통 사고가 날 수도 있고, 바이러스에 감염될 수도 있고, 강도를 만날 수도 있고, 심장마비가 일어날 수도 있습니다. 가스 불을 잠갔는지 걱정이 될 수도 있고, 선풍기를 껐는지 걱정이 될 수도 있고, 미래에 대한 걱정도 엄청납니다.

그런데 걱정을 한다고 해서 일어날 일이 안 일어나지는 않습니다. 걱정을 하든 걱정을 안 하든 일어날 일은 반드시 일어납니다. 현재 전 세계에 수많은 사건 사고가 일어나는 것을 보면 알 수 있습니다. 그러면 어차피 일어날 일이라면 굳이 쓸데없이 걱정할 필요가 있을까요? 걱정할 시간에 차라리 생산적인 일을 하는 게 좋을 것 같습니다.

만약 내가 일찍 죽을 수밖에 없는 운명이라면 마음은 찢어지게 아프지만 받아들여야 할 것이고, 내가 보이스피싱에 당할 운명이라면 괴롭지만 받아들여야 할 것이고, 내가 바이러스에 감염될 운명이라면 고통스럽지만 받아들일 수밖에 없는 것입니다. 제가 너무 쉽게 얘기했나요? 물론 그렇게 생각할 수도 있습니다. 하지만 세상에서 일어나는 갑작스러운 사건 사고들은 생각지도 못한 상황에서 일어나기 때문에 속수무책으로 당할 수밖에 없습니다. 다만 걱정만 하지 말고 최대한 그런 사건 사고가 일어나지 않도록 미연에 방지하는 것이 중요하다고 생각합니다.

보이스피싱에 당할 것 같은 걱정이 된다면 걱정만 하지 말고 보이스피싱 예방 교육을 들어본다든지, 교통사고를 당할까봐 걱정이 되면 걱정만 하지 말고 교통 법규 교육을 들어보고 실천해보는 게 어떨까 합니다. 그렇게까지 했는데도 보이스피싱에 당하거나 교통사고를 당했다면 그건 운명이라고 볼 수밖에 없습니다. 그렇기 때문에 평소부터 마음을 비우는 습관을 가져야 합니다.

저는 저 자신에게 매일 아침 이런 말을 합니다. "오늘 내 인생에서 일어나는 모든 불상사는 어쩔 수 없는 일이기 때문에 겸허히 받아들이겠습니다. 다만 그런 불상사가 최대한 일어나지 않도록 현재 제가 처해 있는 상황에서 어떻게든 최선을 다해 열심히 살아보겠습니다."라고요. 이 말을 매일 아침 스스로에게 했더니 점점 마음이 편안해지고, 어떤 것에 대해 집착하는 마음도 많이 사라지게 되었습니다. 걱정을 많이 하는 사람의 공통적인 특징 중에 하나는 절대 손해보기 싫어하고 집착이 아주 많다는 것입니다. 그러다보니 현재 자신이 가지고 있는 것에서 조금도 잃고 싶어하지 않기 때문에 더욱 집착의 마음이 생기고 그것이 결국 걱정과 불안증세를 동반한 과대망상과 같은 정신질환으로 이어지는 것 같습니다. 결국 어떤 것에 대한 집착을 버려야 합니다. 집착이 없으면 걱정도 없습니다. 다만 현재 자신이 하고자 하는 일에 최선을 다하는 마음 자세를 가지는 것이 중요하다고 생각합니다.

또한 걱정을 하는 것도 습관입니다. 습관적으로 걱정을 하는 사람이 있습니다. 예를 들어 가스불을 껐는지 현관문을 잠갔는지 가방 지퍼를 올렸는지 등등 습관적으로 걱정을 하는 경우가 있습니다. 그런데 이렇게 한번 습관적으로 걱정을 하기 시작하다보면 나중에는 걱정을 안 하면 안 될 것 같은 생각이 들게 됩니다. 결국 다시 집으로 가서 가스불 확인을 하고 현관문 확인을 하고 가방 지퍼를 확인합니다.

물론 한 번 정도는 확인할 수 있는데, 여러 번 확인하는 경우가 있습니다. 이건 정신질환이라고 볼 수 있습니다. 이것을 극복하기 위해서는 훈련이 필요합니다. 절대로 확인을 다시 해서는 안 됩니다. 그냥 자신을 믿어야 합니다. 사실 정말 가스불을 안 끄고, 현관문을 안 잠그고, 가방 지퍼를 안 잠갔다면 스스로 이런 말을 하면서 확신을 가질 수 있습니다. "아 맞다. 가스불 안 껐다. 아 깜빡했네. 현관문 열어놓고 왔다. 아. 가방 지퍼 안 올렸네."라고요. 하지만 가스불 껐는지 현관문 잠갔는지 가방 지퍼 올렸는지 헷갈리는 경우는 거의 99퍼센트 문제가 없는 경우가 대부분입니다.

그렇기 때문에 헷갈린다 싶을 때는 문제가 없다고 봐도 되기 때문에 걱정이 되더라도 생각을 과감히 끊는 훈련이 필요합니다. 그렇게 6개월 정도 생각을 끊는 훈련을 하면 이런 정신질환은 사라질 수 있습니다.

03. 하나의 문제가 생기면 그것이 해결되기 전까지는 다른 일을 못 하는 사람

하나의 문제가 생기면 그것이 해결되기 전까지는 다른 일을 못 하는 사람이 있습니다. 예를 들어 애인과 말다툼을 벌이고 나서 화해도 안 되는 상황에서 일단 각자의 일이 있기 때문에 헤어졌는데 헤어진 후에도 애인과 말다툼했던 것이 계속 생각이 나서 일에 집중을 못 하는 경우가 있습니다. 그래서 애인과 다시 통화를 해서 이 문제를 마무리하고 싶지만, 지금 상황에서는 애인도 일을 해야 되는 상황이기 때문에 통화도 하기 힘든 상황입니다. 설령 짧게나마 통화를 한다고 해도 1, 2분만에 대화가 끝날 수 있는 게 아닙니다.

그러면 이런 상황에서 어떻게 하는 것이 가장 현명할까요? 결론은 생각을 끊어야 됩니다. 생각을 끊고 현재 할 수 있는 일에 집중해야 됩니다. 보통 이런 상황을 겪는 사람은 자주 이런 상황을 겪게 됩니다. 한달에 한 두 번은 겪게 되지요. 그러면 앞으로도 계속 이런 상황을 겪을 텐데 겪을 때마다 이렇게 맺고 끊고를 못 하면 어떻게 되겠습니까? 이것도 저것도 제대로 못 하는 사람이 되어버리는 것입니다.

하지만 이런 성격도 훈련을 통해 고칠 수 있습니다. "다음에 만약 또 다시 이런 일이 생기면 그때는 과감히 생각을 끊고 일에 집중하겠다."라고 평소부터 다짐을 하는 훈련을 해야 합니다. 이걸 한 번 두 번 계속 꾸준히 다짐하다보면 점점 내공이 쌓이게 됩니다. 하루 아침에 되는 것은 아니지만, 이런 성격 역시 습관이기 때문에 계속적인 훈련을 통해 고칠 수 있습니다. 하지만 처음에는 생각을 끊게 되면 더욱 불안감이 생기고 생각을 안 하면 안 될 것 같은 충동이 강하게 올라올 것입니다. 하지만 이때 정신력으로 반드시 극복을 해야 합니다. 저는 저 자신에게 계속 질문을 했습니다. "지금 내가 이 생각을 한다고 해결되는 것이 있을까? 없지! 그래. 일단 생각을 접고 일에 집중하자." 이런 식으로 계속 해봤자 아무 소용없는 생각들을 끊어나가기 시작했습니다. 그랬더니 서서히 의미 없는 생각들이 쉽게 끊어지기 시작했습니다. 하나의 문제가 해결되지 않으면 다른 일을 못 하는 이유는 완벽주의적인 성향이 있기 때문입니다.

완벽주의자들은 뭔가 깔끔하게 일이 끝나지 않으면 계속 그 일이 깔끔하게 마무리될 때까지 그 일을 파고 들어서 다른 일을 못합니다. 장점은 완벽하게 일을 끝낸다는 것이지만, 단점은 동시에 두 가지 일을 잘못한다는 것입니다. 하지만 하나의 일이 완벽하게 해결되지 못해도 그 일을 더 이상 완벽하게 해결할 수 없는 상황이라면 과감히 그 일에서 생각을 끊고 다른 일을 할 수 있어야 합니다. 이렇게 하기 위해서는 근본적으로는 마음 속의 집착을 버려나가는 훈련을 해야 합니다. 오히려 해결되지 않은 문제에 대해 집착의 마음을 내려놓고 다른 일을 하다보면 자연스럽게 문제가 해결되는 경우가 많습니다.

04. 베푸는 것에 인색한 사람

베푸는 것에 인색한 사람이 있습니다. A는 베푸는 게 너무 힘든 사람입니다. A에게는 베푼다는 것이 자기 살을 베어주는 것만큼 고통스러운 일입니다. 10원짜리도 아끼면서 살죠. 또한 베푸는 것은 손해라고 생각하죠. A는 최대한 돈을 안 쓰는 방향으로 살죠. 그의 가족들에게도 인색합니다. A가 자주하는 말이 "땅을 파봐라. 돈이 나오냐? 아끼면서 살아야지."입니다. A의 장점은 바로 아끼고 절약하며 사는 것입니다. A는 여름에도 죽기 직전까지 절대 에어컨을 틀지 않습니다. 가족들도 A의 눈치를 보면서 에어컨을 켜죠. A의 별명은 바로 구두쇠입니다. 중요한 건 A는 돈을 벌기만 하고 쓸 줄 모르는 사람입니다. 하지만 A는 이렇게 아끼며 살았지만, 결국 죽을 때 자신의 재산의 10퍼센트도 쓰지 못하고 죽게 되었습니다.

결국 재산의 10퍼센트도 못 쓰고 죽는다면 왜 그렇게 아끼며 살았을까요? 자식들에게 유산으로 남기기 위해서였을까요? 그런데 죽어서 유산으로 남기기 보다는 차라리 살아 있을 때 가족이든 지인이든 베푸는 게 더 좋지 않을까 합니다. 그런데 또 그렇게는 절대 안 하죠. A는 그냥 돈을 쓰는 것 자체가 벌벌 떨리는 것입니다.

A는 평생 주변 사람들과 소통하지 않고 구두쇠라는 소리를 들으면서 살아도 상관없다고 생각한 것 같습니다. 또한 A는 남들이 뭐라고 하든 나는 내 신조대로 살겠다고 고집을 부렸던 것입니다. 그러나 결국은 고집불통이 될 수밖에 없었던 것입니다. A는 인간관계 자체를 싫어했을 수도 있습니다. 왜냐하면 인간관계를 하면 어쩔 수 없이 밥값이나 술값이 나가기 때문입니다. 그런데 A가 크게 간과하고 있는 것은 베풀면 돌아온다는

이치를 모른다는 것입니다. 이 세상에는 베풀면 반드시 돌아온다는 이치가 있습니다.

예를 들어 A가 B에게 김치 10포기를 주었습니다. 그러면 B도 가만히 있기는 힘들 것입니다. 뭐라도 보답을 할 것입니다. 설령 B가 뻔뻔해서 보답을 안 한다 하더라도 돌아 돌아 생각지도 못한 사람이 대신 보답을 해주는 경우가 아주 많습니다. 단 여기서 중요한 것은 베풀 때 바라는 마음을 가지고 베풀면 안 된다는 것입니다. 내가 베풀었으니까 조만간 돌아오겠지. 이런 생각조차도 해서는 안 됩니다. 마음을 완전히 비우고 아무것도 바라지 않고 그냥 상대를 위하는 마음으로 상대가 기뻤으면 좋겠다는 심정으로 베풀어야 한다는 것입니다. 베푸는 게 잘 안 되는 사람은 베푸는 즐거움이 뭔지 잘 모르기 때문이라고 생각합니다. 내가 상대에게 베풀었을 때 상대가 기뻐하는 모습을 보면 나 역시 마음이 밝아지고 행복감이 느껴지는 경험을 해봐야 합니다. 그럴려면 마음에서 내키지 않아도 한번 베푸는 마음을 가져봐야 할 것입니다.

정말 주기 싫지만, 정말 사주기 싫기만, 마음을 먹고 베풀어보는 것입니다. 어차피 죽을 때 아무것도 가져가지 못합니다. 그리고 베풀면 상대도 감사해하기 때문에 보답을 어떻게 안 할 수가 있겠습니까? 물론 개중에 보답하지 않는 사람도 있지만, 그런 사람은 극소수입니다. 보통의 사람은 대부분 은혜에 보답하기 때문에 어차피 다 돌아옵니다. 바라지 않고 그냥 상대가 기뻐하는 모습에 나도 마음이 기뻐지는 그런 후덕한 사람이 되어야 하지 않겠습니까? 내 자손들이 또 내 주변 사람들이 나를 생각할 때 참 그분은 후덕하고 베풀기를 좋아하는 어른이라고 기억한다면 얼마나 좋을까요?

그런데 나를 생각하면 대한민국에 몇 안 되는 소문난 구두쇠라고 기억한다면 참 자손들에게도 부끄럽지 않을까 합니다. 원래 잘 사는 사람들 중에는 윗대 어르신들이 덕을 많이 쌓아서 후손이 잘 사는 경우가 많습니다. 그런 것을 생각해서라도 구두쇠 같은 인생을 산다면 자손 만대에 부끄러운 오명을 남기게 되는 것이 아닐까 합니다. 자손들이 나의 인색함 때문에 잘 살지 못해서 나를 원망한다면 그것 역시 부끄러운 일이 될 것입니다. 그러니 살아 있을 때 많이 베풉시다.

05. 상대방한테 집착하는 사람

자기를 떠나가지 않을까 불안해하면서 상대방한테 집착하는 사람이 있습니다. 이런 감정은 특히 연애할 때 많이 드러나는 것 같습니다. 애인이 혹시 다른 사람이 생겨서 나를 떠나가지 않을까 걱정하는 거죠. 그런데 걱정한다고 떠나갈 사람이 떠나가지 않는 것은 아닙니다. 나의 걱정 불안과 관계없이 나를 떠날 사람은 반드시 떠나게 되어 있습니다. 그것은 인연이 있어서 만났지만, 인연이 다 했기 때문에 떠나가는 것 같습니다. 그렇기 때문에 처음 만날 때 첫눈에 반해서 영원히 함께하고 싶은 사람을 만났다 하더라도 그와 동시에 이 사람이 나를 싫어할 수도 있고, 설령 나와 연인관계가 되었다 하더라도 인연이 다 하게 되면 떠나갈 수도 있다는 것을 마음 속에 새겨두어야 한다고 생각합니다.

10년의 인연이 될 수도 있지만, 1년의 인연이 될 수도 있기 때문에 억지로 인연을 만들어나갈 수 있는 것은 아닙니다. 다만 인연으로 같이 있는 동안만큼은 최선을 다해서 상대방이 최소한 나의 잘못 때문에 떠나가지는 않도록 정성을 다 하는 게 중요하다고 생각합니다. 하지만 그렇게 정성을 다 했어도 나의 잘못으로 인해서 연인이 떠나간다면 겸허히 운명이라고 받아들이고 편히 떠날 수 있도록 배려를 해주는 것이 중요하다고 생각합니다. 기본적으로 연애를 할 때 가장 해서는 안 되는 것이 바로 상대방에 대한 집착이라고 생각합니다. 상대방에 대해 집착을 하면 집착하는 자신도 마음이 항상 불안해서 안정적으로 일을 하기가 힘들 것입니다.

사람 마음은 절대로 내 뜻대로 되지 않습니다. 신기하게도 이 사람 아니면 절대 안 될 것 같은 마음이 드는 순간 대부분의 상대방은 부담감을 느끼게 되는 것 같습니다. 연애에 있어서 상대방에게 부담감을 주는 것은 상대방을 떠나가게 하는 지름길임을 명심해야 합니다. 그냥 누구를 대하더라도 마음을 비우고, 연인으로 잘 되면 좋지만, 안 되도 그만이라는 마음으로 상대방을 대하게 되면 생각지도 못한 인연이 만들어지기도 합니다.

06. 의심이 많은 사람

의심이 많은 사람이 있습니다. 이런 사람은 가족 이외에는 누구도 믿지 않는 경향이 있습니다. 이유는 누군가에게 배신당하거나 속은 경험이 있기 때문일 겁니다. 또한 그런 경험이 없음에도 선천적으로 의심이 많은 사람이 있습니다. 예를 들어 의심이 많은 사람이 애인을 사귀게 되면 애인의 일거수일투족을 알고 싶어할 것입니다.

그래서 애인의 핸드폰 채팅 내용을 훔쳐본다든지 애인의 통화 내용을 유심히 들어본다든지 하면서 계속 의심을 하는 경우가 있습니다. 그러면 사실 의심하는 당사자도 힘들고 의심받는 애인도 힘들어집니다. 그렇지만 계속 의심이 들고 이 사람도 자신을 배신할 것같은 상상이 들어서 의심의 마음을 끊을 수가 없는 것입니다. 그런데 이건 너무나도 쓸데없는 큰 에너지 소모입니다. 왜냐하면 내가 의심을 하든 의심을 하지 않든 나를 배신할 사람은 언제든지 배신하게 되어 있기 때문입니다. 나를 배신하고 떠나가는 사람을 막아서도 안 됩니다. 그것은 자유이기 때문입니다. 중요한 것은 의심만 하기보다 상대방이 나를 떠나가지 않도록 최선을 다해 마음을 주는 것이라고 생각합니다.

오히려 그 의심의 마음때문에 상대방에게 더 추궁을 하게 되어 자신을 배신하고 떠나가려고 하는 경우도 많습니다. 결국은 그런 의심의 마음 때문에 상대방이 자신을 떠나가게 되는 원인을 제공했다면 너무도 쓸데없는 일을 해버린 것이 되어버립니다. 의심을 한다고 해서 이득이 될 것이 하나도 없고, 오히려 상대방이 감시당한다는 느낌마저 들게 된다면 이건 너무나도 무의미한 행동이 되어버리는 것입니다.

일단은 기본적으로 상대를 믿어줘야 합니다. 상대가 누구를 만나든 누구와 문자를 주고 받든 관심을 가지지 말고 생각을 끊고 믿어줘야 합니다. 의심이 들어도 자기를 반성하고 마음을 비우고 상대를 믿어주려고 훈련을 계속해야 합니다. 상대를 진심으로 믿어주되 상대를 소유하려고 하지 말고, 상대가 마음 편하게 나를 만날 수 있도록 해주는 게 중요합니다. 또한 의심을 하기보다 의문을 가지는 것이 좋습니다.

만약 상대가 누군가와 통화를 하는데 너무나도 다정하게 대화를 한다면 그냥 가볍게 누구냐고 물어볼 수 있고 친구라고 한다면 그걸 믿어줘야 합니다. 그런데 거기서 한 발 더 나아가 단순한 친구가 아닌 것 같다느니 하면서 의심을 시작하면 끝도 없게 되고 이것이 과대망상증의 시작이 되는 것입니다. 자신의 추측을 기정 사실화시켜버려서 과대 해석해버리는 것이 바로 과대망상증입니다. 또한 상대가 굳이 자세히 얘기하고 싶어하지 않는 것을 파고들어서 진실을 파헤치려고도 하지 마세요. 그렇게 진실을 알았다 한들 무슨 의미가 있겠습니까? 어차피 사람은 자기가 하고싶은 대로 끌리는 대로 가게 되어 있습니다.

그 자유 의지를 인정해주고 떠나고 싶을 때는 언제나 떠날 수 있도록 해주는 것이 중요합니다. 다만 나의 잘못으로 인해서 떠나가지는 않도록 최선을 다해서 마음을 써주는 것이 중요하다고 생각합니다.

13

자존심 세우지 맙시다

01. 싸우고 나면 서로 말을 안 하는 사람

싸우고 나면 서로 말을 안 하는 사람이 있습니다. 말을 안 하는 이유는 여러 가지가 있겠지만 자존심 대결을 하는 것일 수도 있습니다. 속으로 서로 이런 생각을 할 수도 있습니다. "너가 먼저 미안하다고 사과하기 전까지는 나는 절대 먼저 말 안 걸거야." 이렇게요. 서로 대치하고 있는 거죠. 누가 먼저 사과할까가 관건입니다. 그런데 좀처럼 서로 먼저 사과를 안 합니다. 그렇게 몇달 동안 대화를 하지 않는 경우도 있습니다. 이런 부부도 있다고 합니다. 한번 싸우면 석 달 동안 말을 안한다고 합니다. 석 달 뒤에 어쨌거나 화해를 하긴 하지만, 한 달이 못 가서 다시 싸운다고 합니다.

싸우게 되면 다시 석 달 동안 말을 안 한다고 합니다. 결국 이 부부는 1년동안 대화하는 기간이 불과 넉 달밖에 안 되는 것 같습니다. 먼저 사과하는 것이 그렇게 힘든가요? 부부인데도요. 힘든 것 같습니다. 너무 힘든 것 같습니다. 그냥 "내가 진짜 미안해."라고 눈 딱 감고 한마디만 하면 되는데 그 말하기가 너무 힘이 든다고 합니다. 자존심이 상하기 때문일 것입니다. 자존심은 스스로 존귀하다는 뜻인데요. 쉽게 말해 자기가 제일 잘 났다는 뜻인 것 같습니다. 자존심이 강한 사람은 먼저 굽히지 않습니다. 둘 다 자존심이 강하면 서로 굽히지 않을 것입니다. 그러면 영원히 대화하기 힘들겠네요. 자존심이 강한 사람은 왕이 되어야 할 것 같습니다. 왕이 되면 누구에게도 굽히지 않아도 되니까요. 자존심이 강한 사람이 평범하게 살기란 매우 힘들 것 같습니다. 평범하게 살려면 먼저 굽혀야 할 일이 많으니까요. 결국 싸우더라도 자존심만 버리면 먼저 사과를 해서 다시 대화를 할 수 있을 건데요. 그러면 자존심만 버리면 되는데요. 도대체 자존심은 어떻게 버려야 할까요? 정답은 누구나 존귀하다는 것을 깨닫는 것입니다. 자신이 존귀한 것처럼 남도 존귀합니다. 나라는 존재는 이 우주에 오직 단 한 명밖에 없습니다. 너무나도 소중하고 존귀한 생명입니다.

그러면 상대방은 어떤가요? 상대방은 그냥 기분 나쁘면 없애도 되는 존재인가요? 상대방 역시 이 우주 안에 단 한 명밖에 없는 존귀한 생명입니다. 그러면 이 세상에 분신술이 가능해서 여러 명으로 복제할 수 있는 사람이 있을까요? 어디에도 없습니다. 결국 이 세상 모든 사람이 이 우주 안에 단 한 명만 존재하는 소중한 생명입니다. 그렇다면 누구나 자존심이 있고, 누구나 동등합니다. 누가 누구보다 더 존귀한 생명은 없습니다. 예쁘면 더 자존심이 강해야 하고, 못 생기면 더 자존심이 약해야 합니까? 부자는 자존심이 세야 하고 가난한 사람은 자존심이 약해야 합니까? 많이 배운 사람은 자존심이 세야 하고 못 배운 사람은 자존심이 약해야 합니까? 이 세상에 그런 법은 없습니다. 누구나 존귀합니다. 그러면 두 사람이 싸웠다고 했을 때 자존심 대결을 할 이유가 없습니다. 둘의 자존심이 똑같기 때문에 대결할 필요가 없는 것입니다.

이성이 돌아오는 즉시 서로 사과해야 합니다. 약간 어색할 수는 있습니다. 그래도 정중하게 미안하다고 사과를 해야 합니다. 이건 자존심을 굽히는 것이 아니라 용기 있는 행동입니다. 자신의 잘못을 인정하는 사람은 진정한 용기를 가진 사람입니다. 사람은 누구나 실수를 할 수 있습니다. 그러나 그 실수를 당당히 인정하고 먼저 사과할 줄 아는 사람이 정말 멋진 사람이고, 이런 사람과는 친구가 되고 싶습니다. 먼저 사과하는 사람은 분명히 마음이 넓은 사람입니다. 마음이 넓어서 상대방을 포용할 수 있기 때문에 먼저 말을 걸어 사과를 할 수 있는 것입니다.

싸우고 나서 말로 사과도 안 하고 꿍한 표정으로 있는 사람도 속으로는 자기 반성을 하고 상대에게 미안한 마음을 가지고 있을 수 있습니다. 하지만 말로 표현하지 않으면 상대방은 그냥 나한테 기분 나빠서 저렇게 꿍한 표정을 하고 있다고 오해할 수 있습니다. 그렇기 때문에 먼저 사과하고 다시 밝게 대화를 하는 것이 중요합니다. 싸우고 나서 서로 말도 안 하고 계속 같이 있는 것만큼 고통스러운 일은 없습니다. 잘못한 것은 정중히 사과하고 앞으로 다시는 똑같은 일로 싸우지 않도록 서로 다짐을 한다면 싸우기 전보다 더 가까운 사이가 될 것입니다.

02. 말싸움을 하면 절대 지지 않는 사람

말싸움을 하면 절대 지지 않는 사람이 있습니다. 보통 말싸움에서 이기기 위해서는 목소리가 커야 합니다. 끝까지 자신의 주장을 고집하기 위해서는 목소리가 커야 더 강력한 힘이 생기기 때문입니다. 이렇게 말싸움을 잘 하고 절대 지지 않는 사람은 부모도 말싸움을 잘 하는 경우가 많습니다. 집 안에서 부모님이 매일 말싸움을 하게 되면 그것을 어릴 때부터 보고 배웠기 때문에 그대로 해버리는 경우가 많습니다. 부모를 보며 나는 절대 저렇게 안 해야지 하면서도 보고 배운 게 있기 때문에 결국 문제가 생기면 서로 한 발 물러나서 상대방을 이해하려고 하기보다는 어떻게든 싸워서 이기려고 하는 경우가 많습니다. 어떻게든 싸움을 이기고 나면 상대방은 "알겠어요. 미안해요. 내가 잘못했네요. 앞으로는 안 그럴게요."라고 반성하는 듯한 대답을 할 것입니다.

그런데 말싸움에서 진 사람이 정말 진심으로 자신의 잘못을 뉘우칠까요? 전혀 그렇지 않은 경우가 대부분입니다. 대부분의 경우 상대방의 목소리가 너무 크고 기운이 세서 공포심에 빨리 싸움을 끝내기 위해서 거짓으로 내가 잘못했다고 말하면서 져주는 경우가 많습니다. 결국 말싸움이라는 것은 대화가 아니라 말 그대로 입으로 하는 싸움이고, 논리와 이치보다는 목소리와 기운이 세면 이기는 것입니다. 결국 진 사람은 답답하기만 하고 문제는 전혀 해결되지 않습니다. 대부분 남녀 간이나 부부간에 말싸움을 하게 되면 남자가 항상 이겨왔던 것이 역사입니다.

왜냐하면 남자가 목소리도 크고 기운도 세니까요. 결국 여자들은 원한만 쌓이게 되는 거죠. 그런데 신기하게도 요즘에는 세상이 바뀌었는지 여자가 기가 더 센 경우가 많습니다. 왜 이렇게 바뀌었을까요? 예전에는 여자들이 억울해도 같이 살았지만, 지금은 아니다 싶으면 그냥 떠나가버리기 때문에 여자 말을 안 들었다가는 홀아비 신세가 되어버리니까 여자 말을 들을 수밖에 없는 것 같습니다. 다시 원점으로 돌아와서 말싸움에서 지지 않으려고 하는 이유가 뭘까요? 여러 가지 이유가 있겠지만, 지게 되면 자신의 권리를 포기해야 하기 때문인 것같습니다. 그런데 그 권리를 포기하지 않으면 상대방이 불편해지는 것입니다.

결국 말싸움에서 지지 않으려는 이유는 손해 보기 싫고, 자기 이익밖에 모르는 이기주의적인 성격 때문인 것 같습니다. 하지만 자신의 이기주의 때문에 상대방은 그만큼 불이익을 당해야 한다는 것을 깨닫는다면 주변 사람과의 조화를 위해서는 무조건 자신의 이익만을 생각하기보다는 상대방과 상의를 하는 마음으로 조율을 해서 조화롭게 일이 처리될 수 있도록 해야 할 것입니다. 말싸움에서 항상 이기려는 사람은 결국 전혀 남들과 소통이 안 되는 꽉 막힌 사람이라는 평만 듣게 됩니다. 친구들이나 가족들 사이에서도 고립을 당해서 외톨이가 되겠죠. 또한 이런 사람과는 약간 말싸움이 될 것 같으면 상대방이 먼저 미안하다고 하면서 물러나게 될 것입니다. 이 사람의 성질을 알기 때문이지요.

그리고 말싸움이 될 만한 얘기 자체를 안 하게 될 것입니다. 주변 사람들은 이런 사람을 대할 때 항상 조심스러울 것입니다. 결국 아주 불편한 사람이 되어버리기 때문에 가까이 하지 않게 될 것입니다. 말싸움을 이겼지만 결국 얻은 것보다는 잃은 게 더 많은 것입니다. 주변 사람을 다 잃어버린다는 것입니다. 우리가 아이들과 놀 때 아이에게 이기려 하지 않는 것은 아이가 상처받지 않도록 하기 위해서인 경우가 많습니다. 마찬가지로 말싸움이 일어나도 져주는 사람은 공포심 때문도 있겠지만, 상대방이 더 큰 상처를 받지 않도록 하기 위해서일 수도 있습니다. 어떻게 보면 싸움에 져주는 사람은 아주 마음이 넓은 사람인 것입니다.

말싸움에서 반드시 이기고자 하는 사람은 앞에서도 얘기했듯이 도대체 자신이 왜 이렇게 말싸움만 하면 어떻게든 이기려고 하는지 잘 생각을 해봐야 합니다.

그래서 그 습관을 고치고자 한다면 말싸움 자체가 일어나지 않도록 해야되고 말싸움이 일어날 것 같으면 그 자리를 피하는 습관부터 가지면 서서히 거기서 벗어날 수 있게 됩니다. 그리고 말싸움이 아닌 상의와 대화가 될 수 있도록 감정 조절 훈련을 해야 될 것입니다. 너그럽게 상대방의 말을 인정해주고 이기려 하지 않는 넓은 마음을 가지면 많은 사람이 모이게 될 것입니다.

14

서로 배려하는 마음을 가집시다

01. 자신의 심정만 알아달라고 하는 사람

상대방의 심정은 전혀 알아주지 않으면서 자신의 심정만 알아달라고 하는 사람이 있습니다. 이런 사람은 자신의 이런 힘든 상황을 아무도 이해해주지 못한다고 생각하거나 자신이 세상에서 가장 고통스럽다고 느끼는 경우가 많습니다. 그러면서 자신에게 고통을 준다고 느껴지는 사람에게 계속 말로 상처를 주는 경우가 많습니다. 만약 인간관계를 맺고 있는 두 사람이 모두 이런 성격을 가진 사람이라면 끊임없이 서로 자기의 심정만 알아달라고 상대방에게 말로 상처를 줄 것입니다.

예를 들면 A와 B는 같이 일하는 사이인데, A는 초보자라서 일머리가 없다보니 B의 얘기를 잘못 알아듣습니다. 그래서 B에게 다음과 같이 계속 욕을 들어 먹습니다. "한번 얘기하면 좀 알아들어요. 외국어를 하는 것도 아닌데, 왜 못 알아들어요? 답답해죽겠네. 이래 가지고 어떻게 같이 일하겠어요?" 그랬더니 A는 "제가 이런 일은 처음이라서 일머리가 없어서 잘 못 알아듣는 건데, 계속 그렇게 뭐라하면 저 더 힘들어져요. 왜 그렇게 계속 잔소리 하세요? 안 그래도 힘들어 죽겠구만." 이렇게 서로 자신의 심정만 알아달라고 하고만 있는 것입니다. 이런 사람들의 특징은 자신이 느끼는 고통만 크다고 생각해서 상대방의 입장이나 느끼는 고통에 대해서는 거의 관심이 없는 경우가 많습니다. 그래서 이런 사람들은 마음이 아주 넓어서 상대방의 심정을 전부 이해해주고 맞춰주는 사람을 만나야만 안정감을 찾게 됩니다. 하지만 그런 사람을 만나기는 좀처럼 쉽지 않습니다.

또한 설령 그런 사람이 곁에 있다 하더라도 항상 그 사람과만 같이 있을 수는 없기 때문에 결국 자신의 심정을 알아주지 않는 사람과도 만날 수밖에 없고, 또 그런 사람과는 적대적으로 대할 수밖에 없는 것입니다. 이런 부분을 해결하기 위해서는 고통스럽겠지만, 나의 힘든 심정보다는 상대방의 힘든 심정을 먼저 알아주고 상대방에게 먼저 맞추는 수밖에 없습니다. A는 B가 자신 때문에 일을 원활하게 하지 못해 답답해하는 심정을 이해하고 죄송한 마음을 가지고 어떻게든 맞추려고 노력하는 모습을 보여야 하고, B는 A가 나름 열심히 하려고 하지만, 초보자다보니 아직 일머리가 없어서 잘못따라오고 있다는 것을 이해해주고 자상하게 가르쳐줘야 합니다.

중요한 것은 상대방의 심정을 먼저 알아주고 맞춰주면 상대방도 나의 심정을 알아주고 맞춰준다는 것입니다. 상대방의 고통보다 내 고통이 훨씬 크다고 느껴져도 어쨌든 상대방도 나로 인해서 고통을 받고 있기 때문에 먼저 상대방의 고통을 알아주고 맞춰주면 상대방의 마음이 누그러지면서 상대방도 나의 고통의 심정을 알아주고 맞춰주게 되어 있습니다.

하지만 내가 상대방의 심정을 알아주고 맞춰준다고 해서 당장 상대방이 나의 심정을 알아주고 맞춰주지는 않을 수도 있습니다. 오히려 심정을 알아주고 맞춰준 상대방을 더욱 탓하기만 할 수도 있습니다. 이렇게요. "이제 알겠어요? 제가 얼마나 힘들었는지요?" 그래도 인내심을 가지고 계속 상대방의 심정을 알아주고 맞춰줘야 합니다. 이때 주의해야 하는 것은 "나는 너의 심정을 알아주고 맞춰줬는데, 너는 왜 내 심정을 안 알아주냐?"라고 말해버리면 다시 원점으로 되돌아가게 됩니다.

일단은 상대방의 원통한 마음의 심정이 충분히 풀릴 때까지는 내 심정을 알아달라는 얘기를 해서는 안 됩니다. 계속 며칠이 걸리든 몇 달이 걸리든 상대방의 심정을 알아주고 맞춰줘야 합니다. 그렇게 꾸준히 진심으로 상대방을 위하는 마음으로 자신의 마음을 비우고 상대방의 심정을 알아주고 맞춰주면 어느 순간 상대방도 변화하기 시작합니다.

그러면 상대방이 이런 말을 하기 시작할 것입니다. "그런데 생각해보면 저만큼 B님도 많이 힘들었겠다는 생각이 드네요. 그리고 내 마음 알아주고 맞춰준 거 진짜 고맙게 생각합니다. B님도 저 때문에 많이 힘드셨죠?" 상대방에게서 이런 말이 나오면 이제 어느 정도 서로 간의 원한은 조금씩 풀리기 시작한 것입니다.

하지만 여기서부터가 중요합니다. 더 이상 서로 간의 원한이 생기지 않도록 평소부터 상대방의 심정이 어떤지 대화를 많이 하고 서로가 있어만 줘도 고마운 마음을 가지고 맞춰나가야 합니다. 자신의 심정을 알아달라고 하기보다 상대방의 심정을 먼저 알아주면 상대방은 어느 때가 되었을 때 내 심정을 진심으로 알아줍니다.

02. 상대방의 의사는 전혀 묻지 않고 자신의 덕을 베푸는 사람

상대방의 의사는 전혀 묻지 않고 자신의 덕을 베푸는 사람이 있습니다. 이렇게 되면 상대방은 덕을 입었지만, 그다지 기쁘지가 않습니다. 왜냐하면 전혀 원하지 않는 것을 받았기 때문입니다.

예를 들면 생일 선물을 줄 때 상대방에게 뭘 가지고 싶은지 묻지 않고 그냥 자기 생각대로 선물을 하는 경우가 있습니다. 물론 상대방에게 깜짝 선물을 하고 싶은 마음에 자기 임의대로 선물을 사는 경우가 있지만, 결과적으로는 쓸데없이 짐만 되어버리는 경우가 많습니다. 결국 덕을 베풀었지만, 엄밀히 말하면 덕을 베푼 것이 아닌 것입니다. 그래서 누군가에게 선물을 할 때는 항상 미리 물어보는 게 좋다고 생각합니다. "오늘 너 생일 선물 사려고 하는데, 내가 거창한 건 못해주고 10만 원 이하로 너가 원하는거 얘기해볼래?" 이렇게요.

또한 상대방의 의사를 묻지 않고 일방적으로 덕을 베풀어서 관계가 오히려 안 좋아지는 다른 예가 있습니다. A는 B의 커피숍의 단골 손님인데 A가 B에 대해 호감을 가지고 있는 상태입니다. 이런 상황에서 A는 B의 의사를 전혀 묻지 않고 선물을 하게 됩니다. "이거 롱코트입니다. 이제 겨울도 되고 해서 하나 준비했습니다. 한번 입어보세요. 잘 어울리실 것 같은데요." 이 말을 들은 B는 굉장히 불쾌했습니다. B는 이 일을 계기로 오히려 자신의 의사를 묻지 않고 일방적으로 덕을 베푸는 A에 대한 거부감만 더 커지게 되었습니다.

차라리 다음과 같이 정중하게 물어보는 게 훨씬 나았을 텐데요. "B씨는 롱코트가 잘 어울리실 것 같네요. 이제 겨울도 되고 슬슬 추워지는데 괜찮으시다면 제가 롱코트 하나 사드려도 될까요?" 이렇게요. 그리고 물어 봤는데도 굳이 필요없다고 하면 무리해서 덕을 베풀 필요는 없습니다. 그럼에도 불구하고 뭔가 자신의 덕을 펼치고 싶어서 굳이 필요없다는데도 사주려고 하는 경우가 있습니다. 그런 도움을 감사히 받아들이는 사람도 많이 있지만, 오히려 부담스러워하는 경우도 많습니다. 그렇기 때문에 무조건 베푸는 것이 좋은 것만은 아닙니다. 그리고 상대방이 원하지 않는다고 하면 안 하는 게 훨씬 관계를 더 좋게 만드는 경우가 많습니다.

원하지 않는 것이 아니라 아직 뭔가를 받기에는 부담스러운 관계라고 생각할 수도 있기 때문입니다. 그런 관계에서는 급하게 가까워지려고 무리한 덕을 베풀기보다는 시간을 두고 천천히 부담스럽지 않은 선에서 다가가는 것이 좋습니다. 그렇게 여유를 가지고 다가가다보면 어떤 계기를 통해서 자연스럽게 가까워질 수 있습니다. 인간관계는 절대로 억지로 가까워지려고 하면 반드시 역효과가 발생합니다.

상대방의 의사나 마음은 전혀 생각하지 않고 자신의 뜻대로 덕을 베푸는 것은 상대방을 완전히 무시하는 것입니다. "뭐가 그렇게 생각이 복잡해요? 내가 덕을 베풀어주면 그냥 고맙습니다 하고 받으면 되죠. 누가 보답하라고 한 것도 아니고 그냥 준다는데 뭘 그래 따져요?"라고 생각하는 사람이 있다면 그건 교만한 착각입니다. 우리가 원활한 인간관계를 위해서는 그런 민감한 부분까지 생각을 해야 합니다.

세상에는 수많은 얼굴을 가진 사람들이 사는 것만큼 수많은 성격을 가진 사람들이 많이 살고 있고, 누군가에게는 단순한 생각들이 누군가에게는 너무도 복잡한 생각일 수 있습니다. 그렇기 때문에 그런 부분까지 세세하게 신경써야만 원활한 인간관계의 달인이 될 수 있습니다.

03. 그냥 나를 좀 이해해주면 안되냐고 말하는 사람

그냥 나를 좀 이해해주면 안 되냐고 말하는 사람이 있습니다. 이런 사람은 자신의 절박한 심정을 상대방이 이해해주기를 바랍니다. 자신이 잘 못한 것은 사실이지만, 그럴 수밖에 없는 이유를 얘기하면서 제발 이해해 주기를 바랍니다.

예를 들면 항상 늦잠을 자서 지각을 하고 같이 약속한 것도 있는데 지 키지 않고 짜증도 많이 내는 사람이 있어서 좀 고치라고 몇 마디 했더니 버럭 화를 내면서 "내가 지금 얼마나 힘든지 아세요? 나는 지금 죽고 싶을 지경이에요. 내 입장이 되어봤어요? 내가 얼마나 힘든지 모르죠? 저한 테 뭐라 하지만 마시고 제 심정을 좀 이해해주면 안 되요?"라고 말하는 사 람이 있습니다. 하지만 그걸 이해해줄 수 있는 사람이 많지는 않을 것입 니다. 그리고 이렇게 말하는 사람은 정작 상대방이 자신에게 왜 고치라고 얘기했는지는 생각하지 않고, 자신의 심정을 이해해달라고만 하는 경우 가 많습니다.

자신이 매일 그렇게 늦잠 자고 약속 안 지키고 짜증낼 때 상대방의 심 정이 어땠는지는 전혀 생각하지 않는 것입니다. 그런데 상대방도 자신의 심정을 이해해달라고 하면 더 이상 대화가 안 된다고 판단하고 말을 안 해버리는 것입니다. 이해라는 것은 한쪽만 이해해주는 것이 아니라 쌍방 이 서로를 이해해주어 절충점을 찾는 것이 중요합니다.

지금 자신이 너무 힘들어서 늦잠 자고 약속 어기고 짜증을 많이 내지 만, 상대방이 그것 때문에 많이 힘들다면 "내가 아직 상태가 안 좋아서 늦잠도 자고 약속도 어기고 짜증을 많이 내지만, 고치도록 노력 할테니 조금만 기다려주세요."라고 말을 한다면 상대방도 어느 정도 이해할 것입니다.

그리고 왜 내가 이렇게 상태가 안 좋아졌는지 그리고 내 상태에 대해 좀 더 자세히 얘기를 한다면 상대방도 더욱 이해하는 마음이 커지게 될 것입니다. 예를 들면 "사실은 지금 내가 완전 자포자기 상태예요. 10년 동안 사귀었던 애인이 갑자기 연락도 안 되고 어디 있는지도 모르겠고, 거기에 어머니가 사기를 당해 재산을 다 날려버렸거든요.

그리고 아무리 일찍 일어나려고 알람을 맞춰도 전혀 들리지도 않고, 약속을 했는데도 돌아서면 기억도 안 나고, 계속 짜증이 나는데, 내가 왜 이러는지 나도 모르겠어요."라고 구체적인 상태를 얘기한다면 상대방도 "아! 그래서 힘들었구나. 나는 너가 이렇게 안 좋은 상태인지 몰랐다. 미안하다."라는 대답이 나올 것입니다. 결국 허심탄회한 대화만 하면 오해가 풀려 이해가 되는 것입니다.

| 인간관계 총정리 |

인간관계에서 가장 중요한 것은 겸손이라고 생각합니다. 첫 대면에서 겸손한 이미지가 느껴지는 사람은 상대방으로 하여금 편안한 느낌을 가지게 합니다. 그것과 함께 더욱 중요한 것은 밝게 웃는 모습입니다. 사람들은 상대방의 표정만 보고 쉽게 오해를 하곤 합니다. 표정이 밝지 않으면 뭔가 기분 나쁜 일이라도 있나 하면서 오해를 합니다. 그렇기 때문에 겸손하면서도 밝은 표정으로 상대방을 대하는 것이 아주 중요합니다.

그것과 함께 상대방에 관한 칭찬을 해주면 참 좋습니다. 인상이 참 좋으시다고 하거나 신뢰감이 느껴지는 이미지라고 한다거나 하면서 상대방에 관해 좋은 얘기를 해주면 상대방이 참 좋아합니다. 그리고 상대방이 말이 많은 사람이라면 상대방이 많은 얘기를 할 수 있도록 하되 상대방의 얘기를 중간에 끊지 말고 잘 들어주면서 상대방이 하는 말에 반응도 재미있게 보여주면 아주 좋습니다. 반대로 상대방이 말수가 적으면 내가 얘기를 많이 해서 상대방이 어색해하지 않도록 해주는 것이 좋습니다.

또한 상대방이 나의 생각과 다른 얘기를 한다고 하더라도 그것이 큰 문제가 없다면 절대로 상대방의 생각에 이의를 제기하는 것은 좋지 않습니다. 그냥 수긍해주고 나의 생각을 물어본다면 저도 그렇게 생각한다고 해주면 상대방이 더욱 나에게 호감을 가지게 될 것입니다. 인간관계에서 불

필요한 충돌은 하지 않는 게 좋으니까요.

그리고 불필요한 농담은 자제하는 것이 좋습니다. 상대방을 기분 나쁘게 하는 농담은 절대 해서는 안 되고, 상대방을 기분 좋게 하는 농담도 한두 번이지 계속하게 되면 실없는 사람으로 보일 수 있기 때문입니다. 그리고 상대방이 나로 인해 편안함을 느낄 수 있는 분위기를 만들어주는 것이 아주 중요합니다. 그런 분위기를 만들어주면 상대방은 마음속 얘기를 하게 됩니다. 그렇게 되면 상대방의 성향에 대해 더 깊이 알 수 있게 되어 더욱 가까워지게 됩니다.

또한 상대방의 마음의 문이 활짝 열리면 나에게 자신의 심각한 고민을 얘기할 수도 있습니다. 그럴 때 주의해야 할 것은 상대방의 고민을 어떻게든 해결해주고 싶은 마음에 뭔가 나름 해결책이라고 얘기한 것이 오히려 상대방의 기분을 거슬리게 할 수도 있기 때문에 해결책을 알려주려고 하기보다는 공감해주고 힘드셨겠다고 위로만 해줘도 됩니다. 사람들은 권위의식 때문에 자신의 속 얘기를 아무에게나 하지는 않거든요. 하지만 같이 있으면 마음이 편안한 사람에게는 마음속 얘기를 하게 되어 있습니다. 그 얘기는 가족도 모르는 얘기가 많습니다. 그렇기 때문에 들은 얘기를 웬만하면 다른 사람에게 발설하지 않는 것이 좋습니다. 혹여라도 발설했다가 상대방이 알기라도 하면 배신감으로 인해 관계가 갑자기 안 좋아질 수 있기 때문입니다.

약속을 잡고 만날 때는 반드시 약속 시간 10분 전에는 약속 장소에 도착해야 합니다. 사람들은 약속 시간에 민감하고 약속 시간을 잘 지키는지로 신뢰할 수 있는지를 파악하기 때문입니다. 상대방과 점점 더 가까워진다 하더라도 웬만하면 반말은 하지 않는 게 좋다고 생각합니다. 반말을 하게 되면 말실수를 할 가능성이 높아지기 때문입니다. 저 같은 경우는 상대방이 반말로 얘기하자고 해도 제가 오랜 세월 반말을 써본 적이 없어서 입에서 잘 안 나온다고 얘기하고 상대방을 존중하는 마음에서 항상 존대말을 쓴다고 얘기합니다. 그러면 상대방도 자연스럽게 존대말을 씁니다.

또한 상대방과 한번 약속을 한 것은 정말 누군가가 돌아가셔서 장례식장에 가는 일이 아니고서는 변경을 하지 않는 것이 좋습니다. 수시로 약속을 변경하면 상대방은 자신과의 약속보다 더 중요한 약속이 생기면 자신과의 약속은 언제든지 깨질 수 있다고 생각되어 신뢰가 깨지면서 서운한 마음에 더 이상 약속을 잡지 않으려고 할 것입니다.

그리고 점점 더 가까운 사이가 되면 말도 더 편하게 하게 되고 그러다 보면 상대방이 살짝 함부로 자신을 대할 수도 있습니다. 그렇게 되지 않도록 하기 위해서는 나 자신부터 상대방을 함부로 대해서는 안 됩니다. 원래 가까운 사이일 수록 편하기 때문에 함부로 대하기가 쉬워집니다. 그렇기 때문에 절대 함부로 대해서는 안 됩니다.

특히 상대방의 단점을 계속적으로 들추어내서 고치라고 한다든가 상대방의 약점을 가지고 놀리는 행위를 하게 되면 상대방의 나의 단점이나 약점을 가지고 놀리게 될 것이고, 그런 상황이 계속되다보면 큰 싸움이 일어나 결국 인연이 끊어지는 원인이 되기도 합니다. 인간관계에서는 상대방의 단점을 들추어내어 고치려고 하기보다는 장점을 더 살릴 수 있도록 용기를 북돋아주는 것이 중요합니다. 그래서 상대방으로 하여금 '나를 알아주는 건 당신뿐이야'라는 마음이 들게끔 해주어야 합니다.

또한 상대방에게 항상 희망적인 얘기를 해주고 설령 상대방이 실수를 했다 하더라도 절대 화내지 말고 오히려 이해하는 마음을 가진다면 상대 방은 진한 감동을 받고 반드시 자신의 단점을 고칠 것입니다. 또한 상대 방에게 뭔가를 권유하고 싶을 때 절대로 강요하지 말고 이런 게 있다는 얘기만 해주고 이것의 장점에 대해 얘기해줘서 스스로 마음에서 우러나 와서 할 수 있도록 기다려주어야 합니다. 세상 모든 사람이 내 마음같지 않기 때문에 나는 좋지만 남은 싫을 수도 있기 때문에 상대방이 내 뜻에 따라주지 않는다고 서운해하지 말아야 합니다. 상대방을 내 뜻대로 움직 이려는 마음을 버리고, 상대방의 자유의사를 존중해주어야 합니다.

또한 절대로 상대방과 다른 사람을 비교하지 말아야 합니다. 비교란 이 전의 자신과 지금의 자신을 비교하는 것이지 상대방과 다른 사람을 비교 하는 것이 아니기 때문입니다. 또한 잘난 척, 아는 척, 있는 척을 하지 말 고, 부족한 듯이 낮은 자세로 상대방을 항상 높여주어야 합니다. 상대방 을 높여주면 상대방도 나를 높여주기 때문입니다. 나 스스로 우월함을 억 지로 내세우려고 하지 말고, 남을 앞세워주면 나는 자연히 많은 사람들의 의해서 앞세워지게 되는 것입니다. 또한 상대방을 이용 대상으로 대하지 말아야 합니다. 상대방이 다 느낍니다. 그래서 상대방이 이용당하는 척하 면서 반대로 역이용할 수도 있습니다. 진심으로 나도 잘되고 상대방도 잘 되기를 바라는 마음으로 사람을 대해야 합니다.

살다보면 아랫사람이 대들 수도 있습니다. 그런 상황에서 무작정 버릇 없는 놈이라고 하기보다는 무엇 때문에 그렇게 대들게 되었는지 허심탄 회하게 대화를 해봐야 합니다. 그래서 상대방의 심정을 이해해줘야 합니 다. 그리고 상대방이 얘기해주는 것을 반드시 고쳐야 합니다. 이해는 해줬 지만, 고치지 않는다면 더욱더 원한이 맺히기 때문입니다. 또한 확실하지 않은 얘기를 확실한 척 얘기하지 말아야 합니다. 이건 자칫 신용에 금이 갈 수도 있기 때문입니다.

그리고 절대로 상대방의 겉모습만 보고 판단하지 말아야 합니다. 최소 6개월 이상은 지내봐야 정말 어떤 사람인지 알 수 있기 때문입니다. 그렇기 때문에 어느 한 면만 보고 조급하게 상대방을 판단해서는 안 됩니다. 또한 조급한 성격은 모든 일을 그르치게 되기 때문에 항상 자신의 마음을 들여다봐서 조급한 마음이 들 때는 잠시 하던 일을 멈추고 마음을 안정시키는 데에 중점을 두어야 합니다. 그래야만 후회할 일들이 적어지게 됩니다. 내가 조급하다보면 상대방에게도 조급한 마음이 전달되기 때문에 상대방이 나로 인해 불안함을 느끼게 될 수 있습니다.

또한 어떤 확실한 증거가 드러나기 전까지는 절대로 남을 의심의 눈초리로 봐서는 안 됩니다. 상대방도 자신을 의심하고 있다는 것을 느끼기 때문에 서로 불편한 관계가 되어버릴 수 있습니다. 의심이 되면 허심탄회한 대화를 해서 물어보면 됩니다. 그러면 오해는 금방 풀릴 수 있습니다.

또한 사람은 감정 기복이 심해서는 안 됩니다. 항상 일정한 감정을 유지할 수 있어야 합니다. 어느 날은 마음이 밝았다가 어느 날은 마음이 어두우면 상대방으로부터 일관성이 없는 사람이라는 낙인이 찍혀버려서 믿지 못할 사람이라고 생각되어지게 됩니다. 그렇기 때문에 항상 안정되고 온화한 마음을 가져야 할 것입니다. 또한 상대방이 감정적으로 다가온다고 해서 거기에 같이 감정적으로 대해서는 안 됩니다. 일단 상대방의 마음을 가라앉히고 자초지종을 들어보고 그에 맞게 조치를 취해서 상대방의 원이 풀릴 수 있도록 해야 합니다.

말다툼이 일어났을 때도 무조건 상대방의 탓을 할 것이 아니라 상대방의 얘기를 잘 들어서 나의 어떤 면 때문에 상대방이 화가 났는지를 잘 들어봐야 합니다. 나는 나 자신의 단점을 잘 모르지만 상대방은 나의 단점에 대해 잘 알고 있기 때문입니다. 그래서 나 자신을 고쳐야 합니다. 주변에서 나의 단점을 얘기해주는 사람은 나의 인격을 발전시켜주는 소중한 사람입니다.

그리고 도움을 받았을때는 반드시 "정말 고맙습니다." 잘못했을 때는 반드시 "정말 죄송합니다."라는 말을 해야 합니다. 그렇지 않으면 상대방은 '고맙지 않은가? 죄송한 마음이 없나?'라고 오해할 수도 있기 때문입니다. 아무리 고마운 마음이 있고, 죄송한 마음이 있다 하더라도 말로 표현하지 않으면 상대방은 알 수가 없는 것입니다.

또한 어느 누구라도 편견과 선입견을 가지고 바라봐서는 안 됩니다. 편견과 선입견을 가지고 상대방을 바라보게 되면 상대방을 객관적으로 보는 것이 아니라 자신의 주관적인 잣대로 바라보게 되는 것이 되기 때문에 상대방의 진심을 알기 어렵습니다. 또한 편견과 선입견을 가지고 상대방을 바라보게 되면 상대방도 역시 나를 편견과 선입견을 가지고 바라보게 되어 있습니다. 내가 한 대로 받게 되는 것이 세상의 이치이기 때문입니다.

그리고 누구를 만나든지 상대방에게 뭔가를 바라는 마음을 가져서는 안 되고 자기 의도대로 해주기를 바라서도 안 됩니다. 그런 마음을 가지면 가질수록 상대방과 다툼이 잦아지고 원망의 마음이 생기게 되기 때문입니다. 그냥 곁에 있어주는 것만으로 감사한 마음을 가져야 합니다.

또한 지키지 못할 약속은 함부로 해서는 안 됩니다. 할 수 있는 것은 해줄 수 있다고 얘기하되 할 수 없는 것은 단호히 할 수 없다고 분명히 얘기를 해야 원망이 생기지 않습니다. 해주겠다고 얘기해놓고 나중에 안 해주면 무책임한 사람이 되어버리기 때문입니다.

그리고 잘못한 것에 대해서는 솔직하게 인정하고 받아들여서 앞으로 반드시 고치도록 하겠다고 상대방에게 얘기를 해주어야 합니다. 그리고 실제로도 어떻게든 고쳐나가야 합니다.

또한 상대방이 실수했을 때는 왜 실수를 했는지 파고들어서 따지기보다는 차라리 보고도 모른 척해보면 상대방이 오히려 큰 감동을 받아서 깊이 반성을 하고 자신 스스로를 고치기도 합니다. 또한 나 자신은 약속을 철저히 지키되 상대방이 약속을 취소했을 때는 너그럽게 이해하는 마음을 가져야 합니다. 하지만 상대방이 상습적으로 약속을 취소하면 그때는 충분한 시간을 가지고 약속을 왜 상습적으로 취소하는지 자세히 대화를 해봐야 합니다. 또한 약속을 취소했을 때 상대방의 입장에 대해서도 충분히 얘기를 해줘서 앞으로 더 이상 그런 일이 없도록 해야 합니다. 대충 얘기하면 심각성을 잘 모르기 때문에 최소 30분 이상 그 문제에 대해 대화를 해야 합니다.

그리고 처음 사람을 만났을 때 너무 빨리 친해지려고 하지 마세요. 상대방은 나만큼은 빨리 친해지고 싶어하지는 않을 수도 있기 때문입니다. 특히 내성적인 사람은 처음부터 너무 깊이 친해지려고 들어오면 연락을 단절하는 경우가 많기 때문입니다. 또한 남의 눈치나 시선에 너무 민감해하지 마세요. 어차피 내 인생 내가 사는 건데, 당당하고 자신감 있게 사세요. 의외로 사람들은 남이 어떻게 입고 다니든 크게 관심이 없습니다. 그리고 군이 일부러 적을 만들지 마세요. 그 적이 내 가족을 괴롭힐 수도 있으니까요. 누구에게나 친절하게 대하고, 말할 때는 덕스럽게 하고 설령 누가 맛없는 음식을 주었다 하더라도 절대 싫은 티를 내지 마세요. 상대방은 서운해서 정이 떨어지거든요. 일단은 주는 건 다 받고 입에 안 맞으면 준 사람 모르게 그걸 좋아하는 다른 사람에게 주면 되는 것입니다.

상대방이 전에 했던 얘기를 또 한다고 하더라도 처음 듣는 것처럼 얘기를 잘 들어주세요. 사실 상대방도 여러 번 얘기했다는 걸 알지만, 처음 듣는 것처럼 잘 들어주면 상대방의 마음의 문이 활짝 열릴 것입니다. 또한 오해의 소지가 있을 수 있는 말과 행동은 최대한 자제하되 어떤 오해를 받게 된다면 반드시 허심탄회한 대화를 통해 오해를 풀어야 합니다.

그리고 상대방이 특별한 재능이 있다면 시기하기보다는 적극 칭찬해주고 부러워하는 표현을 해주면 상대방이 아주 기뻐할 것입니다. 또한 약속을 하기 전에 최소 3번은 생각을 하고 정말 지킬 수 있는 약속만 하시기 바랍니다. 또한 약간 손해를 봐도 인생 전체로 봤을 때는 큰 지장이 없기 때문에 조금 손해를 본다고 생각하고 인생을 사십시오. 그렇게 살다보면 생각지도 못한 복이 들어옵니다. 절대 손해 안 보려고 하는 사람은 어쩔 수 없이 남에게 원한을 살 수밖에 없습니다. 역사를 봐도 남에게 원한을 사게 되면 그 원한을 다시 돌려받아 처참한 결과가 일어나는 경우가 많기 때문입니다. 결과보다는 과정을 중시하는 사람이 되어야 합니다. 왜냐하면 그 피나는 과정이 있어서 화려한 결과가 나오는 것이기 때문입니다.

아랫사람이라고 절대 함부로 대해서는 안 됩니다. 역사의 수많은 하극상의 원인 중에 하나가 바로 아랫사람을 함부로 대했기 때문입니다. 누구의 말이라도 흘려듣지 말고 관심 있게 잘 들어주되 결정을 할 때에는 신중하게 10번 이상 생각하고 판단해야 하며, 자신은 할 수 있다 하더라도 다른 사람은 할 수 없을 수도 있기 때문에 무작정 상대방에게 해보라고 권유하지 말아야 합니다.

말싸움은 되도록 하지 말고 설령 말싸움을 하게 되더라도 굳이 이기지 않아도 되는 말싸움이라면 되도록 이기려 하지 말고 상대방의 말이 맞다고 하고 정중히 사과를 하는 것이 좋습니다. 내가 말싸움에서 이기게 되면 진 사람은 내 생각을 하면서 이를 갈기 때문입니다. 누구를 대하든 온화한 미소로 대하고 상대방이 남의 험담을 하면 하지 말라고 하기보다 같이 맞장구도 쳐주되 결론적으로는 그 사람을 이해해주자고 얘기하는 것이 좋습니다. 그러면 험담한 사람도 "저도 사실 잘 한 건 없죠."라고 자기반성을 하기도 합니다. 또한 A와 B가 다퉜을 때 A의 말만 듣고 온전히 믿지 말아야 합니다 . 왜냐하면 A는 자기에게 유리하게 얘기했을 수 있기 때문입니다. 정작 B의 얘기를 들어보면 전혀 다른 얘기를 하는 경우가 있기 때문입니다. 그래서 양쪽의 얘기를 다 들어보기 전까지는 한 사람의 말만 전적으로 믿어서는 안 되고 중립적인 입장에서 지혜롭게 문제를 해결해나가야 합니다.

그리고 바쁜 상황에서 자기만 살려는 이기적인 사람이 되어서는 안 됩니다. 사람들은 이기적인 사람을 가장 싫어하기 때문입니다. 또한 공짜를 좋아하지 말고 은혜를 받았으면 반드시 은혜에 보답을 해야 합니다. 또 남을 욕하기 이전에 자신은 얼마나 잘 하고 있는지를 생각해야 합니다. 실제로 남을 욕하는 사람 중에는 자신도 항상 남에게 욕을 들어먹는 사람이 많습니다. 그리고 말을 할 때 절대 과장되게 얘기하지 마세요. 과장은 진실이 아니기 때문에 진실이 밝혀졌을 때 허풍쟁이라는 별명을 얻을 수 있습니다.

그리고 모든 계획이 생각대로 되지 않는다고 상대방에게 화를 내지 말아야 합니다. 왜냐하면 상대방도 나만큼 화가 나 있기 때문에 더 큰 싸움이 될 수 있습니다. 일단 화를 가라앉히고 이 상황을 어떻게 헤쳐나가야 할지 같이 화합을 해서 궁리를 짜내야 합니다. 그럴 때 서로 간의 생각이 다른 것에 대해 시비하지 말고 각자의 생각을 존중하고 인정해주어야 합니다. 왜냐하면 인간은 누구나 자유롭게 의사를 표현할 권리가 있기 때문입니다. 또한 자신에게 이득이 되든 이득이 되지 않든 누구에게나 친절하게 대해야 합니다. 이득이 되면 친절하게 대하고 이득이 안 되면 불친절하게 대하는 인생관을 가진 사람은 이중인격자가 될 수 있기 때문입니다. 그리고 덕을 베풀려면 바라는 마음 없이 덕을 베풀어야 합니다. 바라는 마음을 가지면 원망이 생기기 때문입니다.

또한 상대방의 생각을 바꾸려고 하지 마세요. 내가 바꾼다고 바뀌지도 않습니다. 생각은 스스로의 경험을 통해 자연스럽게 바뀌는 것입니다. 또 상대방이 나의 생각에 맞추도록 강요하지 마세요. 다 떠나갑니다. 차라리 내가 상대방의 생각에 맞춰보세요. 오히려 그게 더 쉬울겁니다.

그리고 허세를 부리지 마세요. 허세를 부리는 사람은 그냥 봐도 허세를 부린다는 게 다 느껴지고 많은 사람들이 이런 허세를 부리는 사람에 대해 무식하고 추해보인다는 얘기를 많이 합니다. 그냥 없으면 없는 대로 있으면 있는 대로 아끼면서 사는 모습이 가장 아름답습니다.

또한 외모로 상대방을 판단하지 마세요. 내면의 경지는 외모로는 보이지가 않기 때문입니다. 말도 너무 많이 하기보다는 필요한 말만 하도록 하고 대신 상대방의 얘기를 많이 들으려 하십시오. 상대방의 얘기를 들을 때는 건성으로 듣지 말고, 항상 공감을 해주고, 자신이 잘못했을 때는 솔직히 인정하고 용서를 빌어야 합니다.

가까운 사람일수록 함부로 하지 말고 더욱 친절하고 따뜻하게 대해주어야 합니다. 원래 가장 가까운 사람이 원수가 되는 경우가 많기 때문입니다. 왜냐하면 편하다고 함부로 대하기 때문입니다. 어떠한 경우에도 상대방에게 화를 내서는 안 되고, 상대방의 마음을 어둡게 만들어서도 안 됩니다. 상대방에게 화를 내고 상대방의 마음을 어둡게 만들어서 상대방과 내가 잘 되는 경우는 거의 없으니까요. 또한 한 입으로 두말하지 말아야 합니다. 왜냐하면 자기 정신이 없는 사람이 되어버리기 때문입니다.

또한 자신의 심정을 알아달라고 하기보다 상대방의 심정부터 먼저 알아주세요. 그러면 상대방도 내 심정을 알아줍니다. 그리고 사람에 대한 집착을 버려야 합니다. 집착을 하든 안 하든 떠날 사람은 떠납니다. 그 집착하는 마음 때문에 다른 일도 제대로 못할 뿐입니다. 자신을 떠나가는 사람에게 집착을 하기보다 나의 어떤 면 때문에 상대방이 나를 떠나가려는지를 생각해서 자신의 단점을 고치는 데 전념해야 할 것입니다.

그리고 의사 표현은 언제나 명확하게 상대방이 이해할 수 있도록 하는 게 좋습니다. 돌려서 은유적으로 얘기하면 잘 못 알아듣는 사람이 많이 있기 때문입니다. 그리고 상대방의 얘기에 무조건 아니라고 얘기하면 상대방도 내 얘기에 무조건 아니라고 얘기할 것입니다. 무조건 아니라고 얘기하기보다 상대방이 그렇게 말할 수밖에 없는 심정을 이해해보고 일단은 상대방의 말에 인정을 해주고, 그 말도 맞는데 다른 측면으로도 생각할 수 있다는 식으로 해서 자신의 얘기를 해보는 게 좋습니다.

또한 사람마다 각자의 취향이 있기 때문에 각자의 취향을 존중해야 합니다. 그리고 아무리 상대방이 나에게 편하게 대해준다고 해도 도를 넘어서서 상대방을 함부로 대해서는 안 됩니다. 원래 편하게 대해주는 사람이 화를 내면 진짜 무섭습니다. 왜냐하면 참고 참다가 폭발하는 것이기 때문입니다. 그래서 기본적으로 지켜야 하는 예의는 지켜야 합니다. 그리고 절대로 집단이 한 사람을 따돌리는 비열한 행동을 하지 말아야 합니다. 자기 자식이 나중에 집단 따돌림을 당할 수도 있기 때문입니다.

또한 친구 사이라 하더라도 공과 사의 구분을 명확히 해야 좋은 인연으로 오래갈 수 있습니다. 마지막으로 상대방에 대해 너무 깊은 관심은 자제해야 합니다. 왜냐하면 상대방으로 하여금 간섭이나 참견으로 느껴질 수 있기 때문입니다.

여기까지 습관적으로 잘 고쳐지지 않는 수많은 성격 유형에 대해 얘기했고, 이것을 고치기 위한 해결책을 얘기했습니다. 이렇게 고쳐야 할 성격이 많은 것에 저 역시 놀랐습니다. 하지만 이것 이외에도 훨씬 더 많이 고쳐야 할 성격이 있습니다. 하지만 이 책에 나와 있는 좋지 않은 성격만 고쳐도 완전히 다른 인생을 살게 될 것임에는 틀림없습니다.

이 책을 인생의 지침서로 정해서 꾸준히 반복해서 읽는다면 분명히 큰 변화가 있을 거라고 확신합니다. 저와 함께 성격을 바꿔서 인간관계의 달인이 되어 봅시다.